中央企业发展系列报告

Development Reports on Central State-Owned Enterprises

探究中央企业发展模式

助推中国经济成功转型与持续增长

中央企业发展系列报告
Development Reports on Central State-Owned Enterprises

中央企业经济运行报告

——2012——

祝和良 主编

Report on Economic Operation of Central State-owned Enterprises

中国经济出版社
CHINA ECONOMIC PUBLISHING HOUSE
北京

图书在版编目（CIP）数据

中央企业经济运行报告. 2012/祝和良主编.
北京：中国经济出版社，2013. 1
ISBN 978 - 7 - 5136 - 1541 - 9
Ⅰ. ①中… Ⅱ. ①祝… Ⅲ. ①国有企业—经济运行—研究报告—中国—2012 Ⅳ. ①F279. 241
中国版本图书馆 CIP 数据核字（2012）第 091590 号

策划编辑　乔卫兵　李祥柱　崔清北
责任编辑　崔清北　于　宇
责任审读　霍宏涛
责任印制　石星岳
封面设计　巢新强

出版发行　中国经济出版社
印 刷 者　三河市佳星印装有限公司
经 销 者　各地新华书店
开　　本　787mm × 1092mm　1/16
印　　张　17. 75
字　　数　280 千字
版　　次　2013 年 1 月第 1 版
印　　次　2013 年 1 月第 1 次
书　　号　ISBN 978 - 7 - 5136 - 1541 - 9/F · 9307
定　　价　150. 00 元

中国经济出版社 **网址** www. economyph. com **社址** 北京市西城区百万庄北街 3 号 **邮编** 100037
本版图书如存在印装质量问题，请与本社发行中心联系调换（联系电话：010 - 68319116）

中央企业经济运行报告（2012）
编委会

总 序

国有企业历来是国民经济的重要支柱，是全面建设小康社会的重要力量，是我党执政兴国的重要经济基础。改革开放30多年来，国有企业改革始终是整个经济体制改革的中心内容和关键环节。其改革过程大体经历了三个阶段。第一阶段，从改革开放初期到党的十四届三中全会，为国有企业扩大经营自主权阶段。国有企业先后开展扩大经营自主权、利润递增包干和承包经营责任制的试点，与国家的责权利关系得到调整，企业的利益主体地位进一步明确。第二阶段，从党的十四届三中全会到党的十六大之前，为制度创新和结构调整阶段。国有企业实施了抓大放小、鼓励兼并、规范破产、下岗分流、减员增效和再就业工程。国有大中型企业推进建立现代企业制度试点，国有中小企业采取改组、联合、兼并、租赁、承包经营和股份合作制、出售等形式搞活。特别是国有企业通过国家实施的改革脱困三年攻坚，债转股、技改贴息、政策性关闭破产等一系列政策措施，负担得到减轻，技术进步和产业升级得以推进。第三阶段，以党的十六大为标志，国有企业改革发展进入以国有资产管理体制改革推动阶段。中央、地方国有资产监管机构相继组建，相关法规规章相继出台，国企改革与国资监管概括起来就是“三分开、三统一、三结合”。即：政企分开，政资分开，所有权与经营权分开；权利、义务和责任相统一；管资产和管人、管事相结合。国有企业逐步实施企业负责人经营业绩考核，国有资产得以保值增值，国有企业改革迈上新台阶。

按照政府的管理权限划分，我国的国有企业分为中央企业和地方企业。通常而言，中央企业是指由国务院国资委监督管理的重点骨干企业。2003年国务院国资委成立之初，中央企业数量达到196家，经过兼并重组，至2012年9月底，减少至117家。

2011年，中央企业认真贯彻落实党中央、国务院各项决策部署，团结协作，顽强拼搏，战胜各种困难挑战，取得了骄人的业绩。2011年中央企业营业收入突破20万亿大关，累计实现营业收入20.24万亿元，同比增长20.8%；实现利润总额1.24万亿元，同比增长8%；实现净利润9173.3亿元，同比增长6.4%；资产总额达到27.97万亿元，同比增长14.9%，各项主要经济指标均创历史新高。

不仅如此，在取得优异经营业绩的同时，中央企业在完善公司治理结构、董事会试点、绩效考核、市场化聘用高管、整体上市、联合重组、做强主业、自主创新、企业文化建设等方面也取得重大进展。并且，加快实施“走出去”战略，一些企业加大海外资源开发力度，发挥技术和成本优势，争得了一批大型海外工程项目。在切实履行经济责任的同时，中央企业积极履行政治责任和社会责任，在抗击自然灾害、保障国家重大活动、维护市场稳定、吸纳社会就业、落实节能减排责任等方面发挥了重要作用。

在中央企业效益大为好转、实力迅速壮大的同时，来自于社会各界针对中央企业的质疑和非议也多了起来，诸如“高管高薪”、“央企地王”、“与民争利”、“行业垄断”、“国进民退”等现象，屡屡受到公众的热议，成为社会关注的焦点。

那么，如何正确评判中央企业在经济社会发展中的地位和作用？中央企业在发展过程中还需要解决哪些问题？中央企业下一阶段的发展将要朝哪个方向迈进？国务院国资委主任王勇指出：中央企业“十二五”改革发展核心目标概括起来就是“做强做优、世界一流”。这一目标是基于中央企业的地位和作用，立足于国家整体发展战略提出来的。没有一流的管理就不会有一流的企业。总的看，中央企业存在的差距是相当大的，突出表现在五个方面。在基础管理方面，总部高效管控能力薄弱，流程不顺、标准不一、信息不畅、集而不团、管而不控的现象在一些企业普遍存在，基础管理还有较大的提升空间。在管理创新方面，世界一流企业创造了福特生产线、丰田精益生产、GE六西格玛管理等重大管理创新成果，不仅形成了自身核心竞争力，也推动了全球企业的管理进步。中央企业的管理创新总体还处在学习、模仿阶段，没有取得实质性的突破。在投资并购方面，世界一流企业善于利用资本市场和有利环境，并购整合成功的概率较高。而一些中央企业花巨资收购项目或资产后，资源整合、文化融合和有效管理力度不够，整合后整体素质和核心竞争力没有得到有效提升。甚至有的企业规模扩大了，管理水平跟不上，带来较大的经营风险。在管理信息化方面，世界一流企业整个业务流程都实行信息化管理，财务结算、业务办理、内部管控已经实现全球联网运行。目前，大多数中央企业还未形成全集团统一、高效的管理信息系统，业务流程和控制活动上线水平低，存在大量信息孤岛，未能很好发挥信息化在经营管理上的支撑作用。在国际化经营管理方面，跨国企业的跨国指数一般在50%以上，而中央企业跨国指数还比较低，在全球布局、整合全球资源、打造全球产业链方面尚处于起步阶段。不难看出，王勇主任从战略的高度为中央企业明确了定位和今后发展路向。另一方面，站在历史的角度看，从我国的国情和经济社会发展的要求出发，不管是过去、现在和将来，国有企业特别是中央企业，在我国不仅要承担经济职能，而且要更多地承担社会职能和政治职能，更多地体现国家的战略目标和意图，不可推卸地成为推动中国经济发展方式转变和社会文明与进步的主动力，这既是现实需要，更是历史必然。但同时，中央企业的改革和发展历程又始终是一个不断积极探索、不断大胆实践、不断深化改革、不断自我完善的过程。

有鉴于此，中国经济出版社利用多年积累的资源和优势，会同中国人民大学、北京交通大学、北京工商大学、中央财经大学、吉林大学、中国政法大学等高等院校的研究机构，从2010年开始按年度共同编纂出版中央企业发展系列报告。该系列报告针对每年中央企业改革、发展与创新的重大问题，进行系统总结、深度挖掘和专题阐述，力求全面、客观地分析中央企业年度经济运行状况，深入研究中央企业在改革与发展中出现的新情况、新问题以及解决的新途径、新方法，为中央企业与社会各界搭建一个增进了解、加强沟通的平台。

2012年，中央企业发展系列报告在2010年推出第一批5本，2011年推出第二批9本的基础上，继续推出第三批成果：《中央企业经济运行报告（2012）》《中央企业企业文化建设报告（2012）》《中央企业自主创新报告（2012）》《中央企业国际化报告（2012）》《中央企业履行社会责任报告（2012）》和《中央企业品牌建设报告（2012）》。

该系列报告突出客观性、学术性、实用性、前瞻性。报告秉持客观、公正的原则，在总体情况概述的基础上，按照国资委对中央企业所在行业划分标准，突出以板块为单元，选定若干指标进行同类行业企业之间的比较以及与国际上同类企业的比较。同时，积极探索利用符合学术规范的数学模型，据此科学地编制企业所在行业业绩指标排行。报告不仅注重对中央企业不同行业、不同领域、不同问题的探索与研究，而且还对中央企业未来发展趋势给予预测与分析，是目前学术界、出版界唯一一套成系列成规模专门研究中央企业的学术专著，期望其无论是对促进有关中央企业的学术研究，还是对推动中央企业的科学发展，都具有借鉴意义和参考价值。

该系列报告是开放式、可扩展的，欢迎社会各界和中央企业把认为合适题材的研究成果纳入报告体系，使报告能够连续、按时出版。

由于时间关系和水平所限，报告中所涉及的观点、资料、数据难免会有不够完善或不妥之处，敬请广大读者给予批评指正！

编　者

2012 年 10 月

前　言

中央企业代表着国有经济，而国有经济是决定我国社会主义性质的标志和象征。我国国有企业按照十四届三中全会通过的《中共中央关于建立社会主义市场经济体制若干问题的决定》和党的十六届三中全会通过的《中共中央关于完善社会主义市场经济体制若干问题的决定》，不断完善国有资产管理制度，深化国有企业改革。从改革效果来看，国有企业采取的“增量”改革模式促使所有制结构发生了深刻的变化，有效改变了国有经济“一统天下”的局面，完善了公有制为主、多种所有制共同发展的社会主义市场经济制度，同时也使国有经济总量不断扩大，国有经济的活力得到显著提升。从国有企业整体来看，随着国有经济战略性调整和国有企业战略性重组的深入，国有企业逐步从竞争性行业退出，并加强对石油天然气、自来水、交通运输等基础性行业和关键领域的控制力。国务院国资委提供的数据显示，近年来国有企业的数量在减少，但整体素质和竞争力大大增强。

目前，国有企业特别是中央企业已是多个行业的排头兵、国民经济的支柱力量。2002 年到 2011 年，中央企业的资产总额从 7.13 万亿元增加到 28 万亿元，营业收入从 3.36 万亿元增加到 20 万亿元，上缴税金从 2926 亿元增加到 1.7 万亿元，年均增长 20% 以上。中央企业大力开展境外资源开发和互利合作，中国铁建、中国水电等央企发挥技术优势和成本优势，争得了一大批海外项目。2011 年，中央企业生产经营总体上保持平稳较快增长，主要经济指标创历史新高，全年累计实现营业收入 20.2 万亿元，同比增长 20%；累计实现净利润 9173 亿元，同比增长 6.4%；累计上缴税金 1.7 万亿元，同比增长 19.7%。截至 2011 年底，中央企业资产总额达到 28 万亿元，同比增长 14.9%，净资产 10.7 万亿元，同比增长 11.4%。2012 年 7 月 9 日，2012 年《财富》世界 500 强企业最新排名揭晓，中国上榜公司达到 79 家，国资委监管的中央企业达到 42 家（此外，招商局集团为上榜的招商银行的第一大股东），中国石油、中国石化和国家电网分别位列第 5、第 6 和第 7 位。

不仅如此，中央企业在取得优异经营成绩的同时，在完善公司治理结构、董事会试点、绩效考核、整体上市、改革重组、国际化经营、做优做强、自主创新、品牌建设、企业文化建设、履行社会责任、低碳绿色发展等方面也取得了重大的进展。

在中央企业不断改革创新，发展壮大的同时，来自于社会各界针对中央企业的各种声音也多了起来，诸如“国进民退”、“行业垄断”、“如何实现经济目标与社会目标的平衡”、“中央企业是否应退出竞争性行业”等，成为公众热议和社会关注的焦点。

如何正确评价中央企业在经济社会发展中的地位与作用，如何客观展现中央企业行业与经济运行的现状，如何解决中央企业在发展过程中遇到的这样或那样的问题，如何在“十二五”期间面对复杂的国际国内环境，实现中央企业经济效益和整体实力的大幅提升，将成为未来中央企业发展急需解决的问题和面临的巨大挑战。

正因如此，才有《中央企业经济运行报告2012》这份报告的撰写出版。报告针对2011年中央企业改革、发展与创新的重大问题，从行业及经济运行的角度入手，深入挖掘、系统总结、客观呈现了中央企业经济运行的现状和问题，并对中央企业未来的发展提出了展望与建议，希望通过本报告为中央企业与社会各界搭建一个增进了解、加强沟通的平台。

在报告的编纂与出版过程当中，参考了多方的资料和数据。张弘、苏威、兰英、董烨然、李士凯、邵小快、武丽娟等同志为报告提供了大量客观、详实的资料和数据。在中国经济出版社的崔清北主任、于宇编辑给我们提出了珍贵的修改意见，并对报告的出版提供了宝贵的支持。在此对相关各方一并表示真诚的感谢！

由于时间关系和水平所限，报告中涉及的观点、资料、数据难免会有不够完善或不妥之处，敬请广大读者给予批评指正。

祝和良
2012年11月

目　录

第三篇　关于中央企业经济运行的思考与展望

第一篇

总　论

一、经济运行分析概述

（一）对经济运行的一般理解

所谓经济运行，就是为了满足社会成员的需要，一个社会如何在既定的生产资源（劳动、土地和其他自然资源以及资本财富）总量和既定的生产技术条件下，去有效率地分配、使用这些生产资源，或者说，经济运行的核心内容就是生产资源的有效率配置。

从资源的有效率配置上来观照经济运行，可以从具体的运行方式上把经济运行区分为市场和计划两种；若从经济运行的规模和范围上考虑，可以将经济运行区分为宏观经济运行和微观经济运行两个方面。

从最一般的意义上说，经济就是市场上发生的大量交易的总和。交易包括买方和卖方，买方支付货币（或者信贷）给卖方以换取商品、服务或者金融资产，卖方则提供商品、服务或者金融资产以获取为扩大生产而必需的货币或者信贷。大量的买方和卖方交换同一种商品，这就构成了市场，在市场上所进行的交易活动展现出经济运行的最一般特征。以市场交易活动为基础对经济运行做出的分析可以从微观和宏观两个层面来展开，所谓微观层面是指作为国民经济细胞或基本元素的个别经济单位（例如一户企业、一家农户、一个消费者）在市场中所进行的交易活动；所谓宏观经济，是指由千百万微观经济单位的活动共同构成的整个国民经济的运动。换句话说，经济运行的宏观层面就是指总量经济活动，即国民经济的总体活动，是指整个国民经济或国民经济总体及其经济活动和运行状态，如总供给与总需求，国民经济的总值及其增长速度，国民经济中的主要比例关系，物价的总水平，劳动就业的总水平与失业率，货币发行的总规模与增长速度，进出口贸易的总规模及其变动等。经济运行的微观层面即个量经济活动，是指单个经济单位的经济活动，是指个别企业、经营单位及其经济活动，如个别企业的生产、销售、个别交换的价格等。宏观经济与微观经济的运行有着各自独特的规律性，微观经济的运行，以价格和市场信号为诱导，通过竞争而自行调整与平衡；而宏观经济的运行，有许多市场机制的作用不能达到的领域，需要国家从社会的全局利益出发，运用各种手段，进行宏观调节和控制。从经济学的理论分析看，微观经济分析揭示个别经济单位的经济活动规律即行为方式，这种分析涉及经济中的个量，宏观经济分析的任务则在于说明国民经济整体运行状态的变化规律，这种分析涉及的是经济中的总量。当然，这种区分是为了达到理论分析的明晰性，在实际中，微观经济活动与宏观经济运行之间有着不可分割的联系，一方面，微观经济活动是宏观经济运行的基础，与微观经济活动相脱离的宏观经济运行是无从设想的；另一方面，一定的宏观经济运行状态一经形成，又成为任何一个微观经济单位所无力左右的社会经济环境，这种环境反过来制约着各个微观经济单位的活动。微观和宏观两个经济运行层次之间的这种有机联系，使作为对这两个层次的经济运动规律理论概括的微观经济分析和宏观经济分析之间，也必然具有不可分割的联系。这么说是因为社会经济活动本身就是一个整体，宏观与微观之间，生产、流通、分配、交换的各个环节之间都是密切联系在一起的。作为经济活动和经济运行的两个不同层次，宏观经济与微观经济的概念是从理论上所进行的区分。事实上，在现代市场经济活动中，随着市场规模的不断扩大，商品交换的日益发展和生产社会化程度越来越高，经济活动已不再是单纯的个体行为，不再只是以个人、家庭和企业为单位进行的生产、分配、交换、消费等经济活动，经济运行不再只是从微观的层面上表现出其特点，而日益呈现出相互联系、相互影响的整体特征。个人财富、家庭福利和企业利润的增加，已经不再单纯地取决于自身的努力，还必然要依赖于整体经济状况，整个经济运行越来越表现出明显的总量、综合和全局性特征。

在社会主义计划经济向市场经济转变过程中，计划和市场是两种不同的经济调节手段。在现代社会化商品经济条件下，只有合理运用计划与市场这两种配置资源的经济手段，才能更有效地实现社会生产按比例发展。计划与市场两者，市场处在更基础的位置，计划则是在市场作用下发挥宏观调节功能和微观指导功能。只有将计划和市场有机结合，才能推动我国经济持续、快速、健康地发展。在计划经济向市场经济的过渡时期，国家特别需要用宏观经济法律手段进行调控。

社会主义市场经济体制是市场在社会主义国家宏观调控下对资源配置起基础性作用的经济体制。从微观基础层面来说，在市场经济运行中，企业和居民是经济主体，市场是经济运行的载体。企业主体行为、居民主体行为和市场载体运行构成微观经济运行的有机体系。这是社会主义市场经济体制的基础层面，是探索社会主义微观经济运行规律的重要方向。从经济运行的现实看，社会主义经济制度的本质要求和运动规律，只有在国民经济的运行过程中才能展现出来，也只有通过国民经济的运行过程才能最终实现。

（二）分析经济运行的相关指标

在一国的经济运行中，通常会遇到种种问题，例如：是什么决定了经济增长，又是什么引起了一国经济的波动，或导致了失业，为什么会产生通货膨胀，在经济全球化的过程中，一国的经济会发生什么样的变化，为解决经济运行中出现的诸种问题而制定的宏观经济政策会对一国经济产生什么样的影响。上述种种问题都是在具体的经济生活中出现的、与国家的经济运行紧密联系在一起的。一般而言，一国宏观经济政策的目标就是实现充分就业和经济增长，保持价格稳定，达到国际收支平衡。相应地，分析评估或预测经济运行的质量的指标也就与国家宏观经济政策的目标有关。

分析经济运行的指标通常有以下几种：总量指标，如国内生产总值，即 GDP，国民生产总值，即 GNP，以及三次产业增加值、工业增加值、人均 GDP、人均 GNP 等；结构指标，即三次产业结构、轻重工业增加值结构等；增速指标，即同比增长率、年均增长率、环比增长率等；关系指标，如电力弹性系数、用电单耗等；指数指标，如 GDP 指数、居民消费价格指数等。

宏观经济指标是体现经济情况的一种方式，主要指标包括国民生产总值、通货膨胀与紧缩、投资指标、消费、金融、财政指标等。宏观经济指标对于宏观经济调控起着重要的分析和参考作用。在宏观经济各指标中，国内生产总值无疑是最关键的指标。对不同时期，不同国家或地区 GDP 进行宏观比较，有助于把握整个经济的全貌，从而能够对经济增长和经济结构的演变进行长时段的梳理。据国家统计局资料显示，2011 年，中国现价 GDP 总量为 458217.58 亿元，同比增长 15.1%；可比价 GDP 总量为 154573.70 亿元，同比增长 9.5%；GDP 平减指数为 296.44（1990 年 = 100），比上年上涨 5.2%。据国际货币基金组织（IMF）的推算，2011 年中国年中人口数为 134812.1 万人，比上年增加 670.7 万人。以此计算，2011 年中国人均现价 GDP 为 33989 元，折合 5184 美元；人均实际 GDP 为 11466 元，同比增长 8.9%。目前，中国的国内生产总值已经超越日本，位居世界第二。国内生产总值是一国在一定时期内（通常为一年）所生产的所有最终产品和服务的价值总和，而不考虑生产这些商品和劳务的公司的所有权归属。与国内生产总值相对的是国民生产总值（GNP），它是指一国公民拥有的公司所生产的全部商品总值。作为衡量一个国家经济运行规模的最重要指标，国内生产总值被用来衡量一个国家的生活水平。以埃及为例，多年来，埃及国内生产总值一直增长强劲，其目标是在未来五年里，每年的经济增长率至少达到7%。但实际上，大多数埃及人生活于贫困中。埃及人的日常生活水平一直稳步降低，并最终演变为一场暴动，推翻了穆巴拉克政权。另外，作为一个发展中国家，为了经济总量的增长会以环境的恶化为代价，最终在降低公民生活幸福感的同时，导致经济的发展陷入不可持续的局面。事实上，国内生产总值并不考虑不可估量的资源枯竭和环境恶化后果，尤其是那些不可再生资源。

分析宏观经济运行的指标还有以下几种：通货膨胀，即用某种价格指数衡量的物价水平的持续、普遍、明显地上涨。我们通常用消费物价指数来反映通货膨胀水平。消费物价指数是反映一定时期内城乡居民所购买的生活消费品价格和服务项目价格变动趋势和程度的相对数，一般是用当年某一时期的价格水平跟过去一年同一时期的价格水平相比较获得的，该指数用来分析消费品的零售价格和服务价格变动对城乡居民实际生活费用支出的影响程度。通货膨胀不但影响到居民的生活，还会影响个人的投资。与通货膨胀相对应的是通货紧缩，是指在现行物价水平下，一般商品和劳务的供给量超过需求量，货币数量比商品和劳务少，物价水平下降。通货紧缩通常与经济衰退相伴，表现为投资机会减少，投资收益下降，信贷增长乏力，企业开工不足，消费需求减少，居民收入增加速度缓慢等迹象。

除了国内生产总值和社会消费品价格指标，分析宏观经济运行的指标还有衡量国家经济状况稳定与否的国际收支指标；反映一定时期内固定资产投资规模、速度、比例关系和投资方向的固定资产投资额指标，按照管理渠道，全社会固定资产投资总额可分为基础建设投资、更新改造投资、房地产开发投资和其他固定资产投资四个部分；研究居民生活、社会消费品购买力和货币流通等问题的社会消费品零售总额指标，它所计量的是各种经济类型的企业销售给居民用于生活消费的商品，销售给机关、团体、部队、学校、企业和事业单位的用做非生产经营性的消费品的总和；金融指标，包括利率、汇率、货币供应量、金融机构存贷款余额、金融资产总量等；财政指标，包括财政收入和财政支出。

具体来说，主要的宏观经济指标有以下几种：

1. 国内生产总值（GDP）。这是最受关注的宏观经济统计数据，是衡量国民经济发展情况的重要指标。GDP增速越快表明经济发展越快，增速越慢表明经济发展越慢，GDP负增长表明经济陷入衰退。

2. 社会消费品零售总额。社会消费品零售总额反映国内消费支出情况，对判断国民经济现状和前景具有重要的指导作用。社会消费品零售总额提升，表明消费支出增加，经济情况较好；社会消费品零售总额下降，表明经济景气趋缓或不佳。

3. 进出口总额。进出口总额指实际进出我国国境的货物总金额。包括对外贸易实际进出口货物，来料加工装配进出口货物，国家间、联合国及国际组织无偿援助物资和赠送品，华侨、港澳台同胞和外籍华人捐赠品，租赁期满归承租人所有的租赁货物，进料加工进出口货物，边境地方贸易及边境地区小额贸易进出口货物（边民互市贸易除外），中外合资企业、中外合作经营企业、外商独资经营企业进出口货物和公用物品，到、离岸价格在规定限额以上的进出口货样和广告品（无商业价值、无使用价值和免费提供出口的除外），从保税仓库提取在中国境内销售的进口货物，以及其他进出口货物。进出口总额是用以观察一个国家在对外贸易方面的总规模的经济指标。根据温家宝总理 2012 年在全国人大所做的政府工作报告，我国 2012 年预期进出口总额增长 10% 左右。

4. 城镇固定资产投资。作为拉动经济发展的三驾马车，在消费、出口受经济危机影响较大的情况下，加大投资成为重要的政策选择。2008 年 11 月中央政府出台了 4 万亿元投资计划以刺激经济，并于 2009 年 3 月两会政府工作报告中强调“大规模增加政府投资，实施总额 4 万亿元的两年投资计划”。

5. 消费物价指数（CPI）与生产者物价指数（PPI）。消费物价指数反映一定时期内居民所消费商品及服务项目的价格水平变动趋势和变动程度，是根据与居民生活有关的产品及劳务价格统计出来的物价变动指标。居民消费价格水平的变动率在一定程度上反映了通货膨胀（或紧缩）的程度。一般市场经济国家认为 CPI 增长率在 2% ~3% 属于可接受范围内，当然还要看其他数据。CPI 过高始终不是好事，高速经济增长率会拉高 CPI，但物价指数增长速度快过人民平均收入的增长速度就一定不是好事，而一般平均工资的增长速度很难超越 3% ~4% 。生产者物价指数（PPI）亦称工业品出厂价格指数，是一个用来衡量制造商出厂价的平均变化的指数，它是统计部门收集和整理的若干个物价指数中的一个，市场敏感度非常高。如果生产物价指数比预期数值高时，表明有通货膨胀的风险。如果生产物价指数比预期数值低时，则表明有通货紧缩的风险。作为衡量工业企业产品出厂价格变动趋势和变动程度的指数，PPI 反映了某一时期生产领域价格变动的情况，是制定有关经济政策和国民经济核算的重要依据。

根据价格传导规律，PPI 对 CPI 有一定的影响。PPI 反映生产环节价格水平，CPI 反映消费环节的价格水平。整体价格水平的波动一般首先出现在生产领域，然后通过产业链向下游产业扩散，最后波及消费品。产业链可以分为两条：一是以工业品为原材料的生产，存在原材料→生产资料→生活资料的传导。另一条是以农产品为原料的生产，存在农业生产资料→农产品→食品的传导。在中国，就以上两个传导路径来看，目前第二条，即农产品向食品的传导较为充分，2006 年以来粮价上涨是拉动 CPI 上涨的主要因素。但第一条，即工业品向 CPI 的传导基本是失效的。但是，由于 CPI 不仅包括消费品价格，还包括服务价格，CPI 与 PPI 在统计口径上并非严格的对应关系，因此 CPI 与 PPI 的变化出现不一致的情况是可能的。CPI 与 PPI 持续处于背离状态，这不符合价格传导规律。价格传导出现断裂的主要原因在于工业品市场处于买方市场以及政府对公共产品价格的人为控制。

6. 货币供应量余额。宏观经济出现较大波动时，货币供应量的变化备受关注。2008 年 10 月起广义货币（M2）供应量增长较快，2009 年 3 月末已达 53. 1 万亿元，年终达到 60. 62 万亿元，表明适度宽松货币政策连续实施。2010 年到 2011 年实施积极的财政政策和稳健的货币政策，广义货币供应量余额在 2010 年达到 72. 58 万亿元，在 2011 年 10 月达到 81. 68 万亿元。

7. 储蓄存款余额。储蓄率是个人可支配收入总额中储蓄所占的百分比，是分析居民储蓄的另一个角度。我国储蓄率在全球排名第一，一直维持较高水平。高储蓄率为经济发展提供了重要的资金来源，同时也导致了内需不足、银行系统性风险增加等问题。造成我国高储蓄率的主要原因是养老、医疗、住房、教育等社会保障和福利不到位，以及居民对未来风险和收入不确定性的担忧。随着 2009 年 3 月“两会”确定的各项社会保障改革措施逐步落实，高储蓄率将逐步回落，但这可能需要较长时期。

8. 存贷款利率。利率体现了信用关系中，债务人支付给债权人的资金借用报酬。利率的变化，直接反映出市场中资金供求关系的变化。在市场繁荣之时，资金供不应求，利率上升；市场疲软之时，资金供过于求，利率下降。从另一个角度看，利率上升，抑制资金需求，经济发展降温；利率下降，刺激资金需求，经济发展回暖。利率的变化反作用于资金供求，从而作用于经济发展，因此成为一项重要的货币政策工具。

9. 汇率和外汇储备。汇率变动受到经济、政治等多种因素影响，其中的经济因素集中到一点，就是国家的经济实力。如果国内经济结构合理，财政收支状况良好，物价稳定，经济实力强，商品在国际市场具有竞争力，出口贸易增长，其货币汇率坚挺；反之，则货币汇率疲软，面临贬值压力。汇率的变动也会对经济、政治等多方面产生重大影响。本币贬值，可以刺激出口，抑制进口，也会导致资金外流，影响一国国际收支平衡。

10. 采购经理指数（PMI）。这是一套月度发布的、综合性的经济监测指标体系，通过对采购经理的月度调查汇总出来的指数，反映了经济的变化趋势。中国采购经理指数是由国家统计局和中国物流与采购联合会共同合作完成，是快速及时反映市场动态的先行指标，它包括制造业和非制造业采购经理指数，与 GDP 一同构成我国宏观经济的指标体系。PMI 指数体系无论对于政府部门、金融机构、投资公司，还是企业来说，在经济预测和商业分析方面都有重要的意义，是政府部门调控、金融机构与投资公司决策的重要依据，同时，企业应用 PMI 可及时判断行业供应及整体走势，从而更好地进行决策。

11. 全社会货运量。通过对全社会货物运输总量的分析，可以反映经济运行的情况。

12. 全社会发电量、用电量。因为电能不能储存，所以全社会发电量和用电量的大小可以可靠地反映出经济运行的状况。

13. 消费者信心指数。这是反映消费者信心强弱的指标，是综合反映并量化消费者对当前经济形势评价和对经济前景、收入水平、收入预期以及消费心理状态的主观感受，是预测经济走势和消费趋向的一个先行指标，是监测经济周期变化不可缺少的依据。

14. 宏观经济景气指数。这一指数一般包括预警指数，一致指数（1996 年 = 100），先行指数（1996 年 = 100），滞后指数（1996 年 = 100）。一致指数是反映当前经济的基本走势，由工业生产、就业、社会需求（投资、消费、外贸）、社会收入（国家税收、企业利润、居民收入）等 4 个方面合成；先行指数是由一组领先于一致指数的先行指标合成，用于对经济未来的走势进行预测；滞后指数是由落后于一致指数的滞后指标合成得到，它主要用于对经济循环的峰与谷的一种确认；预警指数是把经济运行的状态分为 5 个级别，“红灯”表示经济过热，“黄灯”表示经济偏热，“绿灯”表示经济运行正常，“浅蓝灯”表示经济偏冷，“蓝灯”表示经济过冷。国家统计局发布的宏观经济景气指数预警指数由 10 个指标构成，包括工业生产指数、固定资产投资、消费品零售总额、进出口总额、财政收入、工业企业利润、居民可支配收入、金融机构各项贷款、货币供应 M2、居民消费价格指数等。

宏观经济指标是国家实施宏观经济调控的依据。2011 年我国国民经济运行态势总体良好。据国家统计局初步测算，全年国内生产总值 471564 亿元，增长 9.2%。工业生产平稳较快增长，投资保持较快增长，市场销售平稳增长，市场物价同比上涨，进出口保持较快增长，货币供应量平稳回落。这些运行指标的具体数据见表 1－1。

表 1－1　2011 年我国国民经济运行指标的具体数据

指标名称	单位	当月		累计	
		绝对值	增长率（%）	绝对值	增长率（%）
一、工交生产					
工业增加值	亿元		12.8		13.9
其中：轻工业	亿元		12.6		13
重工业	亿元		13		14.3
其中：国有及国有控股企业	亿元		9.2		9.9
其中：集体企业	亿元		11.4		9.3
股份制企业	亿元		14.7		15.8
外商及港澳台投资企业	亿元		8.7		10.4
工业产品销售率	%	98.8	－0.6	98	－0.1
能源生产总量	万吨				
发电量	亿千瓦小时	4038.1	9.7	46036.7	12
全社会货运量	亿吨			363	13.7
二、固定资产投资					
固定资产投资额（不含农户）	亿元			301932.9	23.8
其中：国有及国有控股	亿元			107485.8	11.1
其中：房地产	亿元			61739.8	27.9
三、市场和物价					
社会消费品零售总额	亿元	17739.7	18.1	181225.8	17.1
全国居民消费价格指数	%	104.1	4.1	105.4	5.4
商品零售价格指数	%	103.8	3.8	104.9	4.9
四、对外贸易					
进出口总值	亿美元	3329.2	12.6	36420.6	22.5
其中：出口总值	亿美元	1747.2	13.4	18986	20.3
进口总值	亿美元	1582	11.8	17434.6	24.9

续表

指标名称	单位	当月		累计	
		绝对值	增长率（%）	绝对值	增长率（%）
五、金融					
金融机构各项人民币贷款余额	亿元			547944.9	15.8
城乡居民储蓄存款余额	亿元			343635.9	
货币净投放（+）或净回笼（-）	亿元	3431.2		6160.6	

以上是从宏观层面对经济运行的质量进行分析、评估所要借助的指标。从经济运行的微观层面看，在市场经济中构成各种交易关系的交易主体，也就是市场经济的微观经济主体或微观经济单位。市场经济就是通过交易关系将处于分离状态的具有独立产权的“个体”或“个体单位”连接在一起，构成市场经济“总体”。从市场经济的结构上看，各个具有独立产权的“个体”或“个体单位”，是市场经济中最基本的经济单元，是市场经济这种层级式的网络结构的最基础的部分。从市场机制的形成和市场经济功能发挥的角度看，各个具有独立产权的“个体”或“个体单位”是市场机制形成和市场经济功能得以发挥的微观基础。作为市场交易主体的“个体”或“个体单位”的居民个人或企业，既是市场机制的调节对象，又是市场机制和市场经济功能形成的基础。居民在市场经济运行系统中的地位表现在他是以最终消费主体、投资主体、劳动力的供给主体等身份与企业和政府结成广泛的利益交往关系，构成国民经济的整体。作为微观经济活动主体，他的消费行为、投资行为、储蓄行为、劳动力供给行为等行为方式及其变化，对国民经济运行产生重大的影响。但在计划经济体制下，居民不是真正的微观经济主体，要让居民成为真正的在市场经济活动中具有一定自主决策权的经济主体，就需要进行相关的体制改革。

不同的经济体制，存在着不同的微观基础。经济体制的转变，必然要求微观基础的转变，最终建立起支撑新体制框架的微观基础。作为市场经济体制微观基础的居民，应该是社会主义市场经济的投资主体之一，是社会主义市场经济中的真正的劳动力资源的供给主体，是社会主义市场经济中的多元收益主体之一，是社会主义市场经济中的具有充分消费者主权的消费者。就企业而言，它应该是面向市场自主经营、自负盈亏、自我约束、自我发展的商品生产者和经营者。因而，要实现由计划经济体制向社会主义市场经济体制的转变，其中心环节是将支撑计划经济体制的主要微观基础——国有企业，转变成为与社会主义市场经济发展要求相适应的商品生产者、经营者和独立法人，以构造真正的社会主义市场经济的微观基础。

与微观经济相对应，反映居民和企业行为的主要经济指标构成了微观经济指标体系，比如销售收入、成本、税金等微观经济指标。从企业采集到的各项数据指标的组合形成了微观经济指标体系，该体系可以分为两部分，一是反映企业综合情况的企业数据，二是反映企业生产产品或经营项目的产品、项目数据等。

二、中央企业概述

（一）中央企业的性质以及在国民经济中的作用

1. 中央企业的性质

企业是从事生产、流通、服务等经济活动，以生产或服务满足社会需要，实行自主经营、独立核算、依法设立的一种营利性的经济组织。企业主要指独立的营利性组织，并可进一步分为公司和非公司企业，后者如合伙制企业、个人独资企业等。在20世纪后期中国大陆改革开放与现代化建设，以及信息技术领域新概念大量涌入的背景下，“企业”一词的用法有所变化，并不限于商业性或营利性组织。随着社会发展，真正有发展潜力的企业肯定是公司类型的企业。企业是社会发展的产物，因社会分工的发展而成长壮大。在市场经济条件下，企业是市场经济活动的主要参与者。在社会主义经济体制下，各种企业并存共同构成社会主义市场经济的微观基础。企业存在三类基本组织形式：独资企业、合伙企业和公司，公司制企业是现代企业中最主要的最典型的组织形式。

我国的中央企业从所有制属性看都是国有企业。与一般企业不同，国有企业的发源地不是市场，而是国家的行为，是国家理性选择的结果。国有企业作为一种官办事业是与国家一起产生的，并随着国家和社会的发展而不断发展变化。与国家行为的密切关系决定了国有企业的性质不同于私有企业，这首先表现在国有企业与私有企业面临的约束条件不一样。私有企业的约束条件是市场条件（产品市场上的需求和要素市场上的供给），而国有企业的约束条件则是国家行为及其结果，也就是边界刚性。由这一约束条件所决定，计划体制下国有企业的行为既不同于私有企业，也不同于市场经济中的国有企业，因此，边界刚性实际上就是国有企业的性质。

国有企业是国家拥有、经营和控制的生产经营单位，在本质上，国有企业是国家与企业之间的一种契约安排，由此决定，国家的社会职能目标会直接影响国有企业的行为模式。但是，由于社会制度和执政者理念不同，不同的国家在不同的发展阶段的目标不同，国家所要求于国有企业的行为模式也不同。就我国国有企业的具体情况看，经历了一个由计划经济体制向市场经济体制转变的过程。在计划经济体制下，国有企业的存在更多的是实现政府职能的工具，而不是经济活动中的具有自主经营权的微观单位。随着社会主义市场经济体制的建立与逐渐完善，国有企业的自主权有所加强，成为与其他非国有的一般企业同样的参与市场竞争的主体，通过自己的生产经营活动来向市场提供产品和服务，以努力实现利润最大化，成本最小化。但是，市场经济活动中，垄断、外部性、公共物品以及市场信息不充分等客观因素的存在所导致的市场失灵，资源不能得到最优配置，以及市场主体的活动水平与社会所需要的最优水平的不一致，都使得国家必须在市场功能失效的场合发挥作用。作为一种资源配置的有效方式，市场经济自身还存在一些功能缺陷，会造成经济运行中出现大起大落的强周期波动现象，导致严重的失业或通货膨胀，同时还会导致经济结构失衡和总量失衡。市场失灵和市场功能缺陷的存在表明，单纯依靠市场机制的作用是无法使市场经济正常运行的。为克服市场失灵，弥补市场功能缺陷，在发挥“看不见的手”的自动调节功能的同时，客观上还需要政府这只“看得见的手”的作用，对经济运行进行干预。在社会主义市场经济条件下，国有企业所具有的特殊的社会性质和社会功能显然是能够配合完成国家的对经济的宏观调控作用的。

2. 中央企业在国民经济中的地位和作用

对于我国国有企业的地位和作用，江泽民同志曾有明确的阐述，他说：“建立和发展国有企业特别是国有大中型企业，是由我国社会主义的基本政治、经济制度决定的，也是我国社会主义经济的重要标志。新中国成立初期，国有企业曾经做出过重大的历史性贡献，使我国经济在较短时期内形成了工业化的初步基础，有力地促进了社会的稳定，同时也提高了我国在世界上的地位。在经济建设中，国有企业支撑了全国经济的发展，保证了能源、原材料的供给，培养和输送了大批人才，为国家发展经济提供了资金。这些年来，国有企业承担着国家计划所确定的重大任务，支持了改革开放和经济建设的顺利进行，在保障供给、繁荣市场、调节分配、稳定社会方面发挥了重要作用。”“国有大中型企业是国民经济的支柱，是经济更快更好发展的骨干力量。”① 由计划经济脱胎而来的社会主义市场经济在具体的经济运行过程中，必然会赋予计划经济体制下建立起来的国有企业更多的社会职能。具体说来，我国国有企业的作用包括以下几点。第一，为社会主义制度的巩固和稳定提供经济基础。1993 年，《中共中央关于建立社会主义市场经济体制若干问题的决定》明确指出，“社会主义市

① 国家经济贸易委员会，中共中央文献研究室. 十四大以来党和国家领导人论国有企业改革和发展，北京：中央文献出版社，1999：4－5.

场经济体制是同社会主义基本制度结合在一起的。建立社会主义市场经济体制，就是要使市场在国家宏观调控下对资源配置起基础性作用。为实现这个目标，必须坚持以公有制为主体、多种经济成分共同发展的方针”。“以公有制为主体的现代企业制度是社会主义市场经济体制的基础。”我国正处于社会主义初级阶段，实行公有制为主体、多种所有制经济共同发展的基本经济制度。在占主体的公有制经济中，国有企业又起主导作用。由于国有企业是公有制经济的主要实现形式，搞好国有企业、增强公有制在社会经济结构中的主体地位和国有经济的主导作用，就是保证我国经济社会发展的社会主义性质、巩固党的执政基础的必然要求。显然，国有企业的主导作用能否充分发挥，事关社会主义基本经济制度的稳定。虽然我们实行市场经济，但任何市场经济都有起主导作用的“第一主体”，资本主义市场经济中私人大资本企业是“第一主体”，决定资本主义市场经济的性质；在我国，国有企业起主导作用，是“第一主体”，由此决定我国社会主义市场经济的性质必然是社会主义性质的。第二，国有企业是国家财政收入的重要来源和基本保证。从2002年到2011年，国有企业以营业收入年均增长17.6%、利润年均增长22%和税金年均增长17.9%的高速稳定发展，为支撑经济社会发展发挥了重要作用。据统计，2011年全国国有企业营业收入达到367855亿元、实现利润22556.8亿元、上缴税收29934亿元；从2002年到2010年，全国国有企业资产总额、营业收入和实现利润分别增长了3.8倍、3.8倍和7.2倍，国有资产保值增值率和平均资产收益率分别提高了3.8个百分点和4.1个百分点。这些数据说明，国有企业在国民经济和国家财政收入中仍然占有优势，我国的大中型国有企业占据着关系国民经济命脉的重要产业，是稳定和发展国民经济的骨干力量。第三，国有企业特别是国有大中型企业在加强和改善国家宏观调控中具有至关重要的作用。国有企业多数处在关系国家安全和国民经济命脉的重要行业和关键领域，在经营发展中自觉体现国家意志，有利于国家从全局和长远需要出发，调控国民经济发展的方向、速度和总体结构，这样更利于克服单纯市场调节的局限性。我国经济之所以能够在国际金融危机中率先恢复向好，与国有企业自觉落实国家应对危机的调控措施是分不开的。事实上，宏观调控的成效在很大程度上要通过国有企业来体现。政府和国有企业从不同的侧面承担着共同的任务。国家为国有企业的发展和生产经营创造必要的环境和条件。国有企业则执行国家的各项宏观调控措施，按照国家的产业政策，优化企业的组织结构和产品结构。第四，国有企业特别是国有大中型企业是发展社会主义市场经济的生力军，肩负着维护国家经济安全的责任。国有企业提供的产品或服务大多在国民经济中起着基础性作用，关系国计民生的方方面面。只有国有企业真正参与到市场竞争中，成为自主经营、自负盈亏、自我发展、自我约束的市场主体，才能不断增强国有经济的控制力和影响力，才能确保市场稳定供应，保证国家经济的良好运转和人民群众的正常生活，维护国家的经济安全。第五，国有企业肩负着促进共同富裕的责任。共同富裕是社会主义的本质要求。邓小平曾指出："只要我国经济中公有制占主体地位，就可以避免两极分化。"国有企业的生产资料归全民所有，这从根本上消除了资本与劳动的对立。国有企业可以更充分地贯彻按劳分配原则，在初次分配中避免收入差距不断拉大，从而实现社会公平分配和共同富裕。

（二）改革开放后中央企业的发展历程

中央企业的发展历程其实就是我国国有企业的发展历程。计划经济体制下的国有企业为社会主义经济制度的巩固和发展做出了历史性的贡献，但在改革开放的历史背景下，特别是中国经济参与全球化的程度越来越广泛而深入的条件下，国有企业的一些内在缺陷也逐渐显现出来，这使得国有企业的改革和发展成为改革开放之后中央企业发展的主题。事实上，国有企业改革问题始终是社会主义经济理论的热点问题和经济体制改革的中心环节。从20世纪70年代末以来，我国的国有企业改革已进行了30多年，国有企业改革的实践演进历程曲折复杂，改革历程的各个阶段在改革目标、理论依据和主要措施上都有重大区别，但基本上都涉及产权关系的调整与变革。从产权关系变迁的角度分析，我国国有企业改革可以分为三个阶段：

第一阶段是从1978年到1986年，为国有企业改革的起步阶段，其间的改革思路是减税让利放权，扩大企业自主权，重点调整国家与企业的责权利关系。

中国的国有企业发展到20世纪70年代，已充分暴露出其缺陷，突出表现在管理体制上的政企不分，本应归企业行使的各项权利被高度集中在各级政府手中，企业成为政府的附属物，企业没有经营自主权，这种状况严重抑制了企业和劳动者的积极性，使得企业缺乏活力。针对这一状况，1978年开始的国有企业改革从一起步，就把改革的思路定位于调整国家与企业的经济利益关系上，将放权让利、扩大企业自主权作为国有企业市场化改革的突破口，具体做法包括扩权让利试点、实行经济责任制、实施"利改税"改革。

国有企业在此期间的改革通过让利放权，把部分经营权和收益权交给企业和职工，试图以此来刺激效率的提高。但是，由于缺乏必要的理论依据和明确的改革方向，实践中存在不同程度的混乱和盲目性，除在改革初期企业经济效率有所改善外，就整个过程而言，没有出现人们预期的效率显著提高的局面，甚至发生了综合要素生产率下降的情况。导致这种状况的原因是多方面的，但从产权关系上分析，有以下几个方面：第一，在政府的社会经济管理者和国有资产所有者身份合二为一的情况下，处理国家与企业的分配关系，必然难以从根本上理顺国家与企业的责、权、利关系。第二，收入增量的激励效率递减。第三，由于企业中经营者权利有限以及其利益与普遍职工的利益捆在一起，从而在企业内部无以约束全体职工追求福利最大化的行为，致使收入增长超过劳动生产率增长，从而损害资产收益利益。

国企改革的第二个阶段从 1987—1993 年，为国有企业改革的深化阶段，改革的思路是两权分离，通过实行承包经营责任制，进一步明确企业的利益主体地位，调动企业和职工的生产经营积极性。

针对第一阶段减税让利放权改革中出现的企业经营者权利有限及对其个人利益激励作用不强，导致企业内部约束软化等问题，人们开始把注意力转向经营者，期望在国有制内部发动“经理革命”，减少政府对企业的行政干预，加强经营者在企业中的地位和作用，通过重建微观利益机制，即强化经营者个人利益激励来保证国有资产效率的提高。1984 年 10 月召开的党的十二届三中全会，作出了《中共中央关于经济体制改革的决定》，强调要进一步扩大企业自主权，在理论上首次提出了“社会主义有计划商品经济”这一概念，并初步论证了“两权分离”的改革理论。在国有企业改革目标上，首次明确提出要使企业成为真正相对独立的自主经营、自负盈亏的社会主义商品生产者和经营者。理论的突破和改革目标的明确，在实践上推动了国有企业改革向纵深发展。

党的“十三大”报告充分肯定了承包制的积极意义，指出：“目前实行的承包、租赁等多种形式的经营责任制，是实行两权分离的有益探索”，“无论哪种经营责任制，都要运用法律手段，以契约形式确定国家与企业之间，企业所有者与经营者之间的权责利关系。”1988 年 2 月，国务院颁布了《全民所有制工业企业承包经营责任制暂行条例》，对国有企业实行承包经营做出了具体规定，并写入了同年 4 月通过的《企业法》，把承包制纳入法制化轨道。

国有企业改革的第三阶段是从 1994 年至今，为现代企业制度试点阶段，其间改革思路为制度的全面创新，以建立现代企业制度和实施战略性改组为特征，改革的任务是重新塑造社会主义市场经济的微观基础，使国有企业真正成为自主经营、自负盈亏的法人实体和市场主体。

1992年10月召开的党的“十四大”，明确提出了我国经济体制改革的目标是建立社会主义市场经济体制，并要求围绕社会主义市场体制的建立，加快经济改革步伐。1993年11月，党的十四届三中全会通过了《关于建立社会主义市场经济体制若干问题的决定》，提出我国国有企业改革的目标是建立现代企业制度，并把现代企业制度概括为是适应市场经济和社会化大生产要求、产权清晰、权责明确、政企分开、管理科学的企业制度，要求通过建立现代企业制度，使企业成为自主经营、自负盈亏、自我发展、自我约束的法人实体和市场竞争主体。到1997年上半年，在地方的试点2343户企业中，已经有540户改造成股份有限公司，占23%，改造成有限责任公司的企业540户，也占23%，改造成国有独资公司的企业909户，占38.8%，尚未完成改造的有307户，占13.2%。在已改制为公司的1989家企业中，有71.9%的企业已组成了董事会，63%的企业成立了监事会，总经理由董事会聘任的已有61%。[①] 1997年党的十五大以后，中央多次提出，用三年左右的时间，力争到20世纪末大多数国有大中型骨干企业初步建立现代企业制度。到2000年底，这一目标已基本实现。

党的“十五大”在一些重大理论问题上又有了新的突破，强调要调整和完善所有制结构，探索公有制的多种实现形式，明确了从战略上调整国有经济布局的方针，对国有企业实施战略性改组。党的“十五大”同时提出，对关系国民经济命脉的重要行业和关键领域，国有经济必须占支配地位，对国民经济的发展起主导作用。国有经济需要控制的行业和领域主要包括涉及国家安全的行业，自然垄断的行业，提供重要公共产品和服务的行业，以及支柱产业和高新技术产业中的重要骨干企业。在其他领域，可以通过资产重组和结构调整，以加强重点，提高国有资产的整体质量。这就把国有企业改革的思路从搞好救活每个国有企业调整到搞好搞活整个国有经济上来，从追求国有经济的数量和比重的绝对优势转移到寻求国有经济的规模和国有企业的最佳配置及其与非国有企业的最佳配合上来。这种改革思路的重大调整，表明我国对国有企业改革的认识上升到了一个新的高度。

2002年，党的“十六大”在坚持继续调整国有经济布局和结构的改革方向的基础上，进一步明确了中央企业的定位，即关系国民经济命脉和国家安全的大型国有企业、基础设施和重要自然资源等，由中央政府代表国家履行出资人职责。2003年，国务院国有资产监督管理委员会（以下简称“国资委”）成立，

① 汪海波. 中国国有企业改革的实践进程（1979—2003年）. 中国经济史研究，2005：3.

196 户中央企业由原中央企业工委移交国资委管理。同年，党的十六届三中全会提出进一步推动国有资本更多地投向关系国家安全和国民经济命脉的重要行业和关键领域，增强国有经济的控制力。2006 年底，国资委发布《关于推进国有资本调整和国有企业重组的指导意见》，明确了中央企业的重组目标和国有资本所应集中的重要行业和关键领域。2007 年，党的“十七大”提出，要深化国有企业公司制、股份制改革，优化国有经济布局和结构，增强国有经济活力、控制力、影响力。在操作层面上，国有企业通过联合、兼并、改组等多种方式逐步向关系国民经济命脉的重要行业和关键领域集中，而在一般竞争性行业中则逐步退出。1998 年全国国有工商企业共有 23.8 万户，而到 2006 年国有企业户数减少至 11.9 万户，正好减少了一半。从中央企业来看，自 2003 年国资委成立以来，已有 77 家中央企业进行了 41 次重组，企业数已从 196 家减少到 2007 年初的 157 家，2007 年底进一步减为 151 家，目前归属国资委监管的中央企业只有 117 家。中央企业的资产 80% 以上集中在石油石化、电力、国防、通信、运输、矿业、冶金、机械行业。

回顾 30 多年的国有企业改革的历程，我们可以看到，国有企业的产权关系在改革中逐步由集中单一走向分散多元，由凝固封闭走向流动开放，由模糊变得较为清晰，由不规范逐渐变得规范，由片面追求总体上量的比例上升到寻求质的提高，由单纯的放权让利、政策扶持进入到理顺产权关系和制度的全面创新。这种由浅入深步步推进的改革使国有企业逐步摆脱“大而全”的局面，向“强而精”的方向发展，国有企业在关乎国计民生的基础性、战略产业做强、做精，充分发挥了社会主义市场经济集中资源发展战略产业的优势；通过在不同行业的产业链中与非国有经济形成良性的互动，实现了在竞争中合作、在合作中共赢。

目前，国有企业制度创新、机制转换的任务还未完成，需要在许多方面进一步深化。

（三）中央企业的现实状况与问题

中央企业与地方企业相对而言，二者是从管理权限上进行的划分，事实上，不论是中央企业还是地方企业，从所有权上说都归国家所有。中央企业与地方企业的划分标准是主管机构的属地问题。中央企业指的是归中央各部委管理的企业，如国资委、交通运输部、财政部等，地方企业指的是企业的管理机构是当地的各行政部门。所谓中央企业，按照归口划分，从广义上来说包括两类一是由国务院国有资产监督管理委员会直接监督管理的中央企业；二是由财政部监管的三类企业，即中央行政事业单位所属企业、财务关系在财政部单列的国有企业以及中央金融企业。狭义的中央企业，通常是指由国务院国有资产监督管理委员会直接监督管理的国有企业。本书所涉及的中央企业主要指狭义上的中央企业，即国资委监管的国有企业。

1. 中央企业的发展现状

目前，由国资委监管的中央企业共有117家，名单见表1-2。

表1-2 国资委监管的中央企业名单

序号	企业（集团）名称	序号	企业（集团）名称
1	中国核工业集团公司	24	中国联合网络通信集团有限公司
2	中国核工业建设集团公司	25	中国移动通信集团公司
3	中国航天科技集团公司	26	中国电子信息产业集团有限公司
4	中国航天科工集团公司	27	中国第一汽车集团公司
5	中国航空工业集团公司	28	东风汽车公司
6	中国船舶工业集团公司	29	中国第一重型机械集团公司
7	中国船舶重工集团公司	30	中国第二重型机械集团公司
8	中国兵器工业集团公司	31	哈尔滨电气集团公司
9	中国兵器装备集团公司	32	中国东方电气集团有限公司
10	中国电子科技集团公司	33	鞍钢集团公司
11	中国石油天然气集团公司	34	宝钢集团有限公司
12	中国石油化工集团公司	35	武汉钢铁（集团）公司
13	中国海洋石油总公司	36	中国铝业公司
14	国家电网公司	37	中国远洋运输（集团）总公司
15	中国南方电网有限责任公司	38	中国海运（集团）总公司
16	中国华能集团公司	39	中国航空集团公司
17	中国大唐集团公司	40	中国东方航空集团公司
18	中国华电集团公司	41	中国南方航空集团公司
19	中国国电集团公司	42	中国中化集团公司
20	中国电力投资集团公司	43	中粮集团有限公司
21	中国长江三峡集团公司	44	中国五矿集团公司
22	神华集团有限责任公司	45	中国通用技术（集团）控股有限责任公司
23	中国电信集团公司	46	中国建筑工程总公司

续表

序号	企业（集团）名称	序号	企业（集团）名称
47	中国储备粮管理总公司	78	中国建筑科学研究院
48	国家开发投资公司	79	中国北方机车车辆工业集团公司
49	招商局集团有限公司	80	中国南车集团公司
50	华润（集团）有限公司	81	中国铁路通信信号集团公司
51	中国港中旅集团公司（香港中旅（集团）有限公司）	82	中国铁路工程总公司
52	国家核电技术有限公司	83	中国铁道建筑总公司
53	中国商用飞机有限责任公司	84	中国交通建设集团有限公司
54	中国节能环保集团公司	85	中国普天信息产业集团公司
55	中国国际工程咨询公司	86	电信科学技术研究院
56	中国华孚贸易发展集团公司	87	中国农业发展集团总公司
57	中国诚通控股集团有限公司	88	中国中纺集团公司
58	中国中煤能源集团公司	89	中国外运长航集团有限公司
59	中国煤炭科工集团有限公司	90	中国中丝集团公司
60	中国机械工业集团有限公司	91	中国林业集团公司
61	机械科学研究总院	92	中国医药集团总公司
62	中国中钢集团公司	93	中国国旅集团有限公司
63	中国冶金科工集团有限公司	94	中国保利集团公司
64	中国钢研科技集团公司	95	珠海振戎公司
65	中国化工集团公司	96	中国建筑设计研究院
66	中国化学工程集团公司	97	中国冶金地质总局
67	中国轻工集团公司	98	中国煤炭地质总局
68	中国工艺（集团）公司	99	新兴际华集团有限公司
69	中国盐业总公司	100	中国民航信息集团公司
70	华诚投资管理有限公司	101	中国航空油料集团公司
71	中国恒天集团公司	102	中国航空器材集团公司
72	中国中材集团公司	103	中国电力建设集团有限公司
73	中国建筑材料集团有限公司	104	中国能源建设集团有限公司
74	中国有色矿业集团有限公司	105	中国黄金集团公司
75	北京有色金属研究总院	106	中国储备棉管理总公司
76	北京矿冶研究总院	107	中国广东核电集团有限公司
77	中国国际技术智力合作公司	108	中国华录集团有限公司

续表

序号	企业（集团）名称	序号	企业（集团）名称
109	上海贝尔股份有限公司	114	中国西电集团公司
110	彩虹集团公司	115	中国铁路物资总公司
111	武汉邮电科学研究院	116	中国国新控股有限责任公司
112	华侨城集团公司	117	中国华粮物流集团公司
113	南光（集团）有限公司		

中央企业代表着国有经济，而国有经济是决定我国社会主义性质的标志和象征。按照十四届三中全会通过的《中共中央关于建立社会主义市场经济体制若干问题的决定》中“进一步转换国有企业经营机制，建立适应市场经济要求，产权清晰、权责明确、政企分开、管理科学的现代企业制度”的要求，以及党的十六届三中全会通过的《中共中央关于完善社会主义市场经济体制若干问题的决定》所提出的完善国有资产管理制度，深化国有企业改革的要求，国有企业改革的目的就是造就社会主义市场经济的重要微观基础和运行基础，国有企业（包括中央企业）的改革自然成为社会主义市场经济体制建立和完善过程中的关键环节。从改革效果来看，国有企业采取的“增量”改革模式促使所有制结构发生了深刻的变化，有效改变了国有经济“一统天下”的局面，完善了公有制为主、多种所有制共同发展的社会主义市场经济制度，同时也使国有经济总量不断扩大，国有经济的活力得到显著提升。

从国有企业整体来看，随着国有经济战略性调整和国有企业战略性重组的深入，国有企业逐步从竞争性行业退出，并加强对石油天然气、自来水、交通运输等基础性行业和关键领域的控制力。不断提升国有企业特别是中央企业的质量和效益，提升其对经济全局的控制力，对于确保国家经济安全、增强国家经济实力具有举足轻重的战略意义。国务院国资委提供的数据显示，近年来国有企业的数量在减少，但整体素质和竞争力大大增强。2002 年到 2011 年，中央企业的资产总额从 7. 13 万亿元增加到 28 万亿元，营业收入从 3. 36 万亿元增加到 20 万亿元，中央企业承担了全国几乎全部的原油、天然气和乙烯生产，提供了全部的基础电信服务和大部分增值服务，发电量占全国 60% 以上，生产的高附加值钢材约占全国 60% 。2002 年到 2011 年，中央企业上缴税金从 2926 亿元增加到 1. 7 万亿元，年均增长 20% 以上。中央企业大力开展境外资源开发和互利合作，中国铁建、中国水电等央企发挥技术优势和成本优势，争得了一大批海外项目。国有企业不再是负债累累、困难重重，国有企业特别是中央企业已是行业的排头兵、国民经济的支柱力量。

2011 年，中央企业生产经营总体上保持平稳较快增长，主要经济指标创历史新高，全年累计实现营业收入 20.2 万亿元，同比增长 20%；累计实现净利润 9173 亿元，同比增长 6.4%；累计上缴税金 1.7 万亿元，同比增长 19.7%。截至 2011 年底，中央企业资产总额达到 28 万亿元，同比增长 14.9%，净资产 10.7 万亿元，同比增长 11.4%。2012 年 7 月 9 日，2012 年《财富》世界 500 强企业最新排名揭晓，中国上榜公司达到 79 家，国资委监管的中央企业达到 42 家（此外，招商局集团为上榜的招商银行的第一大股东），中国石油、中国石化和国家电网分别位列第 5、第 6 和第 7 位。

表 1－3　2012 年中央企业入围世界 500 强名单

排名	公司名称	营业收入（百万美元）	利润（百万美元）	排名	公司名称	营业收入（百万美元）	利润（百万美元）
5	中国石化	375214	9452.9	238	南方工业集团	43159.5	176.1
6	中国石油	352338	16317	246	华能集团	41480.6	25.5
7	国家电网	259141.8	5678.1	250	中航工业集团	40834.9	930.4
81	中国移动	87543.7	11702.5	280	中冶集团	37612.6	－399.6
100	中国建筑	76023.6	1108	298	中铝公司	35839.2	76.4
101	中国海油	75513.8	8836	318	中国航油	34352.4	170.5
111	中国铁建	71443.4	489.3	321	武钢集团	34259.5	664.4
112	中国中铁	71263.4	1034.8	333	中国联通	33336.1	218.4
113	中化集团	70990.1	1177.5	341	国电集团	32580	－91.5
142	东风汽车	62910.8	1321.1	349	中国铁物	31991.1	155.5
152	南方电网	60538.3	755.4	365	中国建材	30021.9	656.5
165	中国一汽	57002.9	2297.4	367	国机集团	29846.3	630.6
169	中国五矿	54509.1	753.7	369	大唐集团	29603.2	－132.5
197	宝钢集团	48916.3	1866.7	384	中远集团	28796.5	－651.8
205	兵器工业集团	48153.9	597.8	390	中国电建集团	28288.6	354.4
216	中交集团	45958.7	1220.6	393	中粮集团	28189.7	728.5
221	中国电信	45169.8	556.9	402	中国化工	27706.7	100.1
233	华润集团	43439.5	1881.7	425	中国电子	26022.5	203
234	神华集团	43355.9	5671.7	433	华电集团	25270	－21.6

续表

排名	公司名称	营业收入（百万美元）	利润（百万美元）	排名	公司名称	营业收入（百万美元）	利润（百万美元）
434	中船重工	25144.5	836.7	484	新兴际华集团	22832.3	242.6
451	中电投	24399.8	-118.8	498	招商银行	22093.8	5588.4
462	鞍钢集团	24089	247.3				

资料来源：国资委网站

中央企业在改革重组的过程中主要在“好”和“强”上狠下工夫，加快转变经济发展方式，增强自主创新能力。国资委对所属七大行业中的中央企业提出的要求是，这七大领域要拥有一批对行业发展有较强影响力和带动力的重要骨干企业，其中石油石化、电信、电力、冶金、航运、建筑等行业的重要骨干企业要发展成为世界一流企业。当前央企在这些领域的发展也已经出现了一批具有影响力的企业，像中国石油、中国石化、中国海油对石油石化行业已经具有了绝对控制力。与此同时，中央企业的自主创新能力显著提高，2012 年召开的国家科学技术奖励大会上，56 家中央企业得到了 93 项奖项，“嫦娥一号”、高铁、4G 标准等更成为央企自主创新、集成创新的典范。培育发展战略性新兴产业，央企主动出击，核电、风电、电动汽车等设备制造以及产品研发，达到或接近全球领先水平。

在“十一五”时期，中央企业的发展质量和经济效益大幅提升，央企资产总额由 10.5 万亿元增长到 24.3 万亿元，年均增长 18.2%；营业收入由 6.79 万亿元增加到 16.7 万亿元，年均增长 19.7%；实现净利润由 4642.7 亿元增加到 8489.8 亿元，年均增长 12.8%；上缴税金由 5779.9 亿元增加到 1.3 万亿元，年均增长 17.6%。在“十二五”开局之年，中央企业积极落实国家宏观调控政策，有效应对国际金融危机的冲击。涉及粮、棉、油、肉、盐等产品生产供应的中央企业，全力服从中央宏观调控的大局，保障市场供应，维护重要民生产品的价格稳定。面对急难险重的任务，中央企业总是冲在前头。在汶川地震、玉树地震、舟曲泥石流等重大自然灾害中，电力电网、石油石化、航空运输、建筑施工等央企挺身而出，发挥了关键作用。“十二五”时期，中央企业将继续深化改革，配合国务院制定的“稳中求进”的经济发展方针，以国资委的《中央企业“十二五”发展规划纲要》征求意见稿中“四个集中”为目标，即推动国有资本向关系国家安全和国民经济命脉的重要行业和关键领域集中；向国有经济具有竞争优势、未来可能形成主导产业的领域集中；向具有较强国际竞争力的大公司大企业集团集中；向企业主业集中，在航空航天、石油、石化、煤炭、电力、电信、冶金、海运、建筑、商贸物流等行业和领域，率先发展一批具有国际竞争力和影响力的世界一流企业，在重大装备、电子信息等领域，将中央企业发展成为世界一流企业，做大做强中央企业，进一步提高国有经济的控制力、影响力和带动力。

为落实国资委关于国有企业的发展目标，必须推动中央企业上市，实现央企的改革重组，这应该是中央企业今后发展的总方向。加快央企上市，可以实现资金盘子进一步做大，对于实现产权多元化、经营多元化和收入多元化具有重要意义。就目前来看，中央企业中拥有最多上市公司的行业是军工行业，包括43家上市公司，电力、化工及信息技术拥有的上市公司均在20家以上。技术硬件设备、交通运输服务、建筑与工程、有色金属、医疗保健、电子元器件和耐用消费品等传统行业也拥有至少10家的上市公司。农业、交通基础设施、零售、造纸和电信等行业拥有的上市公司数量则不超过5家。表1－4是目前中央企业拥有控股公司及其所属行业的名单：

表1－4　中央企业拥有控股公司所属行业及其名单

所属行业	企业（集团）名称	被控股A股上市公司
航天军工	中国核工业集团公司	中核科技000777
航天军工	中国航天科技集团公司	航天机电600151、航天动力600343、火箭股份000897、中国卫星600118、中卫国脉600640、乐凯胶片600135
航天军工	中国航天科工集团公司	航天信息600271、航天晨光600501、航天电器002025、航天通信600677、航天长峰600855、航天科技000901、中兴通讯000063
航天军工	中国航空工业集团公司	西飞国际000768、中航精机002013、力源液压600765、贵航股份600523、飞亚达A000026、深南光A000037、深天马A000050、ST宇航000738、哈飞股份600038、洪都航空600316、东安动力600178、昌河股份600372、南方摩托000716、成发科技600391
航天军工	中国船舶工业集团公司	中国船舶600150、中船股份600072、广船国际600685
航天军工	中国船舶重工集团公司	风帆股份600482、鑫茂科技000836
航天军工	中国兵器工业集团公司	辽通化工000059、新华光600184、中宾光电600435、北方创业600967、晋西车轴600495、凌云股份600480、北方国际000065、长春一东600184、北方股份600262
航天军工	中国兵器装备集团公司	长安汽车000625、中国嘉陵600877、天兴仪表000710

续表

所属行业	企业（集团）名称	被控股 A 股上市公司
信息技术	中国电子科技集团公司	沙河股份 000014、天通股份 600330、华东电脑 600850、四创电子 600990
信息技术	中国电信集团公司	H 股
信息技术	中国网络通信集团公司	H 股
信息技术	中国联合通信有限公司	中国联通 600050
信息技术	中国移动通信集团公司	H 股
信息技术	中国电子信息产业集团公司	长城电脑 000066、长城信息 000748、长城开发 000021、深桑达 A000032、夏新电子 600057、中国软件 600536、华东科技 000727、中电广通 600764
信息技术	中国普天信息产业集团公司	上海普天 600680、东方通信 600776、波导股份 600130、东信和平 002017
信息技术	电信科学技术研究院	ST 大唐 600198、高鸿股份 000851
信息技术	彩虹集团公司	彩虹股份 600707
信息技术	武汉邮电科学研究院	烽火通信 600498
石油石化	中国石油天然气集团公司	中国石油 601857、中油化建 600546
石油石化	中国石油化工集团公司	中国石化 600028、上海石化 600688、泰山石油 000554、武汉石油 000668、仪征化纤 600871
石油石化	中国海洋石油总公司	海油工程 600583、中海油服 601808
石油石化	中国中化集团公司	中化国际 600500、中泰化学 002092、沈阳化工 000698
石油石化	中国化工集团公司	河池化工 000953、沧州大化 600230、黄海股份 600579、蓝星清洗 000598、星新材料 600299、天科股份 600378、黑化股份 600179、沙隆达 A000553
电力煤炭	国家电网公司	国电南瑞 600406
电力煤炭	中国华能集团公司	华能国际 600011、内蒙华电 600863、北海港 000582
电力煤炭	中国大唐集团公司	大唐发电 601991、桂冠电力 600236、华银电力 600744
电力煤炭	中国华电集团公司	华电能源 600726、华电国际 600027
电力煤炭	中国国电集团公司	国电电力 600795、长源电力 000966
电力煤炭	中国电力投资集团公司	吉电股份 000875、漳泽电力 000767、九龙电力 600292、上海电力 600021
电力煤炭	中国长江三峡工程开发总公司	长江电力 600900
电力煤炭	神华集团有限责任公司	中国神华 601088
电力煤炭	中国中煤能源集团公司	中煤能源 601898、上海能源 600508

续表

所属行业	企业（集团）名称	被控股A股上市公司
电力煤炭	中国煤炭科工集团有限公司	天地科技600582
电力煤炭	中国能源建设集团有限公司	葛洲坝600068
汽车	中国第一汽车集团公司	一汽夏利000927、一汽轿车00880、一汽四环600742、长春一东600148
汽车	东风汽车公司	东风汽车600006、东风科技600081
机械	哈尔滨电气集团公司	阿继电器000922
机械	中国东方电气集团公司	东方电气600875
机械	中国机械工业集团有限公司	轴研科技002046、中工国际002051、鼎盛天工600335、华仪电气600290、林海股份600099、常林股份600710
机械	中国北方机车车辆工业集团公司	中国北车601299
机械	中国南车工业集团公司	中国南车601766、南方汇通000920
机械	中国铁路工程总公司	中国中铁601390、中铁二局600528
机械	中国交通建设集团有限公司	路桥建设600263、振华港机600320、中房股份600890
钢铁	鞍山钢铁集团公司	鞍钢股份000898
钢铁	宝钢集团有限公司	宝钢股份600019
钢铁	武汉钢铁（集团）公司	武钢股份600005
钢铁	中国中钢集团公司	吉林炭素000928、中钢天源002057
钢铁	中国钢研科技集团公司	安泰科技000969、金自天正600560
钢铁	新兴际华集团有限公司	新兴铸管000778
有色	中国铝业公司	中国铝业601600、焦作万方000612
有色	中国五矿集团公司	五矿发展600058、金瑞科技600390
有色	中国有色矿业集团有限公司	中色股份600058
有色	北京有色金属研究总院	有研硅股600206
有色	北京矿冶研究总院	北矿磁材600980
有色	中国黄金集团	中金黄金600489
航运	中国远洋运输（集团）总公司	中国远洋601919、中远航运600428、万业企业600641、中集集团000039
航运	中国海运（集团）总公司	中海集运601866、中海发展600026、中海海盛600896
航运	中国航空集团公司	中国国航601111
航运	中国东方航空集团公司	东方航空600115
航运	中国南方航空集团公司	南方航空600029

续表

所属行业	企业（集团）名称	被控股A股上市公司
航运	中国外运长航集团有限公司	长航油运600087、长航凤凰000520、外运发展600270
地产	中粮集团有限公司	中粮地产000031、中粮屯河600737、S吉生化600893、丰原生化000930
地产	中国建筑工程总公司	中海地产H股
地产	招商局集团有限公司	招商银行600036、招商地产000024、招商轮船601872、深赤湾A000022
地产	华润（集团）有限公司	万科000002、东阿阿胶000423、上海医药600849、万东医疗600055、中西药业600842、ST方源600656、ST源发600757、双鹤药业600062、华润三九000999
地产	中国保利集团公司	保利地产600048
地产	华侨城集团公司	华侨城A000069、深康佳A000016
农业	中国农业发展集团总公司	中水渔业000798、中牧股份600195、ST中农600313
旅游	中国国旅集团公司	国旅联合600358
旅游	中国港中旅集团公司	中青旅600138
纺织	中国恒天集团公司	中国服装000902、中纺投资600061、经纬纺机000666
建材	中国中材集团公司	中材国际600970
建材	中国建筑材料集团有限公司	四川金顶600678、福建水泥600802、天山股份000877、大同水泥000673、北新建材000786、中国玻纤600176
医药	中国医药集团总公司	国药股份600511、一致药业000028、现代制药600420、天坛生物600161
其他	国家开发投资公司	国投中鲁600962、国投电力600886、高新张铜002075、中成股份000151
其他	中国节能环保集团公司	国能集团600077
其他	中国华孚贸易发展集团公司	酒鬼酒000799
其他	中国诚通控股集团有限公司	中储股份600787
其他	中国国新控股有限责任公司	ST湖科600892
其他	中国盐业总公司	兰太实业600328
其他	华诚投资管理有限公司	华纺股份600448
其他	中国轻工集团公司	中国海诚002116
其他	南光（集团）有限公司	中航地产000043

资料来源：国资委网站，根据互联网信息整理

中央企业在做好主业的同时也主动承担社会责任。2011 年，中央企业积极落实国家宏观调控政策，有效应对国际金融危机的冲击，在保障市场供应、稳定物价、服务“三农”方面发挥了重要作用。发电企业火电板块承受增产增亏的压力，加强生产组织，确保供电供热稳定。涉及粮、棉、油、肉、粮、盐等产品生产供应的中央企业，全力服从中央宏观调控的大局，保障供应，维护重要民生产品的价格稳定。面对急难险重的任务，中央企业都冲在了前头，发挥着骨干作用。2011 年初的利比亚撤侨中，相关中央企业出动飞机 76 架次，轮船 6 艘，撤出了员工 25481 人，并协助使馆撤离其他中资企业员工、留学生和外籍员工近 8000 人。电网、电力、电信等企业还在保障广州亚运会、深圳大运会中发挥了重要作用。中央企业还承担着国家定点扶贫和援疆援藏工作。93 家中央企业定点帮扶 189 个国家扶贫工作重点县，占国家扶贫开发工作重点县全部数量的 31.9%。44 家中央企业在新疆、40 家中央企业在西藏开展了各类援助帮扶工作。2011 年，被誉为“电力天路”的青藏交直流联网输电工程建成，从根本上解决了西藏缺电问题。目前已有 75 家中央企业发布了社会责任报告或可持续发展报告。

国有企业经过 30 多年的改革发展逐渐探索出了一条中国特色的国企发展之路，国企中的中央企业的改革发展在带动全国国有企业的稳定发展、跨越发展上发挥了巨大作用。推动中央企业上市是实现央企改革重组的重要步骤，也是中央企业今后发展的总方向。加快央企上市，可以实现资金盘子进一步做大，对于实现产权多元化、经营多元化和收入多元化具有重要意义。

2. 中央企业存在的问题

第一，高度垄断，限制市场竞争。国有企业是政府通过国有经济实现对整个经济生活的宏观干预必不可少的工具，国家资本往往控制着国家经济命脉或重要的经济部门，这也是我们确定的中央企业改革发展的目标，所以中央企业一开始就具有高度的垄断性。这种垄断性在反对外国垄断资本、维护国家经济主权的斗争中，以及在保障社会经济的稳定运行方面发挥了积极作用。但这种垄断性也产生了许多副作用：首先，市场经济本质上是竞争经济，只有在激烈的市场竞争中，才能做到优胜劣汰，才能促进社会劳动生产率的提高，从而实现资源的优化配置。可是，由于垄断，限制了私人企业和国有企业之间的自由竞争，进而限制民营企业的发展。其次，在社会经济的运行中，国家最重要的职能是宏观调控职能，即制定市场游戏规则，调节社会总供求，引导投资方向，调整产业结构等。可是，国家行政机关直接掌管生产资料，垄断许多关键行业的生产经营活动，必然引起国家宏观管理职能的畸变，使其不能很好地去履行其应该履行的职能。

第二，归属清晰、权责明确、保护严格、流转顺畅的现代产权制度还未真正建立起来。完善的现代产权制度是完善社会主义市场经济体制的重要基础，也是建立出资人制度的必要前提。在国有企业的产权制度改革和管理方面我国制定了一系列法规规章，对防止国有资产流失、推进产权有序流转起到了积极作用，但总体上看，我国产权制度改革还相对滞后，与国有资产管理体制改革要求也不适应。中央企业在所有制属性上属于全民所有，但由于全民财产不可分割和在传统体制下不可交易、转让的属性，使得任何一个社会成员都不可能拥有一份可以明确辨认，并通过支配或出卖等方式实现的所有权。所以，在民主和法制不健全、监督不到位的情况下，原本意义上的产权以及它所反映的经济关系就会淡化，出现“产权虚置”现象，最终会出现国有企业中贪污腐败、营私舞弊之风盛行。

第三，中央企业的布局分散、战线过长、结构趋同，在竞争性领域有进有退，合理流动的机制尚不健全。调整国有经济布局结构是当前国有企业改革的一项中心任务，目的是发挥国有经济的控制力、影响力和带动力，确保国有经济在国民经济中发挥主导作用。经过四年多的探索实践，国有经济布局结构调整取得了积极进展，但任务仍然十分艰巨。从总体上看，国有经济战线过长、过于分散、结构趋同等问题仍很突出，布局和结构不合理的状况尚未根本改变。以中央企业为例，在国民经济的95个大类行业中中央三级以上企业涉足86个，行业分布面达到90%，国有资本集中度仍然处于较低水平。

第四，中央企业“大而不强”，科技创新能力不足。当前中央企业普遍自主创新能力不强，研发投入、研发能力和水平与跨国公司相比有很大差距。重要产业对外技术依赖度比较高，不少核心关键技术还受制于人，创新型人才比较缺乏，科技创新尚未成为中央企业发展的支撑力量。

第五，中央企业地区分布不均衡，80%集中在北京，不利于带动地方经济的发展。

三、中央企业经济运行分析概述

（一）2011年中央企业经济运行的总体概况

2011年，国际金融危机再掀波澜，欧债危机持续发酵，与国际市场高度关联的石油、钢铁、航运等行业的中央企业遭遇极大压力；在国内，人工成本上涨、银根趋紧、资源环境综合成本上升，也给中央企业带来重重挑战。面对复杂多变的国内外形势和艰巨繁重的改革发展任务，中国经济实现平稳较快发展。作为国民经济和社会发展的“顶梁柱”，中央企业坚决贯彻落实党中央、国务院各项决策部署，坚定履行政治责任、经济责任、社会责任，为保障经济社会发展作出了突出贡献。

第一，以国家战略为发展导向，中央企业积极落实国家决策部署，全面推进做强做优，为保障经济社会平稳较快发展作出重要贡献，在落实国家决策、保障经济安全、平衡区域发展等方面，中央企业切实发挥着“引领者”作用。按照《国家“十二五”规划纲要》和《中央企业“十二五”发展规划纲要》要求，中央企业全面推进做强做优，经营业绩非常突出：2011年中央企业实现营业收入20.2万亿元，同比增长20.8%；实现净利润9713.1亿元，同比增长6.4%；上交税收1.7万亿元，同比增长19.7%，约占全国税收总额的1/6；截至2011年底，117家中央企业资产规模达到28万亿元，同比增长14.9%；净资产10.7万亿元，同比增长11.4%。在2011年世界500强企业中，中国的中央企业有38家入围，比上一年增加了8家。

第二，以改革创新为动力源泉深化改革、调整结构、引领创新，中央企业综合实力和危机应对能力显著提升，为“十二五”发展奠定了良好基础。2011年，中央企业公司制股份制改革持续推进，6家中央企业控股公司首次公开发行股票并上市，中国五矿、一汽集团等中央企业完成整体改制；中石油、中石化等10家中央企业被纳入董事会试点范围，试点企业总数达到42家，董事会规范运作的制度体系基本完成；三项制度改革深入推进，中国电信、中国商飞等企业实现总经理竞争性选拔，中核集团、中国联通等企业留出多个中层管理职位公开招聘，航天科技、国机集团等企业分红权试点取得实质性进展；两家综合性电力建设集团重组成立，乐凯集团并入航天科技，中商集团并入诚通集团，国新公司接收华星集团开始发挥实质性作用；一汽集团等5家中央企业改革厂办大集体632户，安置职工8.9万人。

第三，作为代表国家参与国际竞争的骨干力量，中央企业“走出去”稳步推进。中国化工通过收购以色列马克西姆·阿甘公司，顺利跻身世界领先的农药生产企业行列；中国建筑美国巴哈马大型海岛度假村项目开工，开创了中国建筑企业在北美投资带动总承包的先河。据统计，2011年前11个月，中央企业境外营业收入达到3.4万亿元、实现利润1280亿元，同比分别增长30.7%和28%，增速明显高于境内业务。

第四，积极履行社会责任，以民生福祉为担当，在利比亚撤侨、应对食盐抢购、参加玉树重建，面对急难险重任务，中央企业用行动诠释了共和国“长子”的深刻内涵。据统计，在利比亚撤侨行动中，国航、东航、南航3家中央企业不计得失，迅速组织包机投入撤离工作；中远集团、中国海运紧急调动船只前往利比亚接应同胞回国。在十来天的时间里，相关中央企业出动飞机76架次、轮船6艘，顺利撤出员工25481人、其他中资企业员工和留学生近8000人。在玉树灾区重建工程中，截至2011年底，4家中央企业援建的牧民住房全部交付使用，70%以上城镇住房已经开工，学校、医院等公共设施基本建成。

（二）2011年中央企业经济运行的行业分析①

2011年1—12月中央企业累计实现营业收入202409.3亿元，同比增长20.8%；应交税费总额16803.9亿元，同比增长19.7%；累计实现净利润9173.3亿元，同比增长6.4%，其中：归属于母公司所有者的净利润6086.4亿元，同比增长7.2%。2011年中央企业销售净利率、净资产收益率和成本费用利润率分别为4.8%、8.2%和6.9%。全年国有及国有控股企业主要经济效益指标同比继续保持增长，但增幅呈现逐步回落态势。2011年1—12月，从同比看，实现利润增幅较大的行业为化工、建材、电子、有色、烟草，实现利润同比降幅较大的行业为交通、钢铁、医药、电力。

分行业来看，2011年石油化工行业由于物流、汽车等相关行业的发展带动了石油需求增加，石油行业的主要产品产量、产值、表观消费量、原油、成品油进口量等主要指标保持稳定增长，但增速趋缓。受宏观经济增速放缓、产业结构调整、节能减排政策力度加大以及国际原油价格大幅增长而国内成品油调整没有到位等因素影响，上半年，石油行业两大子行业走势出现分歧：油气开

① 本部分数据根据国资委网站、国研网公布数据整理。

采业继续处于高景气期间，而石油加工业产销率下降，利润出现负增长，亏损情况也进一步恶化，导致景气度大幅下滑，进入“微景气”区间。下半年，因为经济增速持续放缓、国际原油价格下跌、国内成品油需求减弱，两大子行业景气指数双双下滑。行业内中石油、中石化、中海油 3 家中央石油化工企业 2011 年共实现营业收入 53739 亿元，经营利润 3227 亿元。三大油企中，中石油盈利水平最高。在利润贡献方面，勘探与生产板块是最重要的盈利贡献板块。

2011 年，电力行业投资增速明显回落，电源投资向清洁能源倾斜，电网投资稳步增长；发电量较快增长，火电发电量稳步提升，水电发电量实现恢复性增长；电力需求旺盛，第二产业用电量仍是带动全社会用电量较快增长的主要动力。全年发、用电量增速均有所放缓，电力供需矛盾有所缓解。电力生产业经营状况有所改善，但盈利水平下降。电力行业主要上、下游行业运行基本平稳，煤炭供需总体基本平衡，价格小幅回调。电力行业企业景气指数小幅回升。由于煤炭价格的持续走高，五大发电集团（华能、大唐、华电、国电、中电投）2011 年电力业务亏损 151. 17 亿元，同比负增长 348. 32%。除华能电力业务赢利 1. 92 亿元外，其他四家均为亏损。亏损最为严重的大唐发电亏损额达到 58. 22 亿元。2011 年，五大电力集团发电业务几乎全部亏损，唯一盈利的华能利润仅 1. 92 亿元，大唐巨亏 58. 22 亿元，华电亏损 45. 86 亿元，中电投亏损 39. 96 亿元，国电亏损较轻，为 9. 06 亿元。电网运营两大央企之一的国家电网公司 2011 年完成固定资产投资 3303 亿元，同比增长 13. 5%，其中电网投资 3019 亿元；售电 30925 亿千瓦时，增长 13. 7%；营业收入 16760 亿元，增长 11. 6%；利润总额 533 亿元，较上年增加 83 亿元。

2011 年，煤炭行业因煤炭价格的上涨企业营业收入普遍增长较快，但各企业的利润增幅不同。由于原材料价格、人工成本等因素的影响，企业煤炭生产成本继续刚性增长，但由于煤炭价格的上涨，各公司煤炭业务仍能保持较高的毛利率。煤炭行业三大中央企业（神华、中煤、中煤科工）的产业集中度有了较大提高，安全保障能力增强，盈利水平普遍提升。2011 年，神华集团营业收入超过 2800 亿元，中煤集团实现营业收入 1150 亿元，利润总额 163. 8 亿元，同比分别增长 19. 8% 和 35. 2%。

2011 年交通运输业经济运行总体平稳有序，基础设施建设加快，交通客、货运输主要经济指标均保持了一定的增长速度。全国主要运输方式累计实现货运量 363. 028 亿吨，同比增长 13. 74%，增速同比上升 0. 33 个百分点。在航空运输方面，由于航油价格上升拖累，以及国际航空市场的萎靡，航空运输业盈利有所下降，三大航空运输业中央企业盈利出现下滑。国航在2011年实现营业收入971.39亿元，同比增长19.98%，归属于母公司的净利润为74.77亿元，同比下降38.75%。东方航空实现利润总额51.86亿元，净利润同比下滑9.18%。南方航空实现营业收入927.07亿元，同比增加19.2%；净利润50.75亿元，同比下降12.58%。

在通信行业，按照2010年电信业务不变单价测算，2011年全年全行业累计完成电信业务总量11772亿元，同比增长15.5%；电信营业收入累计完成10777.7亿元，同比增长12.8%，实现电信主营业务收入9880亿元，同比增长10.0%。2011年，全国电信固定资产投资累计完成3331.4亿元，累计同比增长4.2%。2011年，扣除初装费因素影响，中国电信2011年营业收入为2449.43亿元，同比增长11.7%；母公司股东应占利润达到164.04亿元，同比增长10.5%。2011年中国联通实现营业收入（不包含固话初装费递延收入）2091.5亿元，同比增长22.2%；净利润人民币42.1亿元，同比增长20.0%。2011年中国移动实现营业收入5280亿元人民币，比上年增长8.8%；净利润1259亿元，比上年增长5.2%。

房地产行业在一系列宏观调控政策影响下，2011年全国房地产开发投资增速自8月开始持续回落，房地产开发企业各项资金来源增速与上年同期相比均呈回落态势，开发企业资金压力加大。全国商品房累计施工面积和新开工面积平稳增长，全国商品房累计竣工面积增速与上年同期相比呈上升态势，市场供应量增加。由于消费者购房意愿继续下降，全国商品房销量同比增速持续回落。房价继续延续着下调回稳的趋势，调控效果日渐显著。但部分城市房价上涨压力仍然较大，保障性安居工程建设进展不平衡等新出现的问题给房地产调控提出了新的挑战。

2011年，我国钢铁行业的工作重点在于淘汰落后产能与节能减排，在多部相关政策法规中均强调要控制钢铁产能，淘汰落后生产设备；《钢铁工业“十二五”发展规划》作为钢铁工业发展的指导性文件，全面总结了“十一五”期间我国钢铁工业的发展情况以及需要改进的问题，并对“十二五”时期钢铁工业的发展做出了预测与指导；2011年我国钢铁业遭遇贸易保护案件数量达40件，因此，我国需要制定相关贸易政策，并加大行业研发力度，提升产品质量与科技含量，积极应对国际贸易摩擦。2011年我国钢铁行业运行呈现以下特点：一是全年钢铁行业工业增加值保持较快增长，增速为9.7%，虽然较2010年增速有所减缓，但钢铁产能依然处于高位；二是2011年房地产、汽车、造船等下游行业增速明显减缓，导致对钢铁产品的需求下滑；三是由于宏观经济低迷，造成国际市场钢材需求量下降，2011 年我国钢材出口量增速明显下滑；四是 2011 年我国钢铁企业亏损面较 2010 年小幅下降，但亏损额大幅上升，钢铁企业的盈利状况普遍较差，经营状况趋于恶化。

2011 年，不甚乐观的国际经济形势和汽车企业对行业发展前景的谨慎态度，使得汽车行业景气指数延续了上年的回落走势，继续处于下行通道。全国汽车制造业固定资产投资继续保持较快增长，但增速较上年略有回落；2011 年全国汽车行业工业总产值、工业销售产值呈较快增长，增长率均超过 16%。但受行业自身调整、国家宏观调控、行业政策环境变化、上年基数较高等因素的影响，汽车产销大幅回落，其中乘用车刚性需求明显，表现相对较好，但增速依然较低，商用车生产下滑幅度略大；乘用车自主品牌总体表现不如上年，小排量乘用车销售也有所放缓。

第二篇

中央企业行业及经济运行分析

目前，中央企业82.8%的资产集中在石油石化、电力、国防、通信、运输、矿业、冶金、机械行业。据统计，中央企业承担着我国几乎全部的原油、天然气和乙烯生产，提供了全部的基础电信服务和大部分增值服务，发电量约占全国的55%，民航运输总周转量占全国的82%，水运货物周转量占全国的89%，汽车产量占全国的48%，生产的高附加值钢材约占全国的60%，生产的水电设备占全国的70%，火电设备占75%。在国民经济重要行业和关键领域的中央企业户数占全部中央企业的25%，资产总额占75%，实现利润占到80%。

一、石油石化行业中央企业经济运行

目前，石油石化行业中由国务院国有资产监督管理委员会监管的中央企业有中国石油天然气集团公司、中国石油化工集团公司、中国海洋石油总公司、中国中化集团公司、沈阳化工研究院。

（一）石油化工业的一般特征

1. 石油化工产业定义

石油化工是指以石油和天然气为原料，生产石油产品和化工产品的整个加工工业，包括原油和天然气的开采行业和油品的销售行业，是我国的支柱产业之一。通常可以将石油化工产业分为石油开采业、石油炼制业、石油化工、化工制品和化肥行业等。石油产品又称油品，主要包括各种燃料油（汽油、煤油、柴油等）和润滑油以及液化石油气、石油焦炭、石蜡、沥青等，生产这些产品的加工过程常被称为石油炼制，简称炼油。石油化工产品以炼油过程产生的原料油进一步化学加工获得。生产石油化工产品的第一步是对石脑油和天然气或油田伴生气进行裂解，生成以乙烯、丙烯、丁二烯、苯、甲苯、二甲苯为代表的基本化工原料。第二步是以基本化工原料生产多种有机化工原料（约200种）及合成材料（塑料、合成纤维、合成橡胶）。

石油工业包括全球的勘探、开采、炼制、运输（通常利用油轮和管道运输）和油品销售等。石油也是许多化工产品的原料，包括医药品、熔剂、化肥和塑料等。该行业通常被分为三个主要部分：上游、中游、下游。通常将中游纳入下游之内。石油领域的上游通常指原油和天然气的寻找、采收和生产，即原油和天然气的勘探和生产领域，这包括寻找地下或者水下油田和气田，以及钻井等工作，也包括后续开采原油和收取天然气等油井的运营工作。下游领域包括石油炼厂、化工厂、石化产品的分配和销售环节，以及天然气销售企业等。下游行业涉及数千种油品和化工产品，如汽油、柴油、航空燃料、取暖油、沥青、润滑剂、合成橡胶、塑料、化肥、防冻剂、杀虫剂、医药品、天然气和丙烷等。石油化工产业链大致截为三段：上游产业以炼油为主，中游产业以烯烃和芳烃为主，下游则是三大合成材料（合成树脂、合成橡胶、合成纤维）产业。简言之，各类油品、合成树脂、合成橡胶、合成纤维以及有机原料等均属石油化工产业范畴之内。

主要石化产品的名称及应用领域见表2-1。

表2-1 主要石化产品的名称及应用领域

名称	主要应用领域
炼油产品	
汽油	车辆运输燃料
柴油	车辆运输燃料
液化天然气	工业及住宅用燃料
石脑油	生产乙烯的裂解料
中游产品	
乙烯	石化最基本的原料，进一步加工成聚乙烯、乙二醇、聚氯乙烯以及其他能够进一步加工为合成材料的中间石化产品
丙烯	生产聚丙烯和丙烯腈（进一步合成腈纶、ABS和丁腈橡胶）的原料
丁二烯	生产合成橡胶的原料
乙二醇（EG）	生产聚酯和防冻液的原料
环氧乙烷	合成乙二醇的原料
苯	生产苯乙烯、环己烷（进一步合成尼龙6和尼龙66）、苯酚以及精细化工中间体的原料
甲苯	涂料、胶黏剂等的溶剂，生产甲苯二异氰酸酯（TDI）的原料
邻二甲苯	生产染料、杀虫剂及药品的原料
对二甲苯（PX）	生产精对苯二甲酸的原料
精对苯二甲酸（PTA）	生产聚酯的原料
苯乙烯（SM）	生产聚苯乙烯及合成橡胶的原料

续表

名称	主要应用领域
氯乙烯	生产聚氯乙烯（PVC）的原料
合成树脂（塑料）	
低密度聚乙烯（LDPE）	薄膜、地面护板、电线电缆用树脂、玩具、家用器皿及包装材料
高密度聚乙烯（HDPE）	家用器皿、包装材料、水管、护板、电线电缆外包装材料及涂层
线性低密度聚乙烯（LLDPE）	薄膜、瓶子、家用器皿、包装材料及地面护板
聚丙烯（PP）	水管、护板、容器、薄膜、纤维及包装材料
聚氯乙烯（PVC）	绝缘材料、薄膜、玩具、瓶子、容器、制鞋用材料及包装材料
聚苯乙烯（PS）	绝缘材料、抗震材料、包装材料及建筑用材料
苯乙烯—丙烯腈—丁二烯共聚物（ABS）	家具、家用电器、灯具、防热材料、防火材料以及汽车零部件
聚酯切片（PET）	聚酯纤维、薄膜及容器
合成橡胶	
顺丁橡胶	轮胎等领域
合成纤维	
涤纶短纤	纺织及服装
涤纶长丝	低收缩丝、加工丝与纺织品
腈纶短纤	棉制织物、毛制织物及腈纶条
腈纶毛条	高蓬松手织纱线、毯子与织物

石化行业是我国的支柱产业。石化行业生产线长、涉及面广，仅中国石化集团就有原油、成品油、天然气等输油、输气管道近6000千米，加油站2.4万个，石化企业的油田、采油厂、炼油厂、化工厂、油库、加油站、输油（气）管线遍及全国城市、乡镇、车站、码头、宾馆、千家万户。生产过程包括油气勘探、油气田开发、钻井工程、采油工程、油气集输、原油储运、石油炼制、化工生产、油品销售等，生产社会需要的汽油、煤油、柴油、润滑油、化工原料、合成树脂、合成橡胶、合成纤维、化肥等3000多种石油、化工产品，与人们的衣、食、住、行密切相关。

本报告所谓石化行业是指石油加工、炼焦及核燃料加工业。按照国民经济分类标准，石油加工、炼焦及核燃料加工业包括精炼石油产品制造行业和炼焦行业等两个子行业，见下表2-2。

表 2－2　石化行业及代码

行业及代码	子行业及代码	行业描述
25 石油加工、炼焦及核燃料加工业	251 精炼石油产品制造行业	将原油或其他油脂进行蒸馏改变分子结构的过程，也就是把原油等裂解为符合内燃机使用的煤油、汽油、柴油、重油等燃料
	252 炼焦	在隔绝空气条件下，通过热分解和结焦产生石油沥青、液化石油气和焦炭等的工艺过程

2. 石油化工行业特征

——石油化工是重要的基础产业，它为国民经济的运行提供能源和基础原材料。从上游的石脑油，到中游的各类中间体，以及下游的合成树脂、合成纤维和合成橡胶等，都是石化产业的重要原材料或者产品。石油化工领域是个巨大的行业，其产品涉及人类生活的方方面面。

——对石油、天然气依赖程度高，消费量大。石油化工产品主要原料依赖石油和天然气，一般占国家石油消费量的 10% 左右，而且取其轻质馏分油为原料，要求高，耗量大，在生产过程中还需辅之以大量的电力、蒸汽等能源，因此也可称之为能源原材料工业。

——投资规模大，资金投入高。石油化工产业产品链长而广，生产流程复杂，一般采用上下游一体的集群式发展模式，一个石化基地往往有上百种产品，数十套石油化工联合装置，上游装置的产品一般可为下游装置原料，以循环经济的原则组织生产，因而投资大，是资金密集型产业。

——技术先进，现代化程度高。石化行业是整个化学工业的主体，也是化学工业现代化先进生产力的代表，由于其产品涉及工业、农业、国防、军工、航空、航天、安全环保等方方面面，也与人们生活息息相关。为满足上述广泛领域对产品的要求，更要承担各行各业技术进步对石化新材料新产品的挑战，石化产业技术装备必须一流，适应与时俱进的要求，科研开发投入大也是其主要特点之一，因此世界上跨国大石油化工公司新技术新产品成果不断涌现，是其提高核心竞争力的主要手段。

(二) 我国石油化工产业的发展状况

1. 基本情况

历史上我国虽然是世界上最早利用石油的国家，但从作为现代产业经济中一个举足轻重的行业发展来看，我国石油化工产业起步较晚，新中国成立后很长一段时期内都背负着“贫油国”的帽子，新中国的石油化工产业是在以保护、扶持为主的产业政策中得以发展的，且整体发展水平低于发达国家。但随着产业发展，到了20世纪后半叶，特别是1998年，中国石油天然气集团公司和中国石油化工集团公司的成立，标志着我国的石油化工产业的整体规模实力得到了显著增强。

近几年来，为了提高石油化工产业自身的竞争力和抗风险能力，我国政府和三大石油企业，即中国石油天然气集团公司、中国石油化工集团公司、中国海洋石油总公司，加大了对于整个行业结构的调整和技术改造等方面的投入力度，我国石油化工产业的产品质量显著提高，国际竞争力不断增强。目前中国已经拥有千万吨级炼厂7座，建成了大庆、扬子、燕山等一批大型石油化工基地。

据专家预计，我国将成为亚太地区成品油和石化产品需求增长最快的地区。到2020年，我国石油需求将达到4.5亿吨，其中交通运输燃料和石化原料需求的快速增长将成为拉动我国石油需求增长的主要动力，汽、煤、柴三大类油品的需求量将是2000年的2.3倍。我国的石油与化工行业正面临着巨大的发展空间和机遇。

2. 2011年我国石化工业经济运行状况

2011年，我国石油和化学工业在大力推进发展方式转变和产业、产品结构调整的进程中，行业经济呈现快速平稳增长、整体效益显著提高、经济增长质量进一步提升的良好态势。2011年，石油和化工行业投资稳中趋快，进出口再创新高，市场需求旺盛，重点产品保障能力增强，经济运行的内部环境持续改善，经济规模再上新台阶。但是，当前行业经济运行的外部环境日趋严峻，不确定、不稳定因素增多，化学工业产能过剩的问题较为突出，上游投资动力不足，炼油亏损加剧，行业成本高位运行，2011年第4季度经济运行下行风险增大，应引起高度关注。表2-3列出了2011年石油和化工行业主要指标。

表2-3　2011年我国石油和化工行业主要指标

类别	油气开采	石油加工	化学工业	专用设备制造	行业合计
资产总额（万亿元）	1.82	1.20	4.72	0.22	7.96
同比增长（%）	13.1	19.6	20.8	24.8	18.9
产值（亿元）	13287	30638	66172	2744.2	112841
同比增长（%）	32.2	26.3	33.9	32.8	31.5

续表

类别	油气开采	石油加工	化学工业	专用设备制造	行业合计
主营收入（亿元） 同比增长（%）	12466.5 29.2	30795.3 25.2	64749.7 33.3	2499.0 31.9	110510.3 30.5
投资（亿元） 同比增长（%）	2720.3 12.2	1472.1 14.7	9601.3 28.1	507.1 33.3	14301.0 23.4
上缴税金（亿元） 同比增长（%）	2568.97 50.9	3684.46 2.8	2047.86 30.2	77.46 21.8	8378.74 21.0
利润（亿元） 同比增长（%）	4044.3 44.8	-108.2 -89.1	4134.1 32.6	164.2 25.8	8234.3 19.0
进口总额（亿美元） 同比增长（%）	2056.5 47.9	386.0 37.4	1838.3 21.2	67.3 31.0	4348.0 34.0
出口总额（亿美元） 同比增长（%）	29.0 9.6	237.5 24.1	1401.7 29.4	55.3 60.8	1723.0 28.3
从业人员（万人） 同比增长（%）	103.68 2.6	48.81 7.1	517.03 10.0	26.24 12.5	695.76 8.7
规模以上企业数（家）	276	1228	24129	1199	26832

注：数据来源于中国石油和化学工业联合会网站。规模以上企业数指主营收入2000万元以上企业。

2011年，我国石油和化工行业发展实现快速平稳增长，各项主要经济指标均保持较快增长。根据中国石油和化学工业联合会2012年2月6日发布的统计数据，截至12月末，全行业规模以上企业26832家（主营收入2000万元以上企业，下同），累计总产值11.28万亿元（现行价格，下同），比上年增长31.5%，占全国规模工业总产值的13.2%。分季度看，1季度增长34.3%；2季度增长34.5%；3季度增长35.5%；4季度增长23.4%。全年固定资产投资1.43万亿元，同比增长23.4%，进出口总额6071.46亿美元，同比增长32.3%，占全国进出口贸易总额的16.7%，其中进口约占25.0%，出口占9.1%，贸易逆差2624.64亿美元，同比扩大38%。利润增长高开低走，整体效益较好。2011年，全行业利润总额8234.34亿元，同比增长19.0%，占同期全国规模工业利润总额的15.1%。

分行业看，石油天然气开采业经济增长较快，效益较好。截至2011年12月末，石油天然气开采业规模以上企业276家，全年累计总产值1.33万亿元，比上年增长32.2%，占全行业总产值的11.78%。石油加工业规模持续扩大，但受成品油价格调控影响，行业整体出现亏损。规模以上企业1228家，累计总产值

3.06万亿元，比上年增长26.3%，占全行业总产值的27.15%。2011年，油气开采业固定资产投资2720.35亿元，比上年增长12.2%，占全行业投资总额的19%。进出口总额2085.47亿美元，增长47.2%，占行业进出口总额的34.35%。2011年1—11月，油气开采业利润总额3768.87亿元，同比增长35.4%，占全行业利润总额的51.23%；上缴税金2419.44亿元，同比增长61.5%，占全行业税金总额的31.75%；主营业务收入1.12万亿元，增长30.1%；资产总计1.81万亿元，增长13.1%；从业人员103.18万，增长0.4%。

化学工业经济快速增长，综合实力进一步增强。截至2011年12月末，全国化学工业规模以上企业24129家，累计总产值6.62万亿元，比上年增长33.9%，占全行业总产值的58.64%，2011年1—11月，化工行业利润总额3576.74亿元，同比增长35.7%，占全行业利润总额的48.62%。专用化学品、基础化学原料和合成材料制造三大板块保持较快增长。2011年，专用化学品总产值1.66万亿元，比上年增长36.0%，占化学工业总产值比重25.15%；基础化学原料总产值1.69万亿元，增长34.9%，占比25.48%；合成材料总产值1.10万亿元，历史上首次突破万亿元大关，增长35.3%，占比16.63%。三大板块增速均超过化工行业平均水平，产值比重合计为67.3%，较上年同期提高约1个百分点，增长贡献率达70%。2011年1—11月，专用化学品利润总额1106.11亿元，同比增长38.2%，占化工利润总额的30.9%，对化工利润的贡献率为32.5%；基础化学原料利润总额为832.25亿元，增长42.8%，占比23.27%，利润贡献率为26.5%；合成材料利润总额520.37亿元，增长25.3%，占比14.6%，利润贡献率为11.2%。三大板块合计占化工利润总额的68.74%，对利润的贡献率为70.14%。

专用设备制造业实现平稳较快增长。截至2011年12月末，全国专用设备制造业规模以上企业1199家，累计总产值2744.2亿元，比上年增长32.8%，占全行业总产值的2.43%。1—11月，专用设备制造利润总额128.69亿元，同比增长21.3%。2011年，专用设备固定资产投资507.12亿元，比上年增长33.3%，高于石油和化工行业平均增幅近10个百分点，持续保持较快增速。进出总额122.58亿美元，比上年增长24.4%，占行业进出口总额的2.02%。

2011年，化学工业固定资产投资9601.26亿元，比上年增长28.1%，高于全行业平均增幅4.7个百分点，占比67.13%。进出口总额3239.96亿美元，比上年增长24.6%，占全行业进出口总额的53.4%；其中，进口1838.28亿美元，增长21.2%，占行业进口总额的42.28%；出口1401.68亿美元，增长29.4%，占行业出口总额的81.33%。

整体上看，2011 年全行业经济增长的结构进一步优化，效益进一步改善，运行的质量进一步提高。行业进出口继续快速增长，投资稳中加快，市场供需基本平稳，实现了“十二五”良好开局的目标。

（1）主要产品生产情况

2011 年，主要石油和化工产品产量总体保持较快增长。其中，烧碱、电石、甲醇、纯苯、农用化学品、石油钻井设备、化学试剂、涂料等产品产量增幅较大。全国主要化学品总量达 4.18 亿吨，同比增长 12.9%，增幅较上年提高 1.6 个百分点。

表 2－4　2011 年全国石油、天然气及主要石油产品产量　单位：万吨

产品名称	2011 年	2010 年	同比增长（%）
原油	20364.6	20300.4	0.3
天然气（亿立方米）	1025.3	959.3	6.9
原油加工量	44773.5	42680.8	4.9
成品油（汽煤柴合计）	26697.0	25208.8	5.9
汽油	8141.1	7676.0	6.1
煤油	1879.8	1707.9	10.1
柴油	16676.1	15824.9	5.4
润滑油	826.5	772.2	7.0
燃料油	1868.8	1908.8	－2.1
石脑油	2450.2	2459.8	－0.4
溶剂油	230.5	116.8	97.3
润滑油	25.5	23.0	10.9
液化石油气	2181.1	2051.7	6.3
石油焦	1756.4	1531.8	14.7
石油沥青	2440.2	2478.8	－1.6

资料来源：中国石油和化学工业联合会网站

石油天然气方面，原油产量增长减缓，天然气产量保持平稳。2011 年，全国原油产量为 2.04 亿吨，同比增长 0.3%，增幅较上年明显回落。原油增速减缓主要有两方面原因：一是原油产量在 2010 年突破 2 亿吨后增长难度加大；二是 2011 年中国海洋石油总公司因海上漏油事故导致原油产量下降 6.6%，成为拖累全国原油增长的主要因素。全国天然气产量为 1025.3 亿立方米，同比增长 6.9%，占油气当量比重的 31.2%，较上年提高 1.7 个百分点；原油加工量为

4.48亿吨，增长4.9%；成品油产量（汽、煤、柴油合计，下同）为2.67亿吨，增长5.9%。其中，柴油产量为1.67亿吨，增长5.4%；汽油产量为8141.1万吨，增长6.1%；柴油占成品油的比重达62.46%。目前我国原油生产格局为东部地区占比43.81%，中部地区占比26.22%，西部地区占比29.97%。天然气生产格局为东部地区占比13.19%，中部地区占比5.68%，西部地区占比81.12%。

农用化学品方面，化肥、农药产量增长较快。2011年，全国化肥总产量（折纯，下同）为6027.2万吨，同比增长12.1%。其中，尿素产量为2656.7万吨，增长5.7%，磷肥产量为1462.4万吨，增长24.3%，钾肥产量为385.6万吨，增长10.8%。磷肥、钾肥、复合肥产量持续快速增长。全年合成氨产量为5068.7万吨，同比增长6.0%，农药原药产量（折100%）为264.8万吨，增长21.4%，其中除草剂增长12.5%，杀虫剂增长16.7%。

表2－5　2011年全国部分重点化工产品产量　　单位：万吨

产品名称	2011年	2010年	同比增长（%）
乙烯	1527.5	1421.6	7.4
纯苯	665.9	545.2	22.1
甲醇	2226.9	1634.2	36.3
合成树脂及共聚物	4798.3	4391.0	9.3
聚乙烯树脂	1015.2	987.6	2.8
聚丙烯树脂	980.4	900.7	8.8
聚氯乙烯树脂	1295.2	1151.2	12.5
聚苯乙烯树脂	202.9	193.8	4.7
ABS树脂	148.9	134.5	10.7
合成橡胶	348.8	308.4	13.1
合成纤维单体	1771.6	1617.3	9.5
合成纤维聚合物	1501.4	1274.9	17.8
聚酯	1182.0	1031.9	14.5
化学纤维	3362.5	2953.2	13.9
合成纤维	3096.4	2718.6	13.9
涤纶纤维	2777.6	2418.4	14.9

从产品的生产区域来看，湖北是我国第一化肥生产大省，目前占全国总产量的16.9%，山东紧随其后，占比为10.1%，河南和四川分别占7.9%

和7.8%。

据不完全统计，2011年，全国炼油装置开工率约为80%；乙烯装置开工率约为100.5%；聚氯乙烯装置开工率约为58%；烧碱装置开工率约为74%；纯碱装置开工率约为77%；尿素装置开工率约为78%；电石装置开工率约为68%；甲醇装置开工率约为49%。

其他重点产品。2011年，全国乙烯产量为1527.5万吨，同比增长7.4%，甲醇产量为2226.9万吨，增幅达36.3%，硫酸产量为7416.8万吨，增长12.2%，烧碱产量为2466.2万吨，增长15.2%，纯碱产量为2303.2万吨，增长3.4%，化学试剂产量为870.9万吨，增长25.0%，合成树脂产量为4798.3万吨，增长9.3%，其中聚氯乙烯增长12.5%，轮胎外胎产量为8.32亿条，增长8.5%，其中子午胎产量为3.93亿条，增长5.6%。

（2）石化行业产能利用率

据不完全统计，2011年，全国炼油产能利用率约为80%，乙烯产能利用率约为100.5%，聚氯乙烯产能利用率约为58%，烧碱产能利用率约为74%，纯碱产能利用率约为77%，尿素产能利用率约为78%，电石产能利用率约为68%，甲醇产能利用率约为49%。

3. 2011年我国石化行业经济运行的特点

2011年，我国石油和化学工业在大力推进发展方式转变和产业、产品结构调整的进程中，行业经济呈现快速平稳增长，整体效益显著提高，经济增长质量进一步提升的良好态势。石油和化工行业总产值实现历史性突破，经济总量再上新台阶，增长总体快速平稳，波动相对较小，经济运行走势较为平稳。

第一，经济运行快速平稳，国内市场需求强劲。2011年，石油和化工行业总产值历史性突破11万亿元，经济总量再上新台阶，增长总体快速平稳，波动相对较小。全年行业产值增幅达31.5%，月度最高累计增幅为35.0%，最低为31.5%，最大累计波幅在3.5%之内；前11个月，行业主营收入增长31.8%，最大累计波幅在3.4%之内，经济运行走势较为平稳。

2011年，我国石油和化工行业经济快速增长主要依赖于国内消费市场的强劲拉动，全年主要化学品表观消费量[①]同比增长10.1%，同比增长约4个百分

① 表观消费量（Apparent Consumption）指当年产量加上净进口量（当年进口量减出口量）再加上库存变化量（年初库存减年末库存）。这种统计口径较易取得相关数据，而实际消费量的数据较难取得。

点。石油天然气消费走势分化，石油消费增速趋缓，天然气消费持续高速增长。全年国内石油（原油及油品合计）表观消费量达4.28亿吨，同比增长4.6%，原油表观消费量为4.15亿吨，增长3.3%，进口依存度达55.1%，同比提高1.3个百分点，成品油（汽、煤、柴油合计，下同）表观消费量为2.63亿吨，同比增长7.5%。其中，柴油表观消费量为1.67亿吨，增长7.6%，占成品油比重为63.6%；汽油表观消费量为7738万吨，增长8.0%，占比为29.4%。全年天然气表观消费量为1307.1亿立方米，同比增长20.5%，为2008年来最大增幅，较上年提高3个百分点，占石油天然气表观消费总当量的20.1%，较上年提高2.2个百分点，对外依存度达21.6%，较上年提高10个百分点。2011年，化肥表观消费量增长14.4%，创2004年以来同期最大增幅，烧碱表观消费量增长13.3%，甲醇增幅高达29.9%，轮胎为9.6%。面对庞大的国内市场需求，有机化学品和合成材料总体缺口较大。2011年，我国净进口有机化学品2361.9万吨，合成树脂2663.7万吨，合成纤维单体1495.8万吨。不断扩大的国内市场是支撑我国石油和化工行业发展的强大动力，也是拉动世界石油和化学工业复苏发展的主要引擎。

第二，产业结构升级步伐加快，产品技术向高端领域延伸。能源结构调整加快。2011年，我国天然气产量在油气当量中的比重达到31.2%，较上年提高1.7个百分点，比2005年提高11个百分点，呈平稳提高态势。在消费结构中，2011年天然气在油气消费当量中的比重达到20.5%，较上年提升2.5个百分点，比2005年上升8.1个百分点。天然气在能源结构中的地位日益凸显。随着天然气价格改革逐步到位，以及未来页岩气的开发利用，我国能源结构“气化”进程将进一步加快。

2005—2011年天然气占油气产量和表观消费量比重逐渐上升，具体变化如图2－1所示：

专用化学品、合成材料、有机化学原料不仅在经济规模上占据化学工业大半壁江山（产值占比56.3%），而且在行业效益的增长中举足轻重。近几年来，随着产业结构调整和发展方式转变，专用化学品、合成材料等高技术高附加值产品在化学工业利润增长中的比重不断攀升，是提高行业经济增长质量的主要动力。2011年，专用化学品利润占化学工业利润总额的比重约达31.5%，较上年上升约1个百分点；合成材料占比14.1%，较上年回落约1个百分点，但仍比2009年高1.6个百分点，总体上升的趋势没有改变；有机化学原料占比12.7%，与上年基本持平。化肥、橡胶制品等传统化学品在利润增长中的比重

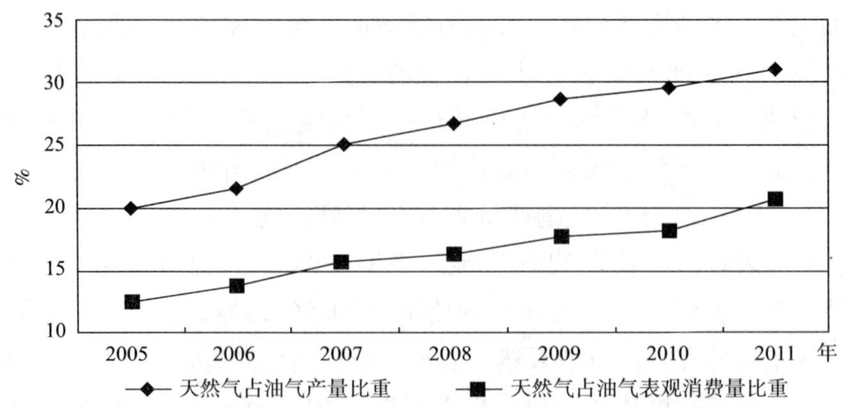

图 2－1　2005—2011 年我国天然气占油气产量和表观消费量比重变化趋势

总体上呈下降的趋势。2011 年，专用化学品、合成材料、有机化学原料三大领域在化学工业产值增长中的贡献率达到 59.0%，利润增长的贡献率超过 52%。

产品结构继续优化，国内市场占有率不断扩大。经过长期不懈地努力，我国化工产品在质量和创新方面都取得了长足进展，产品技术加快向高端领域延伸。目前，我国“两碱”产品质量和生产技术已达世界先进水平，在国际市场具有较强竞争力；烧碱中离子膜法比重已达 86.5%；纯碱中，能耗较低的联碱占比 47.6%，氨碱和天然碱分别为 44.9% 和 7.5%；化肥中，磷、钾肥比重稳步上升，产品结构进一步优化。有机化学品、合成材料等技术含量较高产品在国内市场占有率稳步扩大。

出口结构继续优化。在产业结构优化的同时，也带动了出口结构的优化升级。2011 年，我国橡胶制品在出口总额中的比重继续下降，有机化学原料、专用化学品、合成材料等产品出口占比则保持上升趋势。数据显示，今年橡胶制品出口额在行业出口总额的比重约为 23.5%，较上年下降 1.1 个百分点；有机化学品占比 19.0%，较上年上升 0.5 个百分点。橡胶制品、有机化学原料和专用化学品是目前行业出口三大支柱，2011 年占行业出口总额的 53.1%。

第三，节能减排成效显著，资源利用效率进一步提升。2011 年上半年，石油和化工行业能源消费总量约为 2.5 亿吨标煤，同比增长 6%，化学工业能源消费总量约为 1.4 亿吨标煤，增长 7%。全行业万元产值耗标煤 0.48 吨，较 2010 年下降 17.1%，化学工业万元产值耗标煤 0.50 吨，较 2010 年下降 16%。重点产品综合能耗继续下降。

2011 年上半年，我国油气生产综合能耗为 91.25 千克标煤/吨，同比下降

6.53%，原油加工为67.29千克标油/吨，同比下降3.1%，乙烯为849.5千克标煤/吨，同比下降5.83%。

资源依赖型行业发展放缓。近年来，受国家宏观调控政策影响，依赖资源、环保压力较大行业的发展受到制约，经济占比呈下降趋势。2011年，橡胶制品产值在化学工业中的比重约为10.9%，较上年下降0.6个百分点，较2009年下降1个百分点，化肥产值比重约为10.5%，较上年下降0.2个百分点，较2009年下降1.2个百分点，涂（颜）料行业比重约为7.0%，较上年下降0.7个百分点，较2009年下降1.1个百分点。从增长速度上看，近年来，上述行业也明显低于专用化学品、合成材料、有机化学原料等技术和附加值含量较高的行业。

第四，主要化工和石化产品中西部地区所占比重稳步提高。2011年，中西部地区硫酸产量占全国比重达76.6%，较2005年上升8.7个百分点，纯碱和烧碱产量比重分别达49.8%和47.2%，较2005年分别上升11.9和9.8个百分点，化肥产量占比达78.5%，较2005年上升8.2个百分点，合成树脂产量占比达33.5%，较2005年提高4.5个百分点。此外，我国甲醇生产主要集中在中西部地区，目前中西部地区产量占比约为66%。

2011年，中西部地区投资继续加快，地区经济持续较快增长，区域发展进一步协调。2011年，中、西部地区投资增速分别达34.0%和24.1%，快于东部地区增速17.2和7.3个百分点；中西部地区投资占行业比重达51.8%，较上年同期提高2.5个百分点。投资加快向中西部倾斜，表明产业向中部地区转移有所加快。同时，中西部地区经济增长较快，比重上升。2011年，东部、中部和西部地区行业总产值分别为7.31万亿元、2.09万亿元和1.89万亿元，比上年增长28.7%、36.0%和38.5%，中、西部地区明显快于东部。从产值比重上看，东部地区占64.78%，比上年同期下降1.5个百分点；中、西部地区分别占18.5%和16.72%，合计占比较上年同期提高1.5个百分点，占比上升有加快的趋势。东部与中、西部区域经济发展进一步协调。

第五，基本经济制度进一步完善，非公经济比重首次过半。随着社会主义市场经济体制的不断完善，行业非公经济快速发展，在经济总量中的比重不断攀升，2011年首次过半。据统计，2011年，行业非公经济总产值5.65万亿元，同比增长34.9%，占比50.11%，历史上首次过半。公有控股经济产值5.35万亿元，增长27.9%，占比47.38%。其他经济占比2.51%。与2006年相比，2011年非公经济在行业经济总量中的比重上升了15.8个百分点，公有经济占比则下降了16.4个百分点，非公经济所占比重每年平均提高3.15个百分点。

4. 2011 年我国石化行业经济运行中存在的问题

2011 年，我国石油和化工行业投资稳中趋快，进出口再上新台阶，产品市场需求旺盛，重点产品保障能力增强，经济运行的内部环境持续改善，经济规模再上新台阶。但是，行业经济运行的外部环境日趋严峻，不确定、不稳定因素增多，化学工业产能过剩的问题较为突出，上游投资动力不足，炼油亏损加剧，行业成本高位运行，4 季度经济运行下行风险骤增。总体上看，存在的问题表现如下：

①第 4 季度市场波动加剧，经济下行压力增大。2011 年石油和化工行业经济整体上增幅较大，特别是前三个季度运行平稳，但是进入第 4 季度后，受国内外宏观经济减缓、需求萎缩，各类宏观调控政策效应叠加影响，行业经济回调显著加快，下行压力骤增。10 月份全行业产值增幅回落至 30% 以下，为 27.3%，12 月份再创新低，只有 22.4%，效益下降更为明显。10 月份，全行业利润总额出现罕见的下降，且降幅达 10.8%，11 月份的降幅更是扩大到 29.1%。前期增长较快的石油天然气开采和化学工业利润均大幅下降，其中化学工业利润总额 11 月首次下降，降幅为 10.9%。1—11 月，全行业利润增幅收窄至 18.0%，比 1—10 月回落了 6.6 个百分点，低于同期全国工业利润平均增幅（24.4%）6.4 个百分点。

市场波动加剧，价格大幅下挫。9 月份以后，石油和化工行业价格总水平下滑加快。12 月份全行业价格涨幅回落至 8.7%，较 8 月份下滑 7.8 个百分点，价格总水平涨幅与上年大致持平。特别值得关注的是，11 月份化工行业价格全线大幅下挫，总体涨幅只有 5.7%，12 月进一步收窄至 4.0%。其中，专用化学品、合成材料、基础化学原料三大板块领跌化工行业，专用化学品 12 月价格涨幅为 -2.8%，合成材料价格涨幅甚至为 -4.5%，这一现象十分罕见。与 2008 年不同的是，2008 年第 4 季度价格跳水由上游开始，上游跌势猛于下游，而 2011 年正好相反，价格领跌主要从下游终端市场开始，下游跌势明显甚于上游。2008 年的市场动荡主要是由于金融危机造成市场资金链突然断裂而引发的，2011 年第 4 季度的市场波动主要是由于总需求扩张缓慢、需求动力不足产生。因此，要保持经济持续平稳较快增长，必须高度关注市场需求的变化，坚定不移地实施扩大内需的方针，努力开拓新的需求领域，培育新的经济增长点。

②部分产能过剩行业盲目扩张，市场竞争进一步加剧。据不完全统计，2011 年，我国尿素产能（折纯）约为 3450 万吨，超过国内需求量 30% 以上；磷肥产能约为 2250 万吨，几乎超过国内需求量一倍；轮胎产量中的 47% 以上依赖

出口市场消化；烧碱和纯碱产能过剩均在35%以上；电石产能利用率仅为63.8%；甲醇产能利用率仅有40%左右。一些行业由于产能严重过剩，供需失衡，导致市场长期低迷，竞争异常残酷。从装置开工率看，2011年甲醇、电石、聚氯乙烯、尿素等行业开工率仍然不高；“两碱”开工率虽然有所回升，但也面临产能进一步释放的巨大压力。目前，“两碱”、甲醇、电石、尿素等产能的扩张仍在继续。

煤化工发展仍在加快。近年来，各地规划中的煤制油项目总规模已超过4000万吨/年（有的已开展前期建设），拟建和再建中的甲醇制烯烃（MTO）项目多达18个，产能达1410万吨/年，累计产能已达2800万吨/年。新建自行配套甲醇能力4230万吨/年，而2011年前3季度国内甲醇开工率只有50%左右。规划中的煤制天然气产能超过1500亿立方米/年，煤制乙二醇产能320万吨/年。从长远考虑，发展新型煤化工是解决我国原油和天然气资源短缺的有效途径，但项目过多、过乱，也会对新型煤化工产业造成损害。引导现有煤化工项目有序发展，是一项十分紧迫和重要的行业管理工作。

③炼油效益大幅下降，开采业投资动力不足。2011年5月份，炼油业当月净亏损30.90亿元，为2009年以来首次出现亏损。8月份首现年内累计亏损，前11个月炼油业累计亏损117.28亿元。炼油效益恶化，根本原因是价格机制的问题。受现行成品油定价机制影响，原油成本上升使油品市场出现价格倒挂。2011年，我国进口原油达到2.53亿吨，到岸均价为每吨772.6美元，同比涨幅37.0%；受进口油价强劲上涨推动，国内重点企业原油年均销售价达4935.7元/吨，同比上涨37.9%。但成品油出厂价涨幅明显较低，重点企业93#汽油年均出厂价为7366.1元/吨，同比涨幅为14.8%；0#柴油出厂均价为6364.7元/吨，同比上涨15.8%，均不足原油涨幅的1/2，且涨幅差距有扩大趋势。炼油效益恶化的另一个重要原因是税负较重。炼油业是石油和化工行业的纳税大户，2011年累计上缴税金3684.46亿元，占石油和化工行业税金总额的44.0%。目前我国炼油效益不仅仅受原油成本、人工、运输费用等因素的影响，更重要的是取决于成品油调价机制。在当前国际油价大幅高位波动的背景下，我国炼油业效益难以实现根本好转和稳定。

2011年，石油天然气开采固定资产投资为2720.35亿元，虽然12月份投资大幅增加（当月投资达802.1亿元），使全年增幅达到12.2%，但仍明显低于全行业平均投资增长水平（23.4%），占全行业的投资比重为19.0%，较2010年下降3.4个百分点。原因主要有以下两个方面：一是开采难度加大，成本大幅上升。目前我国油气田很大部分是低渗透和特低渗透油田，经多次采油，成本很高。经初步测算，2011 年，我国吨油当量生产成本平均约为 2185 元，比年初上升 16%；吨油当量供应链成本约为 2763 元，比年初上升 21.8%。2005—2011 年，我国石油天然气吨油当量生产成本年均升幅为 17.3%，供应链成本年均升幅达 22.0%。二是税金增长过快。2011 年前 11 个月油气开采利润增幅为 35.4%，而税金增幅达到 61.5%。税金增长很快主要是受资源税和特别收益金的拉动。油气开采是高投入行业，投资下降有可能对未来油气生产产生长远和重大影响。

④发达国家经济复苏艰难，对外贸易摩擦形势复杂。2011 年，我国贸易救济立案 3 起，其中石化产品 1 起。2011 年前 11 个月国外对我国石油和化工行业实施贸易救济立案 14 起，其中新立案 9 起，复审立案 5 起，涉案总金额 1.86 亿美元。我国石油和化工行业对外贸易面临更加复杂的宏观形势。

（三）石油化工行业中央企业的运行概况

1. 中国石油天然气集团公司[①]

（1）基本情况

中国石油天然气集团公司（China National Petroleum Corporation，英文缩写"CNPC"，中文简称"中国石油"）是国有重要骨干企业，是由中央直接管理的国有特大型央企，是根据国务院机构改革方案，于 1998 年 7 月在原中国石油天然气总公司的基础上组建的特大型石油石化企业集团，是国家授权的投资机构和国资委管理的特大型国有企业集团之一，总部设在北京。

中国石油天然气集团公司实行上下游、内外贸、产销一体化，按照现代企业制度运作，其主营业务包括油气业务、工程技术服务、石油工程建设、石油装备制造、金融服务、新能源开发等，其业务范围涉及石油天然气勘探开发、炼油化工、管道运输、油气炼化产品销售、石油工程技术服务、石油机械加工制造、石油贸易等各个领域，在中国石油、天然气生产、加工和市场中占据主导地位，是一家跨地区、跨行业、跨国经营的综合性国际能源公司，是中国主要的油气生产商和供应商之一。2011 年在世界 50 家大石油公司综合排名中，中国石油天然气集团公司位居第 5 位，在《财富》杂志全球 500 家大公司排名中位居第 6 位。2008 年，中国石油在美国《石油情报周刊》世界 50 家大石油公司

① 本部分数据来源于中石油官方网站。

综合排名中，位居第5位，在《巴菲特杂志》2009年中国上市公司百强评选中，荣获“中国25家最受尊敬上市公司全明星奖”第一名。在“2011中国企业500强”中列第2位。

进入新世纪新阶段，中国石油天然气集团公司在国家大公司、大集团战略和有关政策的指导、支持下，正在实施一整套新的发展战略，瞄准国际石油同行业先进水平，加快建设主业突出、核心竞争力强的大型跨国石油企业集团，继续保持排名前列的世界大石油公司地位。公司通过实施资源战略、市场战略和国际化战略，目标是到2020年建设成为世界一流综合性国际能源公司。

2011年，中国石油天然气集团公司营业收入达到2.38万亿元，实现净利润1305亿元。

（2）经济运行状况

2011年，中国石油积极应对复杂多变的宏观经济形势，科学组织生产经营，加强成本费用控制，全面推进精细化管理，积极转变发展方式，呈现出增长较快、价值稳步提升、生产平稳有序、结构持续改善的态势，资源基础稳步扩大，可持续发展能力进一步增强。

①2011年，中国石油天然气集团公司在勘探与生产方面，继续实施储量增长高峰期工程，坚持精细地质综合研究，大力推行勘探开发一体化，在国内主要探区获得了多项重要发现和重大突破，全年油气当量储量替换率为1.03，资源基础更加坚实。柴达木英东构造新增控制石油地质储量1亿吨，鄂尔多斯天然气勘探在靖边西部和南部新增控制地质储量，并落实鄂尔多斯姬塬等8个亿吨级、柴达木昆北断阶带等4个5000万吨级整装规模储量区块。

持续开展油田开发基础年活动和注水专项管理，主要开发指标持续好转，加大新区产能建设力度，新井单井产量同比有所上升。大庆油田克服开发难度加大等不利因素影响，在连续27年实现5000万吨原油稳产之后，又连续第9年实现4000万吨原油稳产；长庆油田全年油气当量产量达到4060万吨，油气产量实现历史性跨越。

海外油气业务方面，2011年中国石油天然气集团公司积极应对复杂的国际能源竞争环境，对外合作不断扩展，五大油气合作区战略布局基本完成，合作领域逐步向油气并举、上下游一体化、非常规油气项目拓展，国际业务进入规模有效发展的新阶段。与英国石油公司（BP）合作的伊拉克鲁迈拉项目进入投资和费用回收阶段并提取原油，日均产量达到119万桶。哈法亚项目进展顺利，地震、钻井和地面产能建设等工作全面展开。澳大利亚 Arrow 项目有序推进，2011 年 9 月签订协议收购从事煤层气勘探和开发业务的 Bow Energy Limited。2011 年，中国石油天然气集团公司海外油气当量产量为 12080 万桶，比 2010 年同期增长 18.2%，国际业务对公司的贡献显著增加。

2011 年，根据独立储量评估师评估，全年油气当量储量替换率为 1.03；中国石油国内外原油总产量达到 88610 万桶，同比增长 3.3%；可销售天然气产量 23964 亿立方英尺，同比增长 7.9%；油气当量产量 128560 万桶，同比增长 4.7%。板块实现经营利润 2195.39 亿元，同比增长 42.8%。

表 2-6 2010—2011 年中国石油天然气运行情况

项目	2011 年	2010 年	同比增长（%）
原油产量（万桶）	88610	85770	3.3
可销售天然气产量（亿立方英尺）	23964	22212	7.9
油气当量产量（万桶）	128560	122800	4.7
原油探明储量（万桶）	111280	112780	-1.3
天然气探明储量（亿立方英尺）	666530	655030	1.8
探明已开发原油储量（万桶）	74580	76050	-1.9
探明已开发天然气储量（亿立方英尺）	323290	311020	3.9

注：原油按 1 吨 =7.389 桶，天然气按 1 立方米 =35.315 立方英尺换算。

②炼油与化工业务坚持以市场为导向调整产品结构，统筹优化资源配置，加强生产运行管理，并以对标管理推进精细化管理，主要技术经济指标持续改善，轻油收率、乙烯收率保持国内领先。化工销售业务围绕市场需求，增产适销对路产品，努力降本增效。2011 年加工原油 98460 万桶，原油加工负荷率达到 92.0%。生产 8715.0 万吨汽油、柴油和煤油。炼化布局战略性结构调整稳步推进。受国际原油价格高位运行，国内成品油价格宏观调控及化工市场需求下行影响，这一板块经营亏损 618.66 亿元。其中，炼油业务经营亏损 600.87 亿元，化工业务经营亏损 17.79 亿元。另外，辽阳石化炼油改扩建工程、宁夏石化炼油扩能改造项目，克拉玛依石化、锦州石化油品质量升级项目建成投产，抚顺石化千万吨炼油项目主体装置建成。广东石化、云南石化前期工作取得阶段性进展。目前，集团已形成七大千万吨级炼油基地、四大乙烯生产基地和一批特色炼化企业。

表 2－7 2011 年中国石油天然气集团公司炼油与化工生产情况

项目	2011 年	2010 年	同比增长（%）
原油加工量（百万桶）	984.6	903.9	8.9
汽油、煤油、柴油产量（千吨）	87150	79448	9.7
其中：汽油（千吨）	25447	23308	9.2
煤油（千吨）	2663	2395	11.2
柴油（千吨）	59040	53745	9.9
原油加工负荷率（%）	92.0	91.3	0.7
轻油收率（%）	77.3	76.6	0.7
石油产品综合商品收率（%）	94.0	93.5	0.5
乙烯（千吨）	3467	3615	－4.1
合成树脂（千吨）	5690	5550	2.5
合成纤维原料及聚合物（千吨）	2031	1985	2.3
合成橡胶（千吨）	606	619	－2.1
尿素（千吨）	4484	3764	19.1

注：原油按 1 吨＝7.389 桶换算。

③销售业务方面，2011 年，中国石油天然气集团公司的成品油销售业务准确把握市场走势，科学制定营销策略，有效组织资源调运投放，积极优化销售结构，努力加大零售比例，销售质量进一步改善，盈利能力得到增强。2011 年零售市场份额占比达到 39.2%，同比增加 0.8 个百分点，市场份额稳步提升。持续加大营销网络开发力度，稳步推进城区加油站、高速公路加油站等高效市场和战略市场建设，全年新开发加油站 1300 余座，加油站总数达到 19362 座。重视加强油品质量、计量管理，37 家销售企业通过 ISO9000 体系认证。2011 年，共销售汽油、煤油、柴油 1.46 亿吨，同比增长 20.4%，实现经营利润 206.53 亿元，同比增长 29.4%。

表 2－8 2011 年中国石油天然气集团公司销售业务情况

项目	2011 年	2010 年	同比增长（%）
汽、煤、柴油销量（千吨）	145532	120833	20.4
其中：汽油（千吨）	43967	36328	21.0
煤油（千吨）	9778	6716	45.6
柴油（千吨）	91787	77789	18.0
零售市场份额（%）	39.2	38.4	0.8
加油站数量（座）	19362	17996	7.6
其中：资产型加油站（座）	18792	17394	8.0

在国际贸易业务方面，中国石油天然气集团公司国际贸易规模持续快速稳健增长，全球资源配置能力显著提高。围绕亚洲、欧洲、美洲三大油气运营中心进行全球化贸易网络布局，不断丰富贸易手段，稳步推进仓储设施建设，国际化运营水平进一步提升。亚洲油气运营中心逐渐完善，充分发挥贸易、加工、仓储和运输四位一体功能，新加坡石油公司（SPC）、日本大阪国际炼油公司运营情况良好。完成与英力士集团设立贸易和炼油合资公司的交易，欧洲油气运营中心建设取得实质性进展。2011 年完成国际贸易量 1.47 亿吨，原油、天然气、成品油贸易业务的规模效益大幅增长。

④天然气与管道业务方面，油气战略通道、国内骨干管网和仓储设施建设加快推进。2011 年，中国石油天然气集团公司的天然气销售业务有效平衡国内自产气和进口气两种资源，强化产运销衔接，优化管网运行和资源调配，确保了市场安全平稳供气。优化用户结构，加大市场开发力度，天然气供应范围拓展到江西、广东两省，供应省份从 2010 年的 26 个增加到 28 个，天然气利用业务有效推进，天然气销售量继续保持两位数快速增长。2011 年，集团油气战略通道、国内骨干管网和仓储设施建设加快推进。西气东输二线干线工程于 2011 年 6 月全部建成投产，与多条已建管线联网，形成中国天然气干线管道网络。干线全长 4843 千米，主要引进土库曼斯坦、哈萨克斯坦等中亚国家的天然气资源。目前，西气东输二线干线已与多条已建管线联网，形成中国天然气干线管道网络，惠及沿途 15 个省（市、自治区），对于保障能源供应、优化能源结构、推进节能减排、绿色发展具有重大意义。江苏和大连液化天然气（LNG）开始向西气东输管网和东北地区供气，有力促进区域能源结构调整和天然气来源多元化的实现。2011 年末，管道总长度为 60232 千米，其中：天然气管道长度为 36116 千米，原油管道长度为 14782 千米，成品油管道长度为 9334 千米。

2011 年，这一板块实现经营利润 155.3 亿元，受进口天然气亏损增大及重点工程集中转资增加折旧影响，经营利润同比下降 23.9%，其中销售进口天然气、LNG 累计亏损约 214 亿元。

2. 中国石油化工集团公司①

（1）基本情况

中国石油化工集团公司（英文缩写 Sinopec Group，中文简称“中国石化”）是 1998 年 7 月国家在原中国石油化工总公司基础上重组成立的特大型石油石化

① 本部分数据来源于中国石化官方网站。

企业集团，是国家独资设立的国有公司，国家授权投资的机构和国家控股公司。总部设在北京。

中国石化是中国最大的石油产品和主要石化产品生产商、供应商，也是中国第二大原油生产商。中国石化主营业务范围如下：实业投资及投资管理；石油、天然气的勘探、开采、储运（含管道运输）、销售和综合利用；石油炼制；汽油、煤油、柴油的批发；石油化工及其他化工产品的生产、销售、储存、运输；石油石化工程的勘探设计、施工、建筑安装；石油石化设备检修维修；机电设备制造；技术及信息、替代能源产品的研究、开发、应用、咨询服务；自营和代理各类商品和技术的进出口（国家限定公司经营或禁止进出口的商品和技术除外）。

中国石化控股的中国石油化工股份有限公司先后于2000年10月和2001年8月在境外境内发行H股和A股，并分别在香港、纽约、伦敦和上海上市。目前，中国石化股份公司总股本867亿股，中国石化持股占75.84%，外资股占19.35%，境内公众股占4.81%。中国石化对其全资企业、控股企业、参股企业的有关国有资产行使资产受益、重大决策和选择管理者等出资人的权力，对国有资产依法进行经营、管理和监督，并相应承担保值增值责任。

2011年中国石化营业收入达到25057亿元人民币，同比增加31.0%。按照国际财务报告准则，2011年中国石化经营收益为人民币1055亿元，同比增长0.5%。

（2）经济运行状况

中国石化是中国第二大油气生产商，在境内的油气勘探开发区块位于中国东部、西部和南部地区。公司下属12家油气生产企业，分别是胜利油田分公司、西北油田分公司、中原油田分公司、西南油气分公司、河南油田分公司、华北分公司、江汉油田分公司、江苏油田分公司、东北油气分公司、华东分公司、上海海洋油气分公司、勘探南方分公司。2011年中国石化油气当量产量4.08亿桶，同比增长1.6%，其中，国内生产原油3.03亿桶，与上年基本持平，生产天然气5170.7亿立方英尺，同比增长17.1%。但海外原油产量受检修影响同比有大幅下降。

①油气勘探开采。2011年，中国石化油气勘探开发取得较大成果，全年境内共生产原油3.03亿桶，天然气5170.7亿立方英尺。在勘探上，按照“稳定东部、加大西部、加快南方、推进海域、突破非常规、依靠科技、打造长板”的资源战略，强化新区突破，深化老区增储，积极开展非常规资源评价，加强重点技术攻关，优化勘探部署，取得了一系列重大突破、重大进展和重要发现，

超额完成了三级储量任务。全年共完成二维地震18583千米，三维地震11361平方千米，探井进尺2174.1千米。全年新增油气可采储量41100万桶油当量。在开发上，围绕“东部硬稳定、西部快上产、天然气大发展”的部署，抓好老区综合治理，加快新区储量动用，全力推进重点地区天然气产能建设，加大关键工艺攻关试验力度，着力提高储量动用率和采收率，形成了重点上产阵地，油气田开发水平进一步提高。2011年，在准噶尔北缘、川西坳陷、塔中北坡、松南新区以及琼东南海域等地区勘探开采取得一批重大突破；非常规页岩油气勘探见到了初步成效，煤层气落实了产能建设区域；天然气开发以四川盆地和鄂尔多斯盆地为主，加强产能建设，天然气业务继续保持了较快发展。

2011年，中国石化签约了加拿大Daylight公司、.葡萄牙GALP公司巴西资产、美国Devon公司、澳大利亚APLNG公司等7个项目的全部或部分权益，已交割项目6个。勘探取得了“四项商业发现、两项重大突破、八项重要发现”。权益油气产量首次突破2000万吨。

2011年，中国石化海外石油工程业务继续保持了快速健康发展的良好态势，在38个国家正在执行项目合同522个，合同额达到119.2亿美元，首次突破百亿美元大关，新签合同额35.5亿美元，完成合同额26.1亿美元。国际石油工程公司在15个国家正在执行合同241个，合同额74.5亿美元，新签合同额23亿美元，完成合同额12.8亿美元。截至2011年底，正在执行合同额超过15亿美元的国家市场2个，超过10亿美元的国家市场1个，超过5亿美元的国家市场5个，超过2亿美元的国家市场4个，超过1亿美元的国家市场7个。

地面建设业务方面，先后中标沙特农业部水管线、沙特SWCC水管线、伊朗雅达中心处理站、巴西铁矿浆管道、巴西第三化肥厂等一批大型EPC总包项目。井筒业务在南美、中亚取得新跨越，物探业务在玻利维亚、阿尔及利亚取得新进展。井筒业务相继在测录固、压裂酸化、超深钻井、浅海钻井等高端技术领域及油田综合服务市场取得新突破。在多个国家和地区相继开展了包括钻、测、录、固、泥浆、管具、取心、测试、下套管、定向、废弃物处理等服务业务，墨西哥油田综合服务项目进展顺利。物探业务加大了数据处理和解释项目开发力度，中标了部分数据处理项目。公司的海外石油工程技术服务产业链条初步形成，基本具备了为海外石油公司提供勘探开发整体解决方案和一体化服务的能力。

原油、天然气价格上涨以及天然气销量增加，令中国石化2011年勘探及开采业务实现经营收入约2418亿元，同比增长29.2%。这一板块为中国石化产生经营收益716亿元，同比增长51.9%。

表 2 -9　2011 年中国石化勘探及开采生产营运情况

项目	2011 年	2010 年	2009 年	2011 年较 2010 年同比增长（%）
油气当量产量（万桶）	40791	40142	37745	1.6
原油产量（万桶）	32173	32785	32762	-1.9
其中：中国	30337	30218	30115	0.4
海外	1836	2567	2647	-28.5
天然气产量（亿立方英尺）	5170.7	4413.9	2990.1	17.1
剩余油气探明储量（万桶）	396600	396300	404300	0.1
剩余原油探明储量（万桶）	284800	288800	292000	-1.4
剩余天然气探明储量（亿立方英尺）	67090	64470	67390	4.1

注：包含 SSI 公司 100% 产量和储量；中国原油产量按 1 吨 =7.1 桶，天然气按 1 立方米 =35.31 立方英尺换算，海外原油产量按 1 吨 =7.27 桶换算。

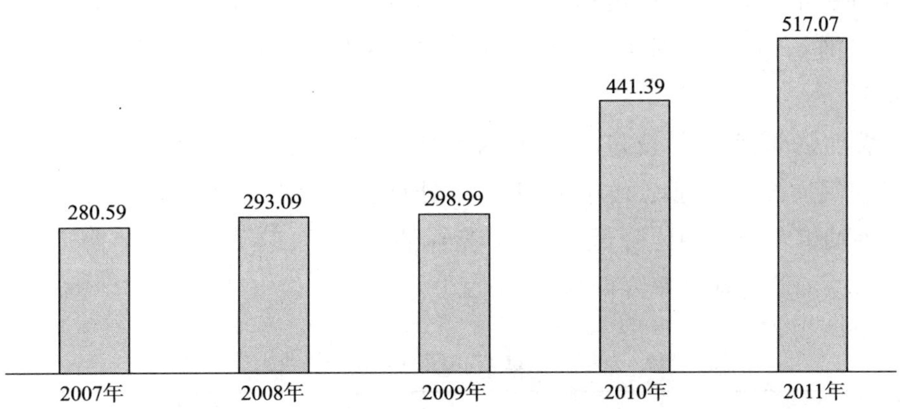

图 2 -2　2007—2011 年中国石化天然气产量变动情况（单位：10 亿立方英尺）

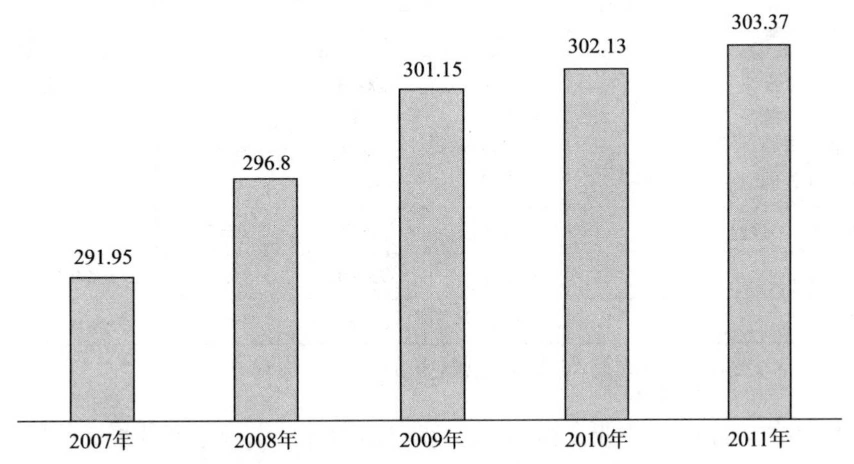

图 2 -3　2007—2011 年中国石化国内原油产量变动情况（单位：百万桶）

②石油炼制。中国石化是中国最大的石油炼制商，也是中国最大的石油产品生产商，石油炼制能力位居世界第二，主要产品有汽油、煤油、柴油、润滑油等。三个炼化企业集群主要分布于东南沿海、长江中下游和华北等中国经济最活跃、最发达的地区，地理位置优越，交通运输便利，市场需求旺盛，为中国经济发展提供源源不断的动力。

中国石化炼油生产装置主要包括常减压蒸馏、催化裂化、加氢裂化、延迟焦化、催化重整、芳烃分离、加氢精制、烷基化、气体分馏、沥青、制氢、脱硫、制硫等，部分炼厂还有溶剂脱沥青、溶剂脱蜡、石蜡成型、溶剂精制、白土精制和润滑油加氢等装置。截至2011年底，中国石化原油一次加工能力达2.49亿吨；全年加工原油2.17亿吨，同比增长3.0%。目前所属炼油企业中，年加工能力在1000万吨以上的企业有11家。2011年，炼油产品质量总体保持稳定，产品出厂合格率达到了100%。在全国和各级政府技术监督部门、中国石化对炼油企业产品质量监督抽查中，抽检合格率均达到了100%。

依靠加强管理和科技进步，中国石化炼油主要技术经济指标继续提升。2011年，轻质油收率同比上升0.29个百分点，综合商品率同比上升0.26个百分点，炼油综合能耗同比降低1.07千克标油/吨，加工损失率同比降低0.05个百分点，原油储运损失率降低0.02个百分点。

表2-10　2009—2011年中国石化集团炼油生产情况

项目	2011年	2010年	2009年	2011年较2010年同比增长（%）
原油加工量（万吨）	21737	21113	18658	3.0
汽、柴、煤油产量（万吨）	12800	12438	11369	2.9
其中：汽油（万吨）	3710	3587	3443	3.4
柴油（万吨）	7717	7609	6886	1.4
煤油（万吨）	1373	1242	1039	10.5
化工轻油产量（万吨）	3738	3500	2687	6.8
轻油收率（%）	76.08	75.79	75.54	提高0.29个百分点
综合商品率（%）	95.09	94.83	94.53	提高0.26个百分点

注：原油加工量按1吨=7.35桶换算；包括合资公司100%的产量。

2011年中国石化炼油业务经营收入为12121亿元，同比增长24.8%，境内成品油总经销量达到1.51亿吨，同比增长7.6%。由于2011年全年国际原油价格大幅上涨，中国国内成品油价格从紧控制，经营亏损348亿元。

在增强国内市场石油炼制加工能力的同时，中国石化努力拓展国际市场。截至2011年底，炼化工程板块在中东、中亚、南美、非洲等目标市场新签合同62个，合同额约110.36亿美元，重点项目包括哈萨克斯坦KPI丙烷脱氢聚丙烯项目、哈萨克斯坦阿特劳炼厂芳烃项目、沙特SABIC港口物流项目、沙特SABIC Kayan NDA项目等。目前，已完成合同42个，正在执行项目17个。

表2-11　2004—2011年中国石化境外炼化工程技术服务发展状况

年度	签订合同数（个）	签订合同额（亿美元）			完成合同额（亿美元）
		总额	EPC/工艺包/FEED	施工类	
2004	1	0.51	0.51		
2005	1	3.45	3.45		
2006	6	35.95	32.27	3.68	1.50
2007	2	0.01	0.01		5.40
2008	11	8.51	7.34	1.17	11.03
2009	6	12.73	10.40	2.33	11.54
2010	17	23.08	18.95	4.13	5.92
2011	18	26.13	24.06	2.07	5.64
总计	62	110.36	96.98	13.38	41.03

③化工生产经营。中国石化是中国最大的石油化工产品生产商，乙烯生产能力位居世界第四，芳烃（PX）生产能力位居世界第一。化工生产企业主要分布于东南沿海、长江中下游和华北等地区，主要化工产品有合成树脂、合成橡胶、合成纤维、化肥、基本有机化工原料等。中国石化同时是中国化工产品最大供应商，产品行销全国各地，部分产品出口海外。2011年，生产乙烯989.4万吨，同比增长9.2%。芳烃等产品产量创历史新高。全年完成化工产品经营总量5080万吨，同比增长16.8%。实现经营收益267亿元，同比增长78.1%。

表2-12　2009—2011年中国石化主要化工产品产量情况　（单位：万吨）

项目	2011年	2010年	2009年	2011年较2010年同比增长（%）
乙烯	989.4	905.9	671.3	9.2
合成树脂	1365.2	1294.9	1028.7	5.4
合成橡胶	99	96.7	88.4	2.4

续表

项目	2011 年	2010 年	2009 年	2011 年较 2010 年同比增长（%）
合成纤维单体及聚合物	938	886.4	779.8	5.8
合成纤维	138.8	139.3	130.2	-0.4

注：包括合资公司 100% 的产量。

2011 年，化工装置节能降耗取得新成效，主要技术经济指标持续改善。乙烯收率 32.27%，同比提高 0.61 个百分点；乙烯燃动能耗 583 千克标油/吨，同比降低 26.33 个单位，节约 16.5 万吨标油，相当于节电 6.35 亿度。万元产值综合能耗 1.60 吨标煤，同比降低 0.06 吨标煤。化工企业全年减排总量达到 800 万吨，节水总量达到 1000 万吨。

2011 年，化工装置运行水平进一步提高，总体上保持了装置的安全平稳高负荷运行。高附加值专用料和差别化产品的开发生产取得新进展，产品结构进一步改善，盈利能力大幅提高。

④油品销售。中国石化拥有全国最大的成品油营销网络，共有 3 万多座加油站、1.9 万多个便利店。2011 年境内成品油零售量突破 1 亿吨，非油业务快速发展，非油品营业额实现人民币 82.6 亿元，同比增长 44.2%，境内成品油总经销量 1.51 亿吨，同比增长 7.6%。

表 2-13　2009—2011 年中国石化油品销售量情况　（单位：万吨）

项目	2011 年	2010 年	2009 年	2011 年较 2010 年同比增长（%）
成品油总经销量	16232	14923	13032	8.8
境内成品油总经销量	15116	14049	12402	7.6
其中：零售量	10024	8763	7890	14.4
直销量	3322	3240	2561	2.5
批发量	1770	2047	1952	-13.5
中国石化品牌加油站总数（座）	30121	30116	29698	0.02
其中：自营加油站数（座）	30106	29601	29055	1.7
特许经营加油站数（座）	15	515	643	-97.1
单站年均加油量（吨/站）	3330	2960	2715	12.5

⑤国际贸易。2011 年，中国石化集团贸易规模不断扩大，经营业绩稳步提高，原油贸易量首次突破 2 亿吨，LNG 贸易获得新突破。2011 年实现石油贸易额 1708 亿美元，首次突破 1 万亿元人民币，实现集团外销售收入 750 亿美元。积极构建全球贸易网络，与 700 余家公司开展良好合作。仓储设施建设加快推

进，贸易手段更加丰富。积极开拓炼化产品和设备材料出口市场，首次实现与全球最大的碳素公司——美国 RAIN CII 公司签订长期出口供应协议。积极介入海外项目设备材料物资采购服务，大力开拓内部制造厂设备材料的国际市场，全年实现设备材料出口 2 亿美元。

⑥油气工程建设。2011 年，中国石化共安排实施 386 个固定资产投资限上项目（批准投资在 3000 万元以上），其中重点工程 26 项（41 个）。全年共建成投产项目主要包括 26 套炼化装置和 2 条长输管道，各项重点工程、检修改造和海外投资炼化项目稳步实施，安全、质量、投资、进度总体受控，为中国石化的持续发展奠定了有力基础。

胜利油田埕岛中心三号平台，是埕岛油田主体区域的第三座综合中心平台，设计日处理液体 4 万立方米、天然气 15 万立方米、污水 2 万立方米，主体工程计划预计 2012 年内建成投产。普光气田大湾区块是气田主体的重要资源接替阵地，设计产能 30 亿立方米/年，地面集输工程主要包括 8 座集气站、1 座污水站、24 千米酸气管线等，预计 2012 年上半年具备投用条件。

2011 年，中国石化各大炼厂继续抓紧实施汽柴油质量升级改造工作，包括新建催化汽油吸附脱硫（S－Zorb）、柴油加氢等装置，同时，一大批油品质量升级改造工程建设全面展开。北海炼油异地改造工程建成投料试车，茂名、安庆、石家庄、上海、金陵、武汉炼油改造工程建设稳步推进。武汉 80 万吨/年乙烯工程施工进入高峰期，中国石化首套煤化工项目——中原甲醇制烯烃（MTO）装置建成并一次开车成功，川维 30 万吨/年醋酸乙烯工程高标准建成投产，燕山石化 15 万吨/年双酚 A 装置产出合格产品。

日照至仪征原油管道，是我国目前管径最大、输量最多、技术最先进的输油管道，2011 年 10 月建成投产。总投资逾百亿元的山东 LNG 项目现场建设工作全面铺开。规划总库容 371 万立方米的海南洋浦成品油罐区，2011 年 8 月开工建设。北海—南宁—百色成品油管道 2011 年底建成并具备投用条件。甬绍金衢、珠三角二期、贵阳—重庆、湖南、苏北等成品油管道建设进展顺利。

3. 中国海洋石油总公司①

（1）基本情况

中国海洋石油总公司是中央特大型国有企业，也是中国最大的海上油气生产商。公司成立于 1982 年，总部设在北京。

---

① 本部分数据来源于中国海洋石油总公司官方网站。

自成立以来，中国海油保持了良好的发展态势，由一家单纯从事油气开采的上游公司，发展成为主业突出、产业链完整的综合型能源集团，形成了油气勘探开发、专业技术服务、炼化销售和化肥、天然气及发电、金融服务、新能源等六大业务板块。近年来，通过成功实施改革重组、资本运营、海外并购、上下游一体化等重大举措，企业实现了跨越式发展，综合竞争实力不断增强。

2011 年，公司研究制定了《中国海洋石油总公司“二次跨越”发展纲要》。《纲要》明确了“突出、加快、有效、集约、择优”的产业发展方针，突出发展油气主业，加快发展液化天然气、煤层气产业，有效发展专业服务、油品销售和石油贸易产业，集约发展炼油化工、综合服务和金融等产业，择优发展新能源产业，形成“上游更大，下游更优，专业技术服务更强”的基本产业布局；明确了“合作、稳健、差异化”的产业发展原则，继续扩大与地方政府、国有企业、民营经济和国际同行的合作，坚持从自身实际出发，遵循客观规律，依法合规运营，努力防控风险，实现持续健康发展，充分发挥自身优势，努力形成具有自身特色的产业结构、产品结构和发展路径；明确了分两步走，全面推进国际一流能源公司建设的战略部署，力争经过 10 年的发展，基本建成国际一流能源公司，再经过 10 年的努力，全面建成国际一流能源公司。2011 年，围绕《纲要》，公司紧紧抓住海洋石油工业发展的新趋势、新机遇，正视公司发展中遇到的新问题、新挑战，稳健经营，实现“十二五”良好开局，为全力推进我国海洋石油工业的“二次跨越”创造了有利条件。

（2）经济运行状况

2011 年中国海洋石油总公司主要经营质量和效益指标均处于行业优秀水平，全年共生产原油 4661 万吨，天然气 167. 0 亿立方米，成品油 679 万吨，乙烯 98 万吨，化肥 321 万吨，LNG 进口量首次超过 1000 万吨，达到 1081 万吨。2011 年，公司实现营业收入 4882 亿元，同比增长 37. 6%；利润总额 1123 亿元，增长 15. 0%；净利润 867 亿元，增长 16. 8%；缴纳利税费 1243 亿元，增长 44. 9%；资产总额达到 7185 亿元，较年初增长 16. 4%；净资产达到 4590 亿元，较年初增长 17. 5%；全员劳动生产率 217 万元/人 · 年，同比增长 12%；总资产收益率达到 13%，国有资本保值增值率 119%。在中央企业中，营业收入排第 5 位，净利润排第 3 位，成本费用利润率排第 5 位，总资产排第 6 位；在“世界 500 强企业”排行榜列第 162 位，“世界最大 50 家石油公司综合排名”列第 34 位。

2011 年，公司平均实现油价达每桶 109. 75 美元，平均实现气价为每千立方英尺 5. 15 美元，同比分别上升 40. 8% 和 14. 7%。受益于实现油气价格上涨，公司油气销售收入同比增长29.5%，达人民币1892.8亿元，净利润达人民币702.6亿元，同比增长29.1%，再创历史新高。

2011年，公司资本支出为64.2亿美元，同比增长26.7%。其中，勘探、开发和生产资本化投资分别为14.6亿、36.6亿和11.8亿美元，同比分别增长31.1%、50.8%和下降18.0%。受油气价上升带来的税费增加、原材料价格和服务费大幅上升等因素的影响，公司桶油成本同比上升25.0%，达30.58美元/桶。

表2－14　2010—2011年中国海洋石油总公司主要经济指标

项目	2010年	2011年	同比增长（%）
资产总额（亿元）	6172	7185	16.4
净资产（亿元）	3906	4590	17.5
营业收入（亿元）	3548	4882	37.6
利润总额（亿元）	977	1123	15
净利润（亿元）	742	867	16.8
上缴利税费（亿元）	858	1243	44.9
全员劳动生产率（万元/人·年）	194	217	12
总资产收益率（%）	13.1	13.0	－0.76
国有资本保值增值率（%）	121.2	119.0	－1.82

注：上缴利税费为税、留成油、特别收益金与国有资本收益之和。

2011年，在工程建设方面，重大装备建设进展顺利。“海洋石油981”深水钻井平台、“海洋石油201”深水起重铺管船、十二缆深水物探船、深水工程勘查船等重大装备建设顺利完工，公司深水作业船队基本建成，深水战略迈出了实质性的步伐。一批新的油田项目建设全面展开。锦州25－1、涠洲11－2、陆丰13－2等5个项目年内建成投产，陆丰13－2调整、涠洲6－9、涠洲6－10、涠洲11－2、流花4－1、崖城13－4等重大油气田项目在建，为核心主业新一轮快速健康发展打下了基础。LNG项目建设取得进展。浙江LNG项目、珠海LNG项目、海南LNG项目以及沿海四张省级管网建设顺利推进，沿海天然气大动脉的构想正逐步由蓝图变为现实。

2011年，公司在中国海域的自营勘探共获得13个新发现，成功评价了18个油气构造，合作伙伴成功评价了1个油气构造。在中国海域，公司于2011年有2个新项目投产。目前，还有16个项目在建，这些项目都将支持中国海域未来的增长。

海外勘探方面，共取得3个新发现，并成功评价了2个油气构造。公司储量替代率达到158%。此外，公司还加强了新区、新领域的勘探和研究，在渤海岩性圈闭和莺歌海高温高压天然气等领域取得了重要进展。同时，深水勘探也在有条不紊地推进。

2011年，公司积极执行以价值驱动的并购策略，收购了图洛石油公司乌干达1、2和3A区块各1/3的权益，使公司成功进入东非的主要待开发盆地。此外，公司还进一步拓展了美国页岩油气业务，并通过并购OPTI公司，增加了对加拿大油砂领域的投资，使公司在非常规资源开发方面得到进一步发展。

公司持续优化海外业务布局和投资结构，提升海外项目运作质量和效益，海外业务取得一系列重要成果，国际化经营规模持续扩大。2011年，海外原油产量766万吨，天然气产量56亿立方米；全年完成石油和化工原料贸易2528万吨，同比增长35%，其中，原油贸易量2158万吨，成口油贸易量59万吨，燃料油贸易量130万吨，化工原料贸易量181万吨。“2011年中国100大跨国公司”排名中，中国海油位列第四。2011年公司海外发展突出了几个特点：第一，海外并购从机遇型收购向战略引导型并购的转变，在地缘布局上，首次涉足东部非洲国家的油田项目，收购乌干达三个区块的权益，获得油气可采资源量超过10亿桶；第二，在资源类型上，努力实现从传统油气资源向页岩气、油砂等非常规油气业务的拓展，再次收购美国切萨皮克能源公司岩油气项目权益，获得资源总量50亿桶，收购加拿大油砂生产商OPTI公司，获得沥青资源量11亿桶，成为公司非常规油气业务新的重要增长点；第三，与加拿大Nexen公司合作，再次进入世界海洋石油热点区墨西哥湾，开展深水风险勘探；第四，油田专业服务在海外作业领域继续拓展，竞争能力持续提升，海外市场开发能力不断增强。

此外，公司治理结构变化重大。2011年，按照中央要求，中国海油设立董事会，董事长和总经理分设，这是中国海油发展史上一件具有里程碑意义的大事，董事会机制将在2012年正式运转。

（四）石油化工产业对于国民经济的意义

石油化工作为整个石油和化工行业的主体和现代化的标志，在我国国民经济发展中一直扮演着重要的角色，已经成为国民经济一个完整的重要组成部门，带动了下游轻工纺织、汽车制造、机械电子、建筑业以及农业的发展进步。在为生产和生活提供物质保障、扩大就业，为国家提供财政积累，带动整个国民经济增长和结构升级等方面发挥着积极作用。尤其近20年来，随着我国经济的持续快速发展，对石油化工产品的需求不断扩大，国内石油化工产业和产品市场一直处于高速成长期，在国民经济中的作用和地位进一步凸显。这表现在两个方面：首先，石油和化工行业是国民经济的基础性和支柱性产业，主要经济指标在国民经济中占重要位置，从2006年到2011年，石油和化学工业企业完成工业总产值所占全国工业的比重一般都维持在13%左右。2011年石油和化工行业累计总产值11.28万亿元，比上年增长31.5%，占全国工业总产值的13.2%。其次，石化产品市场需求旺盛，与相关产业如农业、建材、汽车、电子电器、轻纺、国防军工等产业关联性强，相互推动发展空间大。

表2-15　2006—2011年我国石油和化工总产值及其在工业总产值中所占比重

	2006年	2007年	2008年	2009年	2010年	2011年
石化工业总产值（万亿元）	4.26	5.3	6.58	6.63	8.88	11.28
占工业总产值比重（%）				12.13	12.7	13.2

石油化工产业是重要的基础产业，它为国民经济的运行提供能源和基础原材料，许多国家都对该领域高度关注。原油位于石化产业链的源头，在全球能源消费中占很大比例。如在2004年前后，欧洲和亚洲约为32%，中东地区高达53%，中南美洲约44%，非洲约41%，北美约40%。2008年，全球每天消费原油大约为8600万桶。全球最大的原油消费国是美国、中国和日本。

石化行业的地位不仅体现在其占国民经济的比重上，也体现在其对整个国民经济提供的基础性作用上，其基础性作用和支柱性地位体现在下列几个方面：

①为生产和生活提供能源。石油炼制生产的汽油、煤油、柴油、重油以及天然气是当前能源的主要供应者。这些能源主要用作汽车、拖拉机、飞机、轮船、锅炉的燃料，少量用作民用燃料。根据IEA的数据：2005年，在中国的一次能源总需求中，石油占18.8%，是除煤炭以外最大的能源资源。我们常用的汽油、煤油、柴油、石脑油、燃料油等都是石油的下游产品。

②为国民经济发展提供原材料。石油不但是重要的能源物质，也是化工行业的重要原料。从上游的石脑油，到中游的各类中间体，以及下游的合成树脂、合成纤维和合成橡胶等，都是石化产业的重要原材料或者产品。化工领域是个巨大的行业，其产品涉及人类生活的方方面面。上至航天航空等高科技产品，下至服装和生活日用品，无一没有化工原料油的身影。

③支持与促进农业发展。在农业领域，除农机动力需使用燃料之外，化肥

占据了很大的比重。此外，现代农业大量使用塑料薄膜，推动了农业的发展。

④石油化工是材料工业的支柱之一。金属、无机非金属材料和高分子合成材料，被称为三大材料。其中，高分子合成材料全部来源于石油化工。除合成材料外，石油化工还提供了绝大多数的有机化工原料，在属于化工领域的范畴内，除化学矿物提供的化工产品外，石油化工生产的原料在各个部门大显身手。

⑤石油化工促进了农业的发展。农业是我国国民经济的基础产业。石化工业提供的氮肥占化肥总量的80%，农用塑料薄膜的推广使用，加上农药的合理使用以及大量农业机械所需各类燃料，形成了石化工业支援农业的主力军。

⑥各工业部门离不开石化产品。现代交通运输工业的发展与燃料供应息息相关，可以毫不夸张地说，没有燃料，就没有现代交通运输工业。金属加工、各类机械毫无例外需要各类润滑材料及其他配套材料，消耗了大量石化产品。建材工业是石化产品的新领域，如塑料管材、门窗、铺地材料、涂料被称为化学建材。轻工、纺织工业是石化产品的传统用户，新材料、新工艺、新产品的开发与推广，无不有石化产品的身影。当前，高速发展的电子工业以及诸多的高新技术产业，对石化产品，尤其是以石化产品为原料生产的精细化工产品提出了新要求，这对发展石化工业是个巨大的促进。

二、电力行业中央企业经济运行

电力行业是中央确定的“十二五”期间要重点发展的产业。2011 年，受金融危机的影响，宏观经济运行出现较大的起伏，但电力行业已经走出低谷，正在步入新的发展周期。电力行业按照中央制订的电力体制改革方案进一步深化改革，电力行业发电领域的竞争态势已初步形成，供电领域也已引入竞争机制。在电力行业技术水平方面，发电和输配电等方面均取得较大进步。

（一）电力行业概述

电力行业是以电能的生产消费为核心组织成的产业，是国民经济发展中最重要的基础能源产业，其发展关系国计民生，在世界各国的经济发展战略中都处于优先发展的重要位置。作为基础产业，电力行业对促进国民经济的发展和社会进步起到重要作用，电力行业的发展既关系到国家宏观经济运行的状况，也对作为微观经济活动主体的企业的发展起着不可替代的支撑作用，同时对提高人民生活水平具有重要意义，在国民经济中占有极其重要的地位。

1. 电力行业的定义

电力是以电能作为动力的能源，是由发电、输电、变电、配电和用电等环节组成的电力生产与消费系统。电力行业是从事电力生产和经营的产业经济部门，它通过消耗煤炭、石油等一次性能源和水、风等可再生能源及核能等，获取电能这一优质的二次能源，并且实现将电能供应给广大电力用户的能源转换和加工产业。由于能源是人类一切社会活动所不可缺少的重要物质，因此，电力工业同煤炭、石油等产业一样，是向国民经济、向社会提供电能这一基础物质和商品的基础产业。

电力行业属于国有垄断的产业，可划分为发电、供电两大系统和发电、输电、供电、用电四大环节，发电系统根据电厂的发电能级以及所处的位置分为跨网电厂、网级电厂、省级电厂、自备电厂及小水电等四个发电级别，统一向电网供电。供电系统实行分层次管理，即分为国家电力公司、网局/独立省局、地区和县电力公司四级；全国共有地区以上供电局约 280 个。总体架构为金字塔形，上层对下层进行严密的控制。电力生产的产品是电能，其有着发、输、配、用电同时完成，不能储存的特点。由发电系统向供电系统售电，供电系统将电经由高压电网送往全国各个城市并售给每个用电户，其中的资金结算由电网的计量关口电能表确定，是一个复杂严密的过程。电力销售供应是一个复杂的系统工程，网络遍布全国，关系到经济生产的基础，存在很多高安全要求的设备，需要实时监控和定期进行检修维护。整个系统结构如图 2－4 所示。

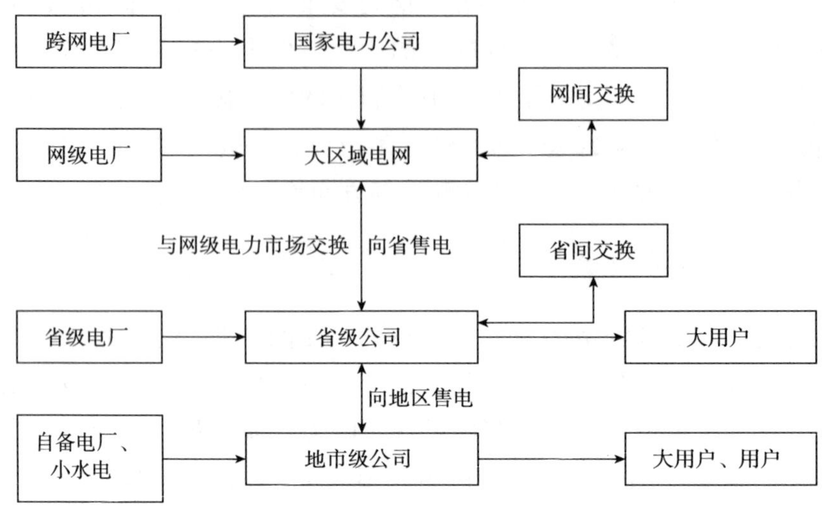

图 2－4　我国电力销售供应系统结构图

作为一种基础性的能源，电能经由一个完善的电力系统实现其对于国名经济各部门和社会生活的能源保障作用。电力系统由发电、输电、变电、配电和用电等环节组成，其功能是将自然界的一次能源通过发电动力装置转化成电能，再经输电、变电和配电将电能供应到各用户。为实现这一功能，电力系统在各个环节和不同层次还具有相应的信息与控制系统，对电能的生产过程进行测量、调节、控制、保护、通信和调度，以保证用户获得安全、经济、优质的电能。

2. 电力行业发展的一般特征

与石油、煤炭等能源工业一样，电力工业是国民经济的基础性产业部门，但不同的是电力是二次能源，其对于经济发展的支撑作用表现出不同的特点。

第一，因为电力作为一种二次能源进行大规模储存的技术性难题尚未破解，电力产业本身所包含的发电、输电、配电和售电四个环节都是通过电力网络同时完成的，在电力生产的过程中，既不存在半成品，也不存在库存品。为了使电力生产、流通和消费等环节能够很好地相互衔接，电力工业需要采用大量的自动化控制技术和设备，以实现发、输、售、用各环节的相互紧密配合，比例协调统一地进行。这决定了电力工业上下游之间有着很强的关联性，这不仅表现在基于电能的自然物理特点上关联，也表现在上下游产业间的经济关联。这是电力产业的最大特点。

第二，电力行业是传统的自然垄断行业，其自然垄断性主要表现在网络设施的规模经济性，即电力行业的输变电环节具有明显的规模经济性。电力行业的四个环节——发电、输电、配电、售电都需要大规模的固定投资，具有较大的沉没成本。其中输电网存在显著的规模经济效应，特别是输、配电环节上，电网高效率运行需要较大规模的电网覆盖来实现；而减少输电过程中的耗损则需要特高压输电技术、维护电网设备来实现，具有典型的自然垄断的特征。即使从发电环节上看，据有关学者测算，中国发电企业规模达到年发电量260亿千瓦时，达到最佳经济规模，在150亿千瓦时，平均成本曲线开始变得平坦，接近最佳经济规模水平。同样容量规模的发电厂，大机组电厂的平均生产成本远低于小机组电厂的平均生产成本。这主要是因为大机组在技术经济指标方面具有明显优势。

第三，电力是技术密集和资金密集的行业。与其他产业相比，电力企业在自动化技术的使用上更加普及，这是因为电力生产、传输、消费的同时性和电能无法储存性，为了确保电力的生产、输送和消费的平衡与稳定，必须采用大量的自动化技术设备。电力企业的发展同时涉及热动、热工、电气、自动化、控制、化学、计算机等多学科、多专业的综合运用，大电网的稳定运行、电力结构调整等都需要有强有力的技术支撑。同时电力又是资金密集型的产业。电力工业属于外延扩大型行业，即企业的生产能力由设备的容量所决定，企业要想扩大生产能力就必须投资增加装机容量。同时，电力生产与消费依赖分布广泛的电网传输系统和供电网络，这些网络设备的建设、维护和运营也需要大量的技术设备和投资。所有这一切，都使得电力设施的建设、电力生产的运行、电力设备的维护等需要采用大量的高新技术，都要有大量的资金支持。这也使电力工业成为基础产业中，需要投资最大、资金占用比率最高的行业之一。

第四，电力工业是具有明显规模效益的产业。电网是连接电力生产、电力输送和电力供应的基本设施。电力生产和消费必须依赖电网才能实现，通过电网，电力从生产到消费形成了一个有机的整体。因此，同所有以网络为基础的产业一样，电力工业具有十分明显的规模经济特征，即电网的投资规模大小直接决定其技术性能和经济效益，进而影响整个电力产业的经营状况。因此，发展电网是发展电力工业的重要内容。各国在电力工业发展的实践中，都十分注重大规模电网的建设，并以此为基础来决定电力工业的管理模式。

由于电力工业以网络设施为基础，而且发展大规模电网既能实现资源的优化配置，又能提高电力供应的稳定性和可靠性，改善电能质量，提高电力工业的整体效益。因此，在电网建设和管理上，通常由少数几家甚至一家企业来投资经营。事实上，除日本、美国等少数国家以外，多数国家的电网都是由国家投资兴建。在管理上，也都是采取了少数或独家经营方式。多年来，我国除农村小电网外，大电网也都是由国家统一投资、建设和运营的。即使在电力工业市场化改革后，这一特点也将基本保持不变。

第五，电力产业是国民经济各部门中处于先行发展的基础产业。这是因为电能具有转化容易，使用方便、灵活的特点，可以广泛地应用在各种生产活动和生活中。同时，电能的经济效益非常明显。由于电力技术的不断改进和发展，电力工业在实现将一次能源转化为电能时，其转换效率正逐步提高，电能向其他能源形式转换时，也具有很高的转换率。因此，广泛地使用电能，不仅能够提高生产领域的生产技术水平，而且能大幅度地提高能源使用效率，节约社会资源。此外，电能还是一种没有污染的“清洁”能源。使用电能代替其他能源，可以大大改善工作、生活环境和劳动者的劳动工作条件。尤其是近几年来，随着现代科学技术的迅速发展，计算机网络技术、办公自动化技术、自动控制技术、现代通信、电子商务活动、家庭电器以及电化教育手段等的广泛普及与应用，促使社会经济和人民生活用电日益增长，电能已成为其他能源不可代替、不断扩大应用领域和替代其他能源的能源产品，它已经广泛应用于国民经济各个行业以及社会生活各方面，成为不可缺少的社会基本必需商品。由于国民经济的增长需要资源的投入，而国民经济增长带来的生活水平提高，也是以资源消耗为前提的，而能源的使用是其中的重要内容。社会经济发展的实践证明，电力增长的速度超前于国民经济的增长速度，是经济发展的客观规律。由此决定了电力工业在国民经济发展中的优先地位。

（二）我国电力行业的发展状况

1. 基本情况

电力行业具有自然垄断性，在我国电力行业同时存在着行政垄断。新中国成立以来，我国的电力管理体制经历了由中央集中管理到省或大区分散管理再回归到中央集中管理的变化，但无论是在集中还是分散管理之下，都是维持主管部门垂直垄断、政企合一的管理体制。

改革首先从发电环节开始，实行多家办电，使电力市场形成多元化投资主体，打破政府独家办电的局面，对电力发展起到了重要的推动作用。从 1997 年成立国家电力公司开始，电力行业开始了政企分离的改革，探索破除垂直一体化垄断的可能途径。1998年国家电力公司推出“厂网分开，竞价上网”的改革方略，在浙江、上海、山东、吉林、辽宁、黑龙江“五省一市”进行“厂网分开、竞价上网”市场化改革试点，拿出计划电量的10%～15%进入竞价系统。2002年开始的最新一轮改革对原国家电力公司进行了纵向拆分。

2002年，国务院颁布《电力体制改革方案》，确定了厂网分离—主辅分离—输配分离—配售分离的改革目标和步骤，其根本目的是要通过对电力行业的拆分引入竞争，提高整体效率，最终将除输、配电之外的部分全部纳入市场化轨道。在实现“厂网分离”后，发电与输电环节开始彻底分开。原国家电力公司被拆分后主要形成了五大国家发电厂和诸多小型国家电力之外的发电企业，以及以国家电网公司为主，南方电网公司为辅的发—输电格局，发电环节主要由大唐、中电、华能、华电和中电投五家公司进行，同时也存在着国华、华润等发电企业，电网则由于强地域性和自然垄断性被国家电网和南方电网分别拥有，配电属于本地业务通常和输电一起经营，售电环节主要面向消费者。为了解决多重管理造成部门利益冲突和实际上的监管真空，2002年10月，我国第一个专业的电力管制机构——中国电力监管委员会宣布成立。

经过上述一系列改革后，电网下属仍有许多辅业。2011年，按照国资委的“主辅分离”方案，将国家电网公司、南方电网公司省级（区域）电网企业所属勘测设计、火电施工、水电施工、修造企业等辅业单位成建制剥离，与四家中央电力设计施工企业重组为两家新公司。国家电网和南方电网在河北、吉林、上海、福建、江西等14个省区、市公司所属辅业单位和中国水利水电建设集团、中国水电工程顾问集团重新组建为中国电力建设集团有限公司。国家电网、南方电网在北京、天津、山西等15个省区、市公司所属辅业单位和中国葛洲坝集团、中国电力工程顾问集团重组为中国能源建设集团。2011年9月29日，国家电网公司和中国南方电网两大电网公司剥离的辅业与4家中央电力设计施工企业重组形成的中国电力建设集团有限公司、中国能源建设集团有限公司在北京揭牌成立，标志着历时多年的电力体制改革终于迈出电网主辅分离改革的重要步骤。从电力行业的整个改革历程，我们可以看出整体改革是向着“政企分开、主辅分离”的方向进行的。

在国务院确定的电力行业四步改革环节中，第三步输配分开的改革难度更大，实施的难度也更大，耗费的时间也可能更长。之所以出现这一状况，原因有两点。一是目前我国正处于经济快速增长期，客观上需要稳定的电力供应，而大规模的电力体制改革可能影响到电力市场的稳定，给经济发展带来不利影响。这种担忧导致政府在电力改革中瞻前顾后，顾虑太多。二是输配电市场的垄断格局造就了巨大的利益主体，历史遗留的负担也将随着改革的深入而愈加突出。利益主体之间的博弈延缓了电力改革进程，某些时候甚至导致电力体制改革的倒退，2010 年国家电网收购许继、平高即是一例。

厂网分开和主辅分离仅仅在国资内部拆分相比，输配分开是唯一面向全国市场的，目标是形成区域市场以及配电端引入市场机制。输配分开是电力体制改革的重中之重，原因有两方面一方面是只有打破输配一体的电网体制，才能解决电力发展的深层次问题，才能推动电力产业持续发展；另一方面是只有推进输配分开才能提高管理效率，降低电力成本。输配电改革的发力点是在改变单一电力购买方的市场格局，不断培育多样化的市场购电主体。

与输配分开相比，目前中国电改最急迫、最有效的是电价改革。因为电网有自然垄断的属性，难以在各个领域开展完全竞争。输配分开以后，只是由大的自然垄断变成若干小的自然垄断，仅缩小了核算单位，并不会呈现电力市场完全竞争性的态势。只有采取新的宏观调控方式，在规划管理、项目审批和电价改革上发力，引入竞争机制，增加用电户的选择权，才有助于真正解决我国目前的电力体制存在的问题。

从竞争的角度看，目前中国正在进行的电力市场改革已经取得了阶段性的成果，厂网分开进行得比较彻底，竞价上网已经开展多处试点，主辅分离和输配分离在紧张地开展。预计到 2020 年前后，中国将形成一个比较完善的电力市场体系。通过破除垄断、充分竞争，电力行业的成本将大幅下降，行业利润也会逐渐下降。到 2030 年以后，行业运作更加成熟，利润率继续下降。2050 年以后，中国电力行业利润情况将在各主要工业行业中排名靠后。

我国电力使用的历史几乎与世界同步，但初期发展非常缓慢。新中国成立后尤其是改革开放 30 年间，我国电力工业发展迅猛，这得益于期间第二产业的高速增长。尤其是 2000 年后，重工业化促使我国电力进入高速发展期。而随着 2020 年前后重工业化基本完成，电力行业的需求增长将会明显减缓，行业将进入成熟期。2030 年左右城镇化基本完成，行业将进入饱和期。

当然，这一进程仍存在着诸多变数。比如新能源动力的广泛应用。目前世界一次能源的四成用来转换成电力，而大量的石化能源用于交通运输。如果新能源动力汽车能得到广泛的应用，这也将成为一个电力需求增长点。

2. 2011 年电力行业经济运行状况①

2011 年，电力行业保持平稳较快发展势头，并有效应对了全国电力供需形势总体偏紧、部分地区、部分时段供需矛盾突出的不利形势，电力运行总体平稳。具体来看，2011 年，全国电力行业运行情况呈现以下特点：一是电力、热力的生产和供应业固定资产投资延续了 2010 年的低速增长态势，且在全社会固定资产投资中的比重继续下降，但投资结构继续优化，电网基本建设投资占比稳步提高，电源建设投资继续向清洁能源倾斜；二是电源新增生产能力保持在 9000 万千瓦以上的较高水平，全国总发电装机容量不断增加，电力供应能力不断增强，发电量保持较快增长，发电设备累计利用小时持续回升；三是全国 220 千伏及以上输电线路回路长度及 220 千伏及以上公用变设备容量同比增速明显放缓，但电网供售电能力不断增强，大范围优化配置资源能力不断提高，跨省跨区送电保持稳步增长；四是全社会用电量随国民经济逐季放缓而略有回落，但仍保持 10% 以上的较快增长速度，同时产业用电结构有所优化，但第二产业仍是拉动全社会用电量增长的主要动力。

2011 年，国民经济实现了“十二五”时期经济社会发展良好开局，全国电力需求相对旺盛，全社会发、用电量较快增长，行业整体效益有所提升，但受主要燃料价格高位运行、货币政策持续偏紧等因素影响，电力生产业与电力供应业盈利能力仍呈两极分化态势。国家统计局发布的数据显示，2011 年，电力、热力的生产和供应业实现利润 1422 亿元，同比下降 10.98%；其中，电力生产业实现利润 711.32 亿元，同比下降 21.39%；电力供应业实现利润 722.06 亿元，同比增长 2.6%。另外，从其他经济效益指标分析来看，电力供应业整体偿债能力、营运能力仍显著优于电力生产业。

表 2－16　2011 年 3 月—2012 年 3 月电力供应业主营业务收入及利润情况

单位：亿元，%

时间	主营业务收入	同比增长	利润总额	同比增长
2011 年 1—3 月	6284.26	15.83	188.58	43.42
2011 年 1—6 月	13087.68	15.55	391.26	6.03
2011 年 1—9 月	20556.55	14.67	613.87	30.62
2011 年 1—12 月	27415.13	13.85	722.06	2.6
2012 年 1—3 月	7562.41	10.36	220.21	11.51

① 本部分数据来源于中国产业竞争情报网。

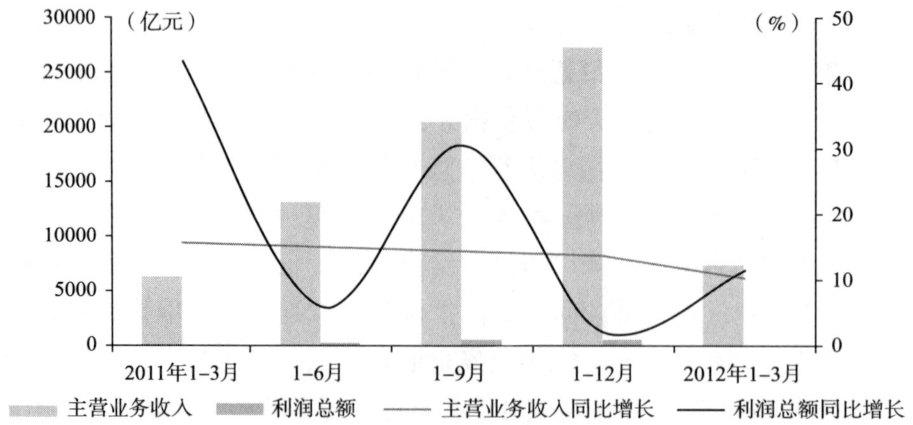

图 2-5　2011 年 3 月—2012 年 3 月电力供应业主营业务收入及利润同比增长变动趋势

表 2-17　2011 年 3 月—2012 年 3 月电力生产业主营业务收入及利润情况表

单位：亿元，%

时间	主营业务收入	同比增长	利润总额	同比增长
2011 年 1—3 月	3526.53	15.66	114.6	-20.85
2011 年 1—6 月	7324.31	19.13	319.83	-15.08
2011 年 1—9 月	11375.48	19	517.66	-19.51
2011 年 1—12 月	15569.13	18.45	711.32	-21.39
2012 年 1—3 月	4060.69	15.15	172.8	50.79

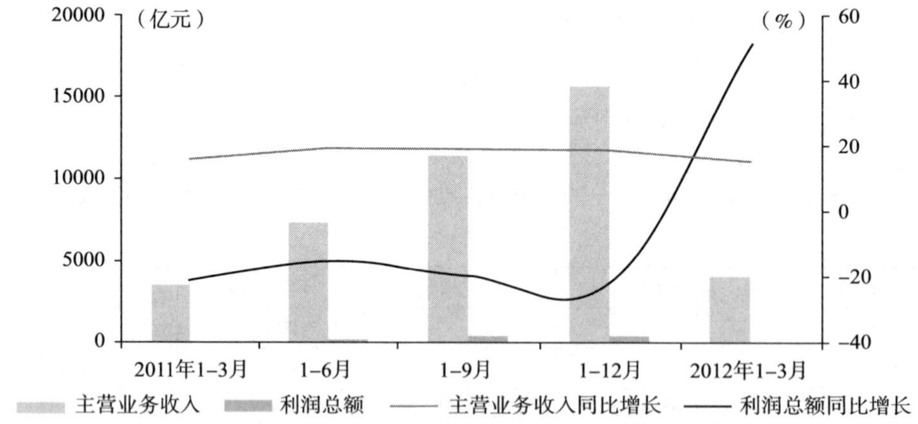

图 2-6　2011 年 3 月—2012 年 3 月电力生产业主营业务收入及利润同比增长变动趋势

2011 年，在发电市场，五大发电集团仍占据主导地位。数据显示，2011 年，五大发电集团装机容量合计占全国总装机容量的比重为 48.69%；发电量合计占全国总发电量的比重为49.58%；主营业务收入合计占电力生产业总收入的比重为64.13%。在供电市场，国家电网公司和中国南方电网公司稳定发展，供售电能力不断提高，售电量保持较快增长。而得益于可控装机容量及发电量的稳定增长，主要电力上市公司主营业务收入也保持较快增长。

2011年，全社会用电量平稳较快增长，发电装机容量继续增加，结构调整加快，装备技术水平进一步提高，节能减排取得新进展。全年全社会用电量46928亿千万时，新增装机容量9041万千瓦，年底发电装机容量达到10.56亿千瓦，其中水电、核电、风电等非火电类型发电装机容量比重达到27.50%，比上年提高0.93个百分点；供电标准煤耗330克/千瓦时，比上年下降3克/千瓦时；线路损失率6.31%，比上年下降0.22个百分点。2011年，一批国家重点电源、电网建设项目按期投产，对电力工业的合理布局、优化配置和转型发展起到了重要作用。

①全社会用电量：2011年，全国全社会用电量46928亿千万时，比上年增长11.74%。其中，第一产业用电量1015亿千万时，比上年增长3.92%，第二产业用电量35185亿千万时，比上年增长11.88%，第三产业用电量5082亿千万时，比上年增长13.49%，城乡居民生活用电量5646亿千万时，比上年增长10.84%，工业用电量34633亿千万时，比上年增长11.84%，其中，轻、重工业用电量分别为5830亿千万时和28803亿千万时，分别比上年增长9.25%和12.38%。

表2-18　2011年2月—2012年2月各产业用电量及同比增长情况

单位：亿千瓦时，%

时间	第一产业				第二产业			
	单月	同比增长率	累计	同比增长率	单月	同比增长率	累计	同比增长率
2011年2月	57.72	6.55	128.87	3.91	2168.89	13.44	5072.85	11.41
3月	66.51	2.47	194.76	3.16	2953.68	14.03	8024.54	12.31
4月	83.72	2.77	278.54	3.16	2871.44	11.3	10894.79	12.14
5月	93.12	8.07	371.69	4.39	3008.94	10.61	13907.44	11.72
6月	103.39	11.93	474.83	5.91	3048.01	12.59	16960.74	11.91
7月	115.73	1.18	591.3	5.1	3287.67	11.94	20252.63	11.94
8月	115.1	2.07	705.94	4.7	3158.22	9.42	23439.45	11.82
9月	88.56	2.48	795.24	4.53	2796.51	14.4	26235.09	12.13
10月	76.08	2.51	872.43	4.38	2861.73	12.79	29089.21	12.16

续表

时间	第一产业				第二产业			
	单月	同比增长率	累计	同比增长率	单月	同比增长率	累计	同比增长率
11 月	73.17	-2.32	944.66	3.77	2939.08	10.14	32065.08	12.13
12 月			1015	3.92			35185	11.88
2012 年 2 月	62	6.29	123	-4.74	2713	24.44	5316	4.76

时间	第三产业				城乡居民生活			
	单月	同比增长率	累计	同比增长率	单月	同比增长率	累计	同比增长率
2011 年 2 月	408.25	19.71	851.67	15.88	501	25.1	971.36	15.37
3 月	383.71	14.08	1235.99	15.51	483.88	10.85	1455.78	14.08
4 月	377.89	12.91	1615.31	15.03	434.84	11.09	1885.97	13.18
5 月	363.09	15.23	1978.88	14.98	399.8	8.96	2286.66	12.33
6 月	404.57	16.4	2383.72	15.25	408.54	13.06	2695.74	12.51
7 月	468.6	16.38	2852.89	15.46	477.05	9.54	3172.3	12.03
8 月	511.32	9.75	3364.64	14.6	558.49	8.15	3730.37	11.43
9 月	479.64	9.68	3844.42	13.95	550.73	5.42	4281.87	10.61
10 月	405.87	10.33	4252.19	13.62	453.43	5.27	4736.95	10.1
11 月	399.52	13.1	4658.16	13.74	423.89	7.8	5167.13	10.05
12 月			5082	13.49			5646	10.84
2012 年 2 月	477	16.66	940	10.27	611	23.19	1117	14.9

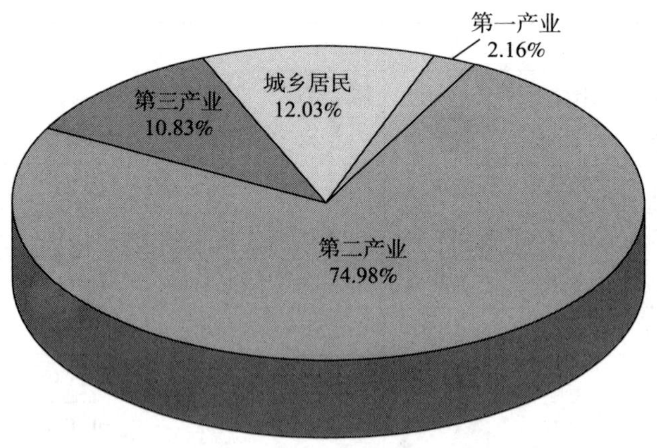

图 2-7 2011 年 1—12 月全社会累计用电量结构

②电力生产：2011 年，全国全口径发电量 47217 亿千万时，比上年增长

11.68%。分类型看，水电发电量6626亿千万时，比上年降低3.52%，占全部发电量的14.03%，比上年降低2.21个百分点；火电发电量38975亿千万时，比上年增长14.07%，占全国发电量的82.54%，比上年提高1.73个百分点；核电、并网风电发电量分别是874亿千万时和732亿千万时，分别比上年增长16.95%和48.16%，占全国发电量的比重分别比上年提高0.08和0.38个百分点。

2011年，全年6000千瓦及以上电厂发电设备平均利用小时数为4731小时，比上年增加81小时。其中，水电设备平均利用小时3028小时，比上年降低376小时，是近20年来的最低水平；火电设备平均利用小时5294小时，是2008年以来的最高水平，比上年提高264小时；核电7772小时，比上年降低69小时；风电1903小时，比上年降低144小时。

③基建新增能力：2011年，全国基建新增发电设备容量超过9000万千瓦，已连续6年超过9000万千瓦，其中，水电1225万千瓦，火电5886万千瓦，核电、并网风电和太阳能发电新增合计1928万千瓦。截至2011年底，全国发电设备容量105576万千瓦，比上年增长9.25%：其中，水电23051万千瓦（含抽水蓄能1836万千瓦），占全部装机容量的21.83%；火电76546万千瓦（含煤电70667万千瓦，常规气电3265万千瓦），占全部装机容量的72.5%；并网太阳能发电规模发展较快，达到214万千瓦。

2011年，全国基建新增220千伏及以上输电线路长度和变电设备容量分别为35071千米和2.09亿千伏安，分别比上年减少9654千米和0.49亿千伏安。截至2011年底，全国电网220千伏及以上输电线路回路长度、公用变设备容量分别为48.03万千米、21.99亿千伏安，分别比上年增长7.88%和10.50%。

④电力投资：2011年，全国电力工程建设完成投资7393亿元，与上年基本持平。其中，电源工程建设完成投资3712亿元，比上年下降6.49%；电网工程建设完成投资3682亿元，比上年增长6.77%。在电源工程建设完成投资中，水电完成投资940亿元（其中抽水蓄能电站完成投资60.5亿元），火电1054亿元（其中煤电903亿元），核电740亿元，风电829亿元。

⑤电力技术：2011年我国自主设计制造的国家风光储输示范工程建成投产，是目前世界上规模最大，集风电、光伏发电、储能、智能输电于一体的新能源综合利用平台，可有效破解新能源并网的技术难题；亚洲首个柔性直流输电示范工程——上海南汇风电场柔性直流输电工程投入正式运行，是我国第一条拥有完全自主知识产权、具有世界一流水平的柔性直流输电线路，标志着我国在

智能电网高端装备方面取得重大突破；国电江苏如东150MW海上（潮间带）示范风电场一期工程并网发电，成为我国已建成的规模最大海上风电场，为国家海上风电规模化开发建设积累经验。

⑥重点建设项目：2011年，电源重点建设项目投运进一步体现了结构调整的成效。全国共有三峡地下电站4台70万千瓦机组，云南汉能金安桥水电站2台60万千瓦机组，四川泸定水电站2台23万千瓦机组，云南功果桥水电站2台22.5万千瓦机组，四川大渡河深沟溪水电站2台16.5万千瓦机组等大中型水电厂机组相继投产。另外，还有云南糯扎渡水电站、云南阿海水电站、四川黄金坪水电站、四川木里河卡基娃水电站等一批重点项目获准建设。火电有宁夏灵武电厂二期工程、嘉兴发电厂三期工程等共计8台百万千瓦超超临界火电机组建成投产，年底全国在运百万千瓦超超临界火电机组达39台。全年新增风电并网容量1585万千瓦，其中内蒙古、甘肃新增风电装机超过300万千瓦。太阳能发电步伐加快，全年新增并网太阳能发电装机容量169万千瓦，中电投格尔木200兆瓦并网光伏电站顺利投产，成为世界上一次性投产并网规模最大的光伏电站。

⑦电网建设成果显著：青藏直流联网工程投入试运行，结束了西藏电网长期孤网运行的历史，标志着我国内地电网全面互联；世界首个（正负号）660千伏电压等级的直流输电工程——宁东直流输电工程双极建成投运；特高压1000千伏交流试验示范工程扩容改造顺利完成，输送容量达到500万千瓦；中俄直流靠背联网工程建成投产，有利于中俄两国间的电力交流与优势互补；世界电压等级最高的智能变电站——国家电网750千伏陕西洛川变电站顺利建成投运。

⑧节能减排：2011年，全国6000千瓦及以上电厂供电标准煤耗330克/千瓦时，比上年降低3克/千瓦时；全国电网输电线路损失率6.31%，比上年降低0.22个百分点。

（三）电力行业中央企业的运行概况[①]

电力行业关系国计民生，是经济社会发展的基础性能源产业。为了配合国家进行的电力体制改革，需要对电力行业进行重组。电力领域央企的重组围绕发电央企的整体上市和四大辅业集团的重组展开。目前电力行业归属国资委监管的中央企业由两大电网公司（国家电网公司和中国南方电网公司），五大发电

① 本部分数据来源于国资委网站。

集团（中国华能集团公司、中国大唐集团公司、中国国电集团公司、中国华电集团公司、中国电力投资集团公司）和两大辅业集团公司（中国能源建设集团有限公司和中国电力建设集团有限公司）组成。

1. 发电集团经营情况

（1）中国国电集团公司

中国国电集团公司是在原国家电力公司部分企事业单位基础上组建的国有企业，是电力体制改革后国务院批准成立的五大全国性发电企业集团之一，是经国务院同意进行国家授权投资的机构和国家控股公司试点企业。

截至2011年底，集团公司（在役）可控装机容量突破1亿千瓦大关，达到10672万千瓦，同比增长12%，资产总额6508亿元，同比增加20.6%，成为世界亿千瓦级特大型发电公司。世界500强排名较去年上升72位，以营业收入325.8亿元的总量居世界500强第341位。2011年，集团公司清洁可再生能源已占总装机容量的22%，风电装机容量达到1226万千瓦；完成发电量4770亿千瓦时，同比增长13.6%；完成煤炭产量6505万吨，同比增长38.4%；在燃料成本、财务费用上涨增支154.7亿元的情况下，实现利润60.8亿元。煤炭、科技环保、金融保险、物资物流等相关产业的资产总额、合并口径营业收入和利润分别同比增长77%、69.9%和58.6%。

目前，中国国电集团公司产业遍布全国31个省、市、自治区，员工人数超过13万。控制煤炭资源量240亿吨，年煤炭产量6505万吨，煤炭自给率达1/3，产量列央企第四位。新能源发展独具特色，风电装机位居世界第二、亚洲第一；潮汐发电位居世界第三、亚洲第一。

（2）中国华能集团公司

中国华能集团公司是经国务院批准，在原中国华能集团公司基础上改组的国有企业，由中央管理，经国务院批准同意进行国家授权投资的机构和国家控股公司的试点企业。按照国务院关于国家电力体制改革的要求，中国华能集团公司是一家自主经营、自负盈亏，以经营电力产业为主，综合发展的企业法人实体。

2011年华能集团积极推进发展方式转变，全面实施公司《产业发展战略及“十二五”规划》。严格执行项目投资决策程序，更加注重对项目的经济评价。推进基建标准化建设，工程造价得到较好控制，机组移交质量不断提高。低碳清洁能源发展积极推进，全年投产新机中低碳清洁能源装机比重达到32%，年底低碳清洁能源装机比重同比提高1.4个百分点。火电结构继续优化，公司60

万千瓦等级及以上火电机组容量占火电装机比重同比提高 2 个百分点。

在新增机组建设项目方面，集团公司所属国家重点工程、云南境内装机容量最大水电站——华能糯扎渡水电站通过国家发改委核准。该项目总装机容量 585 万千瓦，总投资约 450 亿元，是澜沧江流域工程规模和调节库容最大的电站，是一座世界级的水电工程。10 月 31 日，华能功果桥水电站 4 号机组（首台机组）顺利完成 72 小时试运行，正式投入商业运行。12 月 26 日，该水电站3 号机组投入商业运营。至此，功果桥水电站顺利实现了“一年双投”目标。功果桥水电站装机容量 90 万千瓦（4 × 22.5 万千瓦），是云南“十二五”期间投产的首个大型水电站。11 月 15 日，江苏南通电厂扩建工程开工建设。该工程将建设 2 台 100 万千瓦国产超超临界燃煤发电机组，相应“上大压小”关停 91.5 万千瓦小机组，工程动态总投资约 78.6 亿元，由华能南通电厂和国电天生港发电有限责任公司各按 50% 的投资比例出资。12 月 16 日，华能上都电厂三期工程 6 号机组一次通过 168 小时满负荷连续试运行，正式投入商业运行。至此，该工程两台 66 万千瓦超临界燃煤空冷节能环保发电机组全面竣工投产。12 月 22 日，华能华亭煤业 60 万吨煤制甲醇项目竣工投产暨 20 万吨聚丙烯项目奠基仪式在甘肃平凉举行。该项目为华能第一个煤化工项目。12 月 26 日，华能秦岭电厂四期“上大压小”扩建工程 7 号 60 万千瓦超临界间接空冷机组顺利通过 168 小时满负荷连续试运行，正式建成投产。该工程是华能首个集循环水冷却、排烟、脱硫为一体的“三塔合一”工程。秦岭电厂控制系统采用西安热工研究院研发的具有自主知识产权的 FCS165 现场总线系统，是国内首个采用该技术的燃煤电厂。

在资产运作方面，4 月 11 日，中国华能集团公司和广东省粤电集团有限公司联合宣布，其合资的海外国际兴业有限公司以 12.32 亿美元的股权价值，成功收购印度 GMR 集团在国际电力公司（InterGen）中持有的 50% 股权。6 月 10 日，华能新能源股份有限公司（“华能新能源”，代号：00958）在香港联合交易所开始挂牌交易。华能新能源股份有限公司本次全球发行 24.85 亿股，每股 2.50 港元定价，共募集资金总额 7.99 亿美元（约 62 亿港元）。

在技术进步方面，华能集团公司申报的“燃煤电厂 12 万吨/年二氧化碳捕集装置研制及工程示范”等 5 个项目，分别获得国家能源科技进步一等奖 1 项，二等奖 2 项，三等奖 2 项。

另外，2011 年 4 月 6 日，华能集团公司与中国铝业公司签署战略合作框架协议。根据协议，在“十二五”期间，双方将利用各自优势和资源，在国内外电源项目建设、投资、矿产资源开发和铝电联营等方面进行全面的战略合作。11 月 11 日，华能集团公司与中国大唐集团公司在北京签订西安天竣能源投资管理有限公司 100% 股权转让协议。

2011 年，华能集团以营业收入 336.81 亿美元的总量列《财富》世界企业 500 强排行榜第 276 位。

（3）中国大唐集团公司①

中国大唐集团公司是 2002 年 12 月 29 日在原国家电力公司部分企事业单位基础上组建而成的特大型发电企业集团，是中央直接管理的国有独资公司，是国务院批准的国家授权投资的机构和国家控股公司试点企业。

中国大唐集团公司拥有 4 家上市公司，分别是首家在伦敦上市的中国企业、首家在香港上市的电力企业——大唐国际发电股份有限公司，较早在国内上市的大唐华银电力股份有限公司和广西桂冠电力股份有限公司，以及在香港上市的中国大唐集团新能源股份有限公司。中国大唐集团公司拥有亚洲最大火力发电厂——内蒙古大唐国际托克托发电有限责任公司和世界最大在役风电场——内蒙古赤峰赛罕坝风电场；拥有我国目前在役的第二大水电站——大唐龙滩水电站以及物流网络覆盖全国的中国水利电力物资有限公司。

在电力生产方面，2011 年，大唐集团完成发电量 5156 亿千瓦时，比上年增长 9.1%。在电源结构上，大唐集团大力发展清洁能源和可再生能源，电源结构在快速发展中得到进一步优化。水电得到快速发展，截至 2010 年底，水电装机规模达到 1531.32 万千瓦，比组建时增加了 1260.12 万千瓦；风电从无到有，继 2005 年实现“零”的突破后，发展速度不断加快，连续 3 年跨越了 3 个百万千瓦台阶，装机容量达到 505.17 万千瓦，并建成了世界上最大的风力发电场——赛罕坝风电场；核电、秸秆发电、垃圾发电、太阳能发电等新能源均实现了“零”的突破。到 2010 年底，中国大唐集团公司清洁能源和可再生能源比重提高到 19.25%，比 2002 年底组建时增加了 7.88 个百分点。大唐集团重点发展高效、节能、环保型机组和能源综合效率高的热电联产机组，火电机组结构明显优化。截至 2010 年底，60 万千瓦及以上等级机组由 2002 年底组建时的 2 台增加到 70 台，占火电装机容量的 51.55%。

大唐集团在做大做强发电主导产业的同时，加快了多种产业发展步伐，积极介入煤矿、煤化工、铁路、港口以及海上运输等领域，目前，中国大唐集团

① 本部分数据来源于中国大唐集团公司官方网站。

公司开展前期工作的控股和参股铁路项目有 18 个，开展前期工作的港口、码头项目共有 6 个。正在建设中的大唐国际多伦煤化工项目是世界上 MTP（甲醇制丙烯）技术首例大型工业化应用项目，是国家煤化工产业政策中确定的煤基烯烃示范项目，在规模、工艺链长度、技术的先进性等方面均居世界前列。目前，中国大唐集团公司开展前期工作的煤化工项目有 5 个。

2011 年，大唐集团资产总额达到 6161 亿元，比上年增长 18.34%，实现销售收入 1870 亿元，比上年增长 6.61%。

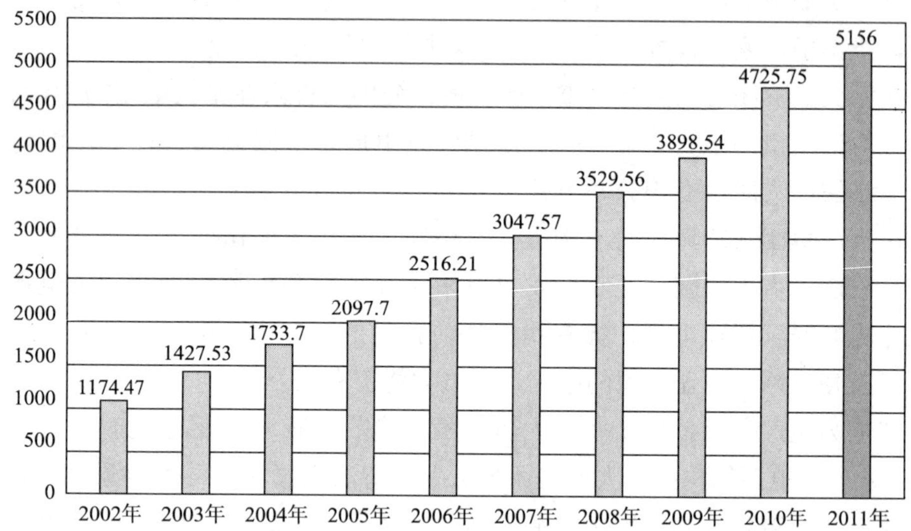

图 2－8　2002—2011 年大唐集团公司发电量增长变动趋势（单位：千瓦时）

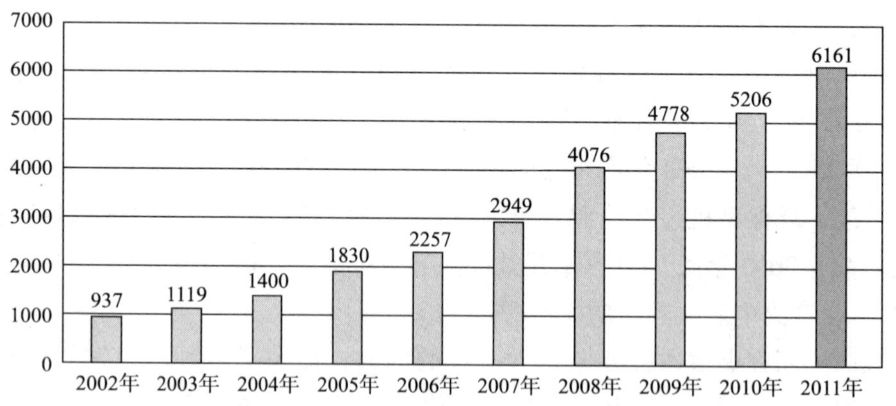

图 2－9　2002—2011 年大唐集团公司资产总额增长变动趋势（单位：亿元）

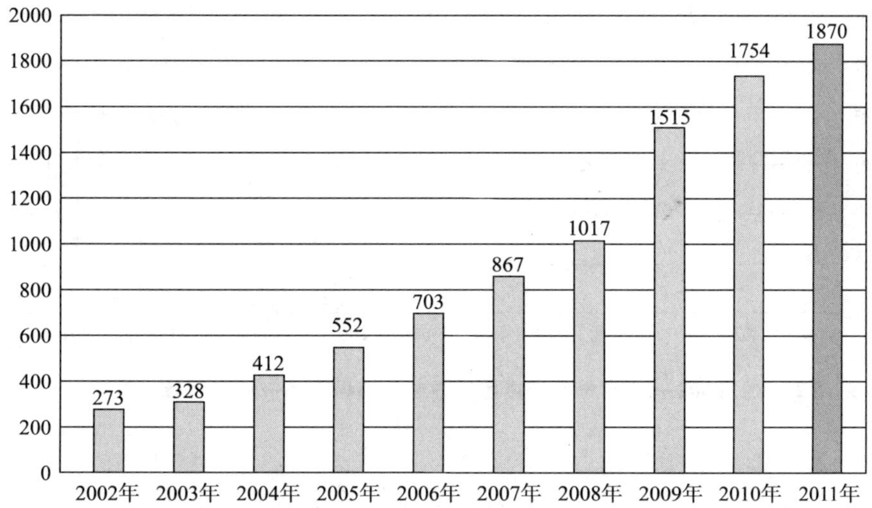

图 2-10 2002—2011 年大唐集团公司销售收入增长变动（单位：亿元）

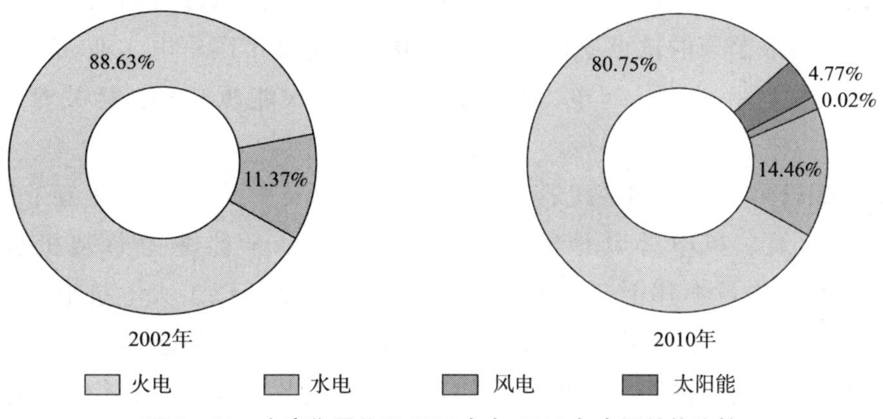

图 2-11 大唐集团公司 2002 年与 2010 年电源结构比较

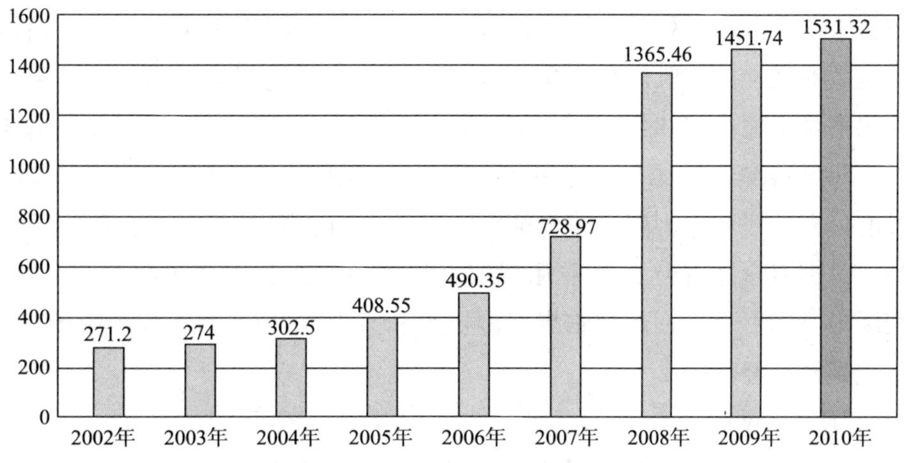

图 2-12 2002—2010 年大唐集团公司水电装机规模变动形势（单位：万千瓦）

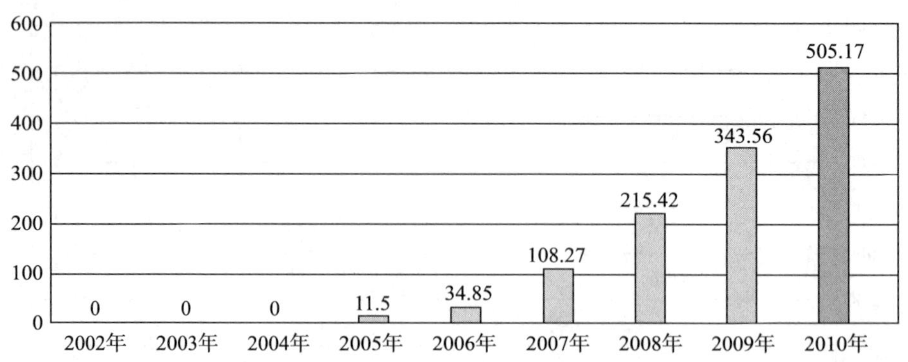

图 2-13　2002—2010 年大唐集团风电装机规模变动形势（单位：万千瓦）

（4）中国华电集团公司

中国华电集团公司，简称中国华电，成立于 2002 年 12 月 29 日，是中央直接管理的中国华电集团公司国有独资公司，经国务院同意进行国家授权投资的机构和国家控股公司的试点单位。国务院国资委批准中国华电主业如下：电力生产、热力生产和供应；与电力相关的煤炭等一次能源开发；相关专业技术服务。

截至 2011 年底，公司装机容量 9410 万千瓦，其中，火电 7502 万千瓦，水电 1595 万千瓦，风电等其他能源 313 万千瓦，清洁能源占总装机容量的 25.40%，年发电量 4178 亿千瓦时；30 万、60 万千瓦级以上火电机组分别占火电机组比重 77.97%、39.43%，投运了全球首台百万千瓦超超临界空冷机组和国内单机容量最大、国产化程度最高的百万千瓦超超临界湿冷机组；发电量由成立之初的 1161 亿千瓦时增加到 4178.55 亿千瓦时，同比增长 16.3%。电源项目分布从 14 个省（市区）扩大到 27 个省（市区）。截至 2011 年底，可控煤炭资源储量 236 亿吨。控股煤矿产能 2560 万吨/年，供电煤耗实现 321.1 克/千瓦时，同比下降 7 克/千瓦时；二氧化硫排放绩效 2.6 克/千瓦时，同比下降 10 个百分点。2011 年华电集团资产总额 5228 亿元人民币，实现销售收入 1692 亿元。

目前公司控股华电国际、华电能源、黔源电力、国电南自、金山能源等 5 家上市公司。拥有全球首台百万千瓦超超临界空冷机组和国内单机容量最大、国产化程度最高的百万千瓦超超临界湿冷机组和国内首批 60 万千瓦级脱硝机组。

2. 电网集团经营情况

（1）国家电网公司

国家电网公司是中国最大的电力企业，前身为包括全国电网和所有发电厂的“国家电力公司”。在2000年开始的以“厂网分离”为标志的电力体制改革后，从原国家电力公司中剥离出电力传输、配电等电网业务由国家电网公司运行，各发电厂被划归分属五大“发电集团”运行。国家电网公司作为关系国家能源安全和国民经济命脉的国有重要骨干企业，以投资、建设、运营电网为核心业务，为经济社会发展提供坚强的电力保障，现在是世界最大的电力公共事业公司，经营区域覆盖26个省、自治区、直辖市，覆盖国土面积的88%以上。

2011年，公司经营区域内全社会用电量37575亿千瓦时，同比增长11.8%，用电增速呈现平稳回落趋势。其中，第二产业用电是拉动全社会用电增长的主导力量，对全社会用电增长的贡献率为77.1%。工业用电继续保持较快增长，重工业用电增速快于轻工业1.6个百分点。

2011年，公司认真贯彻落实节能减排政策，完善水电交易机制，国家电力市场累计消纳水电1082.35亿千瓦时，占国家电力市场交易电量的27.07%，相当于节约标煤3680万吨，减少二氧化碳排放9568万吨。公司进一步拓展发电权交易空间，成功组织锦界、府谷电厂替代河北南网火电机组的跨区发电权交易。全年公司系统共完成发电权交易电量1059.39亿千瓦时，实现节约标煤836.46万吨，减少二氧化碳排放2174.79万吨。

2011年中国煤电运力紧张和缺电问题更为凸显，华中等局部地区电力供需矛盾尤其突出。在这种情势下，国家电网发挥特高压等跨区电网工程的作用，推动国家电力市场交易电量持续较快增长，促进电力资源大范围优化配置，保障了中国电力的有序供应，2011年国家电力市场全年交易电量3998.67亿千瓦时，同比增长约12%。2011年，国家电网特高压交流试验示范工程完成输电交易70.6亿千瓦时；特高压直流示范工程完成输电交易57.81亿千瓦时。针对华中电力供需矛盾，国家电网提前恢复特高压交流试验示范工程运行，延长山西送华中至6月中旬，并于8月中旬安排送电方向改为华北送华中。通过特高压等跨区联网工程，华中电网全年接受外来电量216.18亿千瓦时，相当于输煤1080万吨，有效缓解了季节性缺电问题。2011年国家电网完成售电量30925亿千瓦时，增长约14%。

2011年国家电网公司继续推进“智能电网”发展计划。根据“智能电网”发展计划，智能电网在中国的发展将分3个阶段逐步推进，到2020年，可全面建成统一的“坚强智能电网”。2009年至2010年为规划试点阶段，重点开展“坚强智能电网”发展规划工作，制定技术和管理标准，开展关键技术研发和设备研制，以及各环节试点工作；2011年至2015年为全面建设阶段，加快特高压电网和城乡配电网建设，初步形成智能电网运行控制和互动服务体系，关键技术和装备实现重大突破和广泛应用；2016 年至 2020 年为引领提升阶段，全面建成统一的“坚强智能电网”，技术和装备全面达到国际先进水平。届时，国家电网优化配置资源能力将大幅提升，清洁能源装机比例达到 35%，分布式电源实现“即插即用”，智能电表普及应用。

智能电网包含电力系统的发电、输电、变电、配电、用电和调度共 6 个环节，具有信息化、数字化、自动化、互动化的智能技术特征，具有长距离、大容量输电特征的特高压电网将成为核心环节。目前，中国国家电网公司正在全面建设以特高压电网为骨干网架、各级电网协调发展的坚强电网为基础，以信息化、数字化、自动化、互动化为特征的自主创新、国际领先的坚强智能电网。

（2）中国南方电网公司①

根据国务院《电力体制改革方案》，中国南方电网公司于 2002 年 12 月 29 日正式挂牌成立并开始运作。公司由国务院国资委履行出资人职责，是电力行业电网经营领域的大型中央企业。公司经营范围覆盖广东、广西、云南、贵州和海南五省区，面积 100 万平方公里，供电总人口 2.3 亿人，占全国总人口的 17.8%。南方电网公司负责投资、建设和经营管理南方区域电网，经营相关的输、配电业务，参与投资、建设和经营相关的跨区域输、变电和联网工程；从事电力购销业务，负责电力交易与调度；从事国内外投融资业务；自主开展外贸流通经营、国际合作、对外工程承包和对外劳务合作等业务。

自 2002 年公司成立至今，累计完成电网建设投资 4579 亿元，售电量年均增长 13.3%，累计达到 40409 亿千瓦时；主营业务收入年均增长 15.1%，经济效益大幅提升。西电东送电量年均增长 19.0%，九年累计达到 7055 亿千瓦时。

南方电网东西跨度近 2000 公里，网内拥有水、煤、核、抽水蓄能、油、气、风力等多种电源，截至 2011 年底，全网总装机容量 1.9 亿千瓦，220 千伏及以上变电容量 3.8 亿千伏安、输电线路总长度 9 万公里。目前西电东送已经形成“八交五直”13 条 500 千伏及以上大通道，每条都在 1000 公里及以上，最大输电能力达到 2400 万千瓦。

2011 年全年完成售电量 6667 亿千瓦时，同比增长 10.6%；西电东送电量 966 亿千瓦时。加快资金集中管理步伐，全网实现了资金统一计划、统一调度、统一监控和统一融资平台，资金安全性、效益性、流动性大幅提高，在国家货

① 本部分数据来源于中国南方电网公司官方网站。

币政策全面紧缩的情况下，保证了公司资金链的正常运转。通过发行中期票据、超级短期融资券，开展短期资金运作等方式，节约资金成本13亿元。推进全面预算管理，完成了“十二五”期间的预算编制。将EVA指标分解融入公司经营管理全过程，推进成本精细化管理，编制了《全面预算管理工作手册》和《南网成本词典》。

2012年在全球500强企业排名中南方电网公司列第152位。

表2-19　2006—2011年南方电网公司主要经济指标变动情况

年度	完成售电量（亿千瓦时）	西电东送量（亿千瓦时）	营业收入（亿元）	完成固定资产投资（亿元）	全球500强公司排名
2011	6667	966	3794	900	第149位
2010	6027	1117	3696	993	第156位
2009	5239	1156	3136	1051	第185位
2008	4826	1056	2836	647	第226位
2007	4597	863	2563	537	第237位
2006	3973	678	2221	471	第266位

表2-20　2011年中国南方电网有限责任公司主要经济指标

项目	2010年	2011年	同比增长（%）
资产总额（亿元）	4907.73	5229.74	6.56
所有者权益（亿元）	1585.71	1793.62	13.11
营业收入（亿元）	3685.74	3913.82	6.19
利润总额（亿元）	101.15	73.86	-26.98
净利润（亿元）	71.79	51.59	-28.14
归属于母公司所有者的净利润（亿元）	69.40	48.84	-29.63
技术开发投入（亿元）	36.81	29.92	-18.72
利税总额（亿元）	213.61	231.85	8.54
应交税金总额（亿元）	248.70	261.08	4.98
全员劳动生产率（万元/人·年）	31.9	33.94	6.3
净资产收益率（%）	4.62	2.96	减少1.66个百分点
总资产报酬率（%）	4.25	3.70	减少0.55个百分点
国有资本保值增值率（%）	104.40	103.63	减少0.77个百分点

三、煤炭行业中央企业经济运行

(一) 煤炭行业概述

1. 煤炭行业的定义

煤炭行业是指从事煤田地质勘探、设计、基本建设、生产、设备制造、采购销售以及其他与煤炭相关的科研、教育、检测鉴定等活动的企事业单位的统称。根据我国《国民经济行业分类》(GB/T 4754－2002) 制定的标准，煤炭产业在我国主要指煤炭采选业，包括无烟煤、烟煤、褐煤等原煤煤种的开采和选洗。在我国国民经济行业分类中，煤炭开采和选洗业属于采矿业，包括地下和地上采掘、矿井的运行，以及一般在矿址上和矿址附近从事的旨在加工原材料的所有辅助性工作，如碾磨、选矿和处理，但不包括煤制品的生产、煤炭勘探和建筑工程活动。

2. 影响煤炭行业发展的因素

(1) 煤炭行业是高危行业，影响煤炭行业发展的因素首先是安全生产隐患。煤炭生产过程中存在着瓦斯、水、火、煤尘、顶板等自然灾害，对从业人员的人身安全和国家财产会造成一定威胁。

(2) 煤炭是重要的一次能源，是经济发展的重要基础和支撑条件。经济的快速增长会拉动能源消费的增长，煤炭需求与国民经济增长特别是工业增长存在较强的正相关性。经济增长强劲，钢铁、电力、化工、汽车以及交通运输、建筑和居民生活等用煤相对较大，就会引发煤炭需求量的快速增长，为煤炭行业发展创造了巨大的市场需求，从而带动煤炭行业快速发展。

(3) 交通运输业制约煤炭行业的发展。煤炭的运输方式包括铁路、公路和水路，或单方式直达运输或多种途径联合运输。在我国，煤炭消费基地主要集中在东部地区，而煤炭的生产与供应基本在中、西部地区，并且煤炭生产逐步向西北部地区转移，这种错位布局导致我国煤炭运输基本上形成了北煤南运、西煤东运的格局。运输问题成为制约未来中国动力煤市场发展的关键因素。目前西部地区不断发现新增资源，但是由于西煤远离内地市场，运输成本过高，运能有限等，从而约束西部煤炭业开发利用。

(4) 随着新技术的发展，天然气、风力、太阳能等新能源、清洁能源和绿色能源会逐步对传统的煤炭、石油等一次能源形成替代，这可能导致煤炭在一次能源中的比重下降。

（5）煤炭行业的发展还依赖现代科学技术的新成果在煤炭领域的广泛应用，特别是煤炭开采技术的机械化、信息化、自动化水平直接影响着行业的生产效率和企业的经济效益。

（6）国家产业政策对煤炭行业的健康发展有导向作用。

（二）我国煤炭行业的发展状况

1. 基本情况

我国煤炭行业的发展与我国的能源结构具有紧密的关系。我国能源资源的基本特点是富煤、贫油、少气，这决定了煤炭在一次能源中的重要地位，在未来几十年内，以煤炭为主的能源结构不会发生根本性的改变。我国煤炭资源总量为5.6万亿吨，其中已探明储量为1万亿吨，占世界总储量的11%（石油占2.4%，天然气占1.2%），位居世界第三，产量居世界第一，在我国的一次能源生产和消费中所占比重一直保持在70%以上。其中，煤炭资源消耗占电力燃料的76%、钢铁能源的70%、民用燃料的80%、化工染料的60%。在一次性能源中，煤炭是我国的主体能源，虽然国家在大力发展新型能源产业，但在短时间内，煤炭在能源结构中的主体地位难以改变。

与石油、天然气等一次能源相比，我国的煤炭资源既有数量上的绝对优势，又有成本优势。煤炭是我国最安全、最经济、最可靠的能源。我国煤炭资源总量远远超过石油和天然气资源，随着高新技术的推广应用，煤炭生产成本正在并将继续降低，洁净煤技术已取得重大突破，这都将使煤炭成为廉价、洁净、可靠的能源。

我国经济持续高速增长依赖各类能源的稳定供给，煤炭则是影响我国能源供需稳定的关键因素。改革开放以来，我国原煤产量与GDP总体呈现同向增长趋势，作为国民经济传统产业和基础产业的煤炭产业在国民经济发展中发挥了重要作用，推动着我国经济快速增长和社会进步。可以预见，随着我国经济的进一步发展，煤炭供、需总量仍将随能源消费的增长而继续增加。表现如下：

按照所有权的归属、隶属关系和产品分配形式的不同，我国煤矿目前主要有三种形式：国有重点煤矿、地方国有煤矿、乡镇集体煤矿。20世纪90年代，整个中国煤炭产业中，小型煤矿扮演着重要的角色，1996年乡镇集体产煤比重达到44.8%，但处于比重下降的趋势。直到2001年，乡镇煤矿的产量比重又开始出现缓慢上涨趋势，到2005年开始转为下降趋势。因为，从2004年以来，政府对煤炭企业的各项费用增加，如安全费、资源税等，提高了行业进入的门槛。并且国家出台了一系列的政策，决心调整煤炭产业结构，兼并、关闭小型煤矿。因此，煤炭产业的市场结构演变为以现代大型矿业集团为主，各种小型煤矿为辅，市场集中度有较大提高的局面，到2009年国有重点煤矿产煤比重占全国产煤的53.57%，大大高于乡镇集体的33.53%。从我国各类型煤矿的集中度来看，历年来我国煤炭产业没有哪种类型的单个煤炭企业能够控制整个煤炭市场，整个产业一直处于分散竞争的状态，属于典型的竞争性市场结构。但是未来的趋势是很明确的，必将是大型煤炭企业、基地控制并主导整个产业链。

煤炭产业市场集中度的高低直接关系煤炭行业的经营效率和煤炭企业的经济效益。在我国，影响煤炭市场集中度的主要因素如下：

①政策因素。比如2005年以来在政府严格的安全治理政策作用下关停力度不断加大，2008年关闭小煤矿1054处，共计12209处。作为中国煤炭第一大省的山西，从2008年开始积极推进煤炭资源整合与煤矿兼并重组。2009年前三个季度累计煤炭产量约43135万吨，同比减少5249万吨，减幅超过10%；其中小煤矿产量同比减少6486万吨，减幅接近30%。同时内蒙古、新疆、陕西、河南等地区纷纷效仿，使得煤炭产业集约化、规模化发展成为整个行业的大趋势。小煤矿整体数量呈下降的态势，中国煤炭产业集中度大幅提高。国家政策的因素对整个煤炭产业的结构调整起到决定性的作用。

②经济因素。1997年亚洲金融危机导致中国经济在1998年进入下降周期，需求不足使得煤炭产能严重过剩，加之企业间的恶性竞争导致行业利润率大幅下滑，国有重点煤炭企业亏损面达87%以上，全行业亏损面在35%以上。对此，政府在1998年底开始对小煤矿实行“关井压产”的限制政策，仅1999年就关闭非法和不合理小煤矿3.1万处，压缩乡镇煤矿产量2.5亿吨，小煤矿产量的大幅下降是此阶段煤炭产业集中度小幅提升的主要原因。

③市场因素。作为煤炭产业链中的运输，我国对煤炭运输投资低于煤炭生产速度，从整体趋势上看，国内铁路煤炭运输增长率较平稳，没有明显增高的趋势。在2007年以前运输增长率始终低于原煤产量增长率，这在很大程度上影响了原煤的运输。铁路运量有限，在大力治理超载的情况下，我国公路运输行业的运输能力在不断下降，随着煤炭运输需求不断增长，其他途径运输煤炭的压力越来越大。这些因素在一定程度上也影响到煤炭产业市场集中度。

④地理因素。在查明煤炭资源储量中，晋陕蒙宁占67%；新甘青、云贵川渝占20%；其他地区仅占13%。与国外主要采煤国家相比，我国煤炭资源开采

条件属中等偏下水平，可供露天矿开采的资源极少，除晋陕蒙宁和新疆等省区部分煤田开采条件较好外，其他煤田开采条件较复杂。我国煤炭消费和煤炭生产地区分布呈不对称格局，煤炭消费地主要集中在经济发达的东南部沿海地，形成了西煤东运、北煤南运的格局。晋陕蒙地区占据了全国绝大多数比例的煤炭生产，而华东地区作为煤炭销售主力地区，煤炭资源储量只有全国的5%，处于极度缺煤状态。这些问题都导致中国煤炭市场很难短时间内大幅提高市场集中度。

煤炭属于不可再生的矿产资源，从经济的可持续发展角度看，对资源有效利用的要求必将推动煤炭行业逐步走向集中化、集团化阶段。2009 年我国最大的两家煤炭企业神华集团和中煤集团的产量占全国产量的比重为 14. 84%，即便是全国 96 家大型煤炭企业的产量之和也只占国内总产量的约 54. 16%。显然，过低的煤炭市场集中度影响到煤炭资源的有效利用和整个煤炭产业的健康发展，今后 5 ~ 10 年，“兼并重组”和“资源整合”将是我国煤炭行业发展的主题。

目前，对小煤矿的兼并重组、资源整合已经使煤炭行业的供给格局开始发生变化，国有大矿的市场份额不断提升，行业集中度逐步提高；随着资源整合的进一步深入，小煤矿的影响必将逐渐褪色。随着资源整合的进一步深入推广，国有重点煤矿和乡镇煤矿的产量占比将继续呈“跷跷板式”变化；国有大矿所拥有的资源量在整合中也将有一个大的扩充，煤炭企业的市场话语权也将进一步提升。

此外，我国煤价市场化改革动力强劲。自 1993 年启动煤炭价格改革以来，国内煤价形成机制经历了“计划体制—双轨制—市场化”的演变历程。2009 年 12 月 14 日，国家发改委下发通知，对 2010 年跨省区煤炭产运需衔接工作进行部署，要求煤炭供需企业在通知下发后一个月内完成重点合同签订，并明文表示取消煤炭产运需衔接的合同汇总会议，每年例行的视频会也不再召开，由供需双方自主谈判，自主定价。发改委此举使煤价市场化程度进一步提高，近乎已打开了煤炭价格通向市场化的最后一道闸门。煤炭订货模式的这种积极变化，对煤炭企业来说是利好政策，这主要表现在：首先，煤价将更具弹性。非市场因素对煤炭订货和煤价谈判的影响正逐渐减弱，煤炭企业在煤价谈判中的话语权也将进一步提升；其次，煤价上涨趋势更加确定。短期来看，煤炭行业的成本尚不完全，资源税改革也未出台，煤价的市场化进程势必会将煤炭的外部成本内部化，带来成本推动型的煤价上涨。

2. 2011 年煤炭行业经济运行状况[①]

2011 年，我国煤炭经济运行总体保持平稳，煤炭需求旺盛，供给总量增加，市场供需基本平衡，产业集约水平、安全保障能力、产业发展质量进一步提高。近期，炼焦煤市场需求放缓，煤炭价格整体回落。这都说明我国煤炭工业“十二五”开局良好，但是，煤炭工业发展面临的各种困难仍然很多。“稳中求进”应该是今后煤炭工作的总基调，要重点做好确保煤炭供需总量平衡、深入推进煤炭企业兼并重组、继续淘汰煤炭落后产能等工作。

2011 年，我国煤炭工业积极推动煤炭生产和利用方式变革，努力转变发展方式，保持了较好的发展势头，实现了“十二五”良好开局。

①增加有效供给，实现供需基本平衡。2011 年，我国煤炭需求增长较快，煤炭在一次能源生产结构中的比重接近 80%，煤炭需求增量明显高于“十一五”平均水平，部分时段、部分地区供需矛盾一度比较突出。为缓解这一矛盾，全行业一方面加强市场监测，密切跟踪煤炭经济运行情况，深入分析市场变化，通报煤炭供需形势，正确引导市场预期。另一方面提高供应能力，及时组织新建煤矿项目竣工验收，促进项目尽快投产运营，全年新增产能 9500 万吨；推动兼并重组煤矿有序投产，全年释放产能约 1.5 亿吨。与此同时，做好产、运、需协调。内蒙古、山西、陕西等产煤大省（自治区），合理组织生产，加大煤炭调出力度。2011 年，三省（自治区）分别调出煤炭 6.1 亿吨、5.8 亿吨、2.7 亿吨。2011 年，全国铁路发运煤炭 22.69 亿吨，同比增长 13.4%。煤炭运量占货运总量的 57.9%，比去年提高 3.3 个百分点。主要煤运通道中，大秦线完成运量 4.4 亿吨，增长 8.7%；侯月线完成 1.84 亿吨，增长 3%。另外，主要港口预计转运煤炭 6.5 亿吨，同比增长 17%。

2011 年，全国煤炭行业增量达到历史最高水平，原煤产量 35.2 亿吨，同比增加 2.8 亿吨；煤炭净进口 1.68 亿吨，同比增长 15%，实现了全年煤炭供需基本平衡。前 11 个月累计进口煤炭 1.61 亿吨，同比增长 9.4%；出口煤炭 1385 万吨，同比下降 21.2%；净进口 1.47 亿吨（不含褐煤 3436 万吨），同比增长 13.5%。煤炭消费继续增长。主要耗煤行业中，电力行业煤炭消费 19.5 亿吨，增长 10.8%；钢铁行业消费 5.7 亿吨，增长 6.3%；建材行业消费 5.1 亿吨，增长 7.9%；化工行业消费 1.6 亿吨，增长 13.5%。

②推进结构调整，提高产业集约水平。2011 年，大型煤炭基地建设成效显

---

① 本部分数据来源于中国产业竞争情报网。

著。全年核准大型煤炭基地内煤矿项目 32 个，建设总规模 1.46 亿吨；14 个大型煤炭基地总产量达到 32 亿吨，占全国总产量的比重达到 90% 左右。

大型煤炭企业集团建设取得新进展。随着煤炭企业兼并重组进入实施阶段，全国千万吨级大型煤炭企业已达 45 家，年产量 23.2 亿吨，占全国总产量比重 66%，较 2010 年提高 3 个百分点，其中年产 5000 万吨以上的煤炭企业 18 家，产量占全国总产量的 51%，较 2010 年提高 7 个百分点。山东能源集团、冀中能源集团跨入亿吨级企业行列，我国亿吨级煤炭企业达到了 7 家。

大型现代化煤矿建设步伐加快。不连沟、布尔台等一批特大型现代化煤矿相继投产，千万吨级现代化煤矿达到 40 个，安全高效煤矿达到 377 个，产量占全国总产量的 33% 左右。

淘汰落后产能取得积极进展。继续加大以关闭小煤矿为重点的淘汰落后产能工作力度。2011 年，全国关闭落后煤矿 407 个，完成计划的 133%；淘汰落后年产能 2463 万吨，完成计划的 155%。年产 30 万吨以下的小煤矿产量在全国总产量中的比重下降到 20%。

③依靠科技进步，产业发展质量不断提高。全行业通过延长产业链、提高附加值，不断提高煤炭资源的开采与利用效率，综合利用规模扩大。2011 年，新增洗选能力 1.5 亿吨，原煤入洗率提高到 52%；新增煤矸石等低热值煤发电装机规模 280 万千瓦；新增地面煤层气产能 14 亿立方米，新增瓦斯发电装机规模近 40 万千瓦。河北、山东、河南、安徽等省煤炭企业应用充填开采技术，累计采出“三下”压煤 1000 多万吨，充填煤矸石 1300 多万吨，减少矸石占地 30 多公顷，产生直接和间接经济效益接近 100 亿元。

煤矿技术装备升级加快。2011 年安排中央预算内投资 2.6 亿元，带动企业投资 46 亿元，开展煤矿采掘与洗选技术装备升级，煤层气（煤矿瓦斯）地面抽采的一系列关键技术装备研究也取得积极进展。

科技创新体系进一步完善。大中型煤炭企业普遍建立了技术研发中心，煤矿瓦斯治理国家工程研究中心通过验收，煤炭行业国家级企业技术中心达到 19 个。重点领域科技创新成效明显。煤炭行业获国家技术发明奖、科技进步奖 11 项，神华百万吨煤炭直接液化和 60 万吨煤制烯烃工程转入商业化运行。

④煤炭国际合作步伐进一步加快。2011 年，煤炭企业积极参与澳大利亚、蒙古国、印度尼西亚等国家的资源开发，兖矿集团在澳大利亚的权益煤产量已近 2000 万吨/年；中俄煤炭领域合作全面实施，全年进口俄罗斯煤炭超过 1000 万吨。

2011年，全国煤炭行业利润约4500亿元，其中99家大型煤炭企业利润约2100亿元。

(三) 煤炭行业中央企业的运行概况

1. 中国中煤能源集团有限公司

中煤能源集团有限公司是国务院国有资产监督管理委员会管理的大型能源企业，前身是1982年7月成立的中国煤炭进出口总公司，主营业务包括煤炭生产及贸易、煤化工、坑口发电、煤矿建设、煤机制造、煤层气开发，以及相关工程技术服务。现有全资公司、控股和均股子公司41户，境外机构4户，参股企业11户，在册职工12.1万人。截至2009年底，总资产1476亿元，在2008年中国企业500强中名列第77名。

中煤集团是中国第二大煤炭生产企业，连续三年产量过亿吨。主要矿区有山西平朔、离柳、乡宁矿区，江苏大屯矿区，内蒙古鄂尔多斯矿区，陕西榆林矿区，黑龙江依兰矿区，在建新疆哈密、准东、伊犁矿区，资源总量超过450亿吨。现有生产矿井21座，在建矿井24座，总产能超过1.6亿吨；拥有洗煤厂22座，生产能力1.2亿吨。中煤集团有近30年的煤炭、焦炭进出口贸易历史，拥有完善的物流配送中心和分销网络。大型煤焦化工和煤基醇醚、烯烃化工的设计规模和技术水平居行业领先地位。煤机制造企业位列全国煤机行业第一位，具备煤矿井下综采综掘成套装备研发、制造能力，技术水平和市场占有率为国内第一。煤矿建设设计企业承担了国内半数以上的千万吨级矿区、千万吨级高产高效矿井、百万吨级矿井和大型洗煤厂的设计建设任务，代表行业最高水平。2005年2月，经国资委批准，中煤集团启动重组改制境外上市工作。2006年8月22日设立了中国中煤能源股份有限公司，12月19日中煤能源在香港联合交易所主板成功挂牌上市。2008年2月1日中煤能源回归A股。境内外上市共融资408亿元，为中煤集团搭建了资本运作的平台。另有上海大屯能源股份有限公司、太原煤气化股份有限公司分别在上海和深圳上市。

2011年集团营业收入1150亿元，利润总额163.8亿元，同比分别增长19.8%和35.2%。截至2011年底，中煤集团拥有的可控煤炭资源量达435亿吨，位居国内煤炭企业煤炭资源量前列。此外，集团正在争取的资源量188亿吨，生产和在建煤矿产能达到2.58亿吨。2011年，中煤集团加快推进国内煤炭基地建设，全年基本建设、股权投资和固定资产购置完成投资371亿元，完成年度计划的107.7%。2011年8月，中煤能源发行150亿元中期票据，成为

2011 年国内企业发行的最大规模中期票据，为公司项目建设提供了有力的资金保障。

2011 年，集团原煤产量 1.64 亿吨，完成煤炭贸易量 1.16 亿吨，外购资源量达 3230 万吨，同比分别增长 11.4%、13.9%和 24.6%。

2. 中国煤炭科工集团有限公司

中国煤炭科工集团有限公司（以下简称“中国煤炭科工”）是中煤国际工程设计研究总院、煤炭科学研究总院两家中央企业于 2008 年 4 月合并组建成立的。

2011 年，中国煤炭科工在中央企业分类指标排名中，继续保持科研设计类排名第一；在分规模排名中，稳居资产 50 亿 ~ 500 亿元中央企业的前列。与中央企业整体发展水平相比，增长速度明显高于中央企业平均水平。自 2008 年成立以来，中国煤炭科工已经连续四年实现快速发展，综合实力显著增强，经济运行质量得到全面提升。

2011 年，中国煤炭科工在面对国内外经济形势异常复杂、快速多变的背景下，仍然实现了生产经营平稳运行，继续保持了健康快速发展的态势，实现了保稳定、促增长的任务目标。全年签订合同总额 410 亿元，同比增长 47%；实现收入 296.27 亿元，同比增长 32.73%；利润总额 33.86 亿元，同比增长 26.20%。

中国煤炭科工资产规模稳步增加，财务状况良好。截至 2011 年底，资产总额 284.47 亿元，增长 26.68%；货币资金 57.04 亿元，增长 12%；负债总额 176.96 亿元，增长 23.77%；资产负债率 62.21%，流动比率为 1.49。国有资产保值增值能力增强，资产负债率有所下降，流动比率上升，偿债能力增强，财务风险降低。

表 2-21　2010—2011 年中国煤炭科工集团有限公司经济指标

项目	2010 年	2011 年	同比增长（%）
资产总额（亿元）	224.55	284.47	26.68
所有者权益（亿元）	81.57	107.51	31.80
营业收入（亿元）	223.21	296.27	32.73
利润总额（亿元）	26.83	33.86	26.20
净利润（亿元）	22.23	27.53	23.84
归属于母公司所有者的净利润（亿元）	16.33	19.96	22.23
技术开发投入（亿元）	8.23	9.8	19.08

续表

项目	2010 年	2011 年	同比增长 (%)
利税总额 (亿元)	43.7	54.7	25.17
应交税金总额 (亿元)	16.79	21.98	30.91
全员劳动生产率 (万元/人·年)	25.67	33.18	29.26
净资产收益率 (%)	24.35	29.12	增加 4.77 个百分点
总资产报酬率 (%)	14.49	13.91	减少 0.58 个百分点
国有资本保值增值率 (%)	127.94	134.87	增加 6.93 个百分点

3. 神华集团有限责任公司

神华集团有限责任公司（简称神华集团）是于 1995 年 10 月经国务院批准设立的国有独资公司，是中央直管国有重要骨干企业，是以煤为基础，电力、铁路、港口、航运、煤制油与煤化工为一体，产运销一条龙经营的特大型能源企业，是我国规模最大、现代化程度最高的煤炭企业和世界上最大的煤炭经销商。神华集团总部设在北京。由神华集团独家发起成立的中国神华能源股份有限公司分别在香港、上海上市。神华集团在 2011 年度《财富》全球 500 强企业中排名第 293 位。

截至 2011 年底，神华集团共有全资和控股子公司 20 家，生产煤矿 62 个，投运电厂总装机容量 4283 万千瓦，拥有 1466.53 公里的自营铁路、1 亿吨吞吐能力的黄骅港、4500 万吨吞吐能力的天津煤码头和现有船舶 12 艘的航运公司，总资产 6269 亿元，在册员工 17.64 万人。

2011 年，神华集团生产原煤 4.07 亿吨、百万吨死亡率 0.018，商品煤销售 5.03 亿吨，自营铁路运量完成 3.2 亿吨，发电 2099 亿度，港口吞吐量完成 1.26 亿吨，营业收入 2803 亿元，利润总额 742 亿元。神华集团国有资本保值增值率处于行业优秀水平，企业经济贡献率连续多年居全国煤炭行业第一，年利润总额在中央直管企业中名列前茅，安全生产多年来保持世界先进水平。

表 2－22　2011 年神华集团主要经济指标

项目	2010 年	2011 年	同比增长 (%)
资产总额 (亿元)	5509	6269	13.8
所有者权益 (亿元)	3392	3889	14.7
主营业收入 (亿元)	2165	2768	27.9
利润总额 (亿元)	585	742	26.8

续表

项目	2010 年	2011 年	同比增长（%）
净利润（亿元）	469	585	19.8
科技投入总额（亿元）	24	42	75
应交税金总额（亿元）	417	552	32.4
净资产收益率（%）	13.04	14.51	11.3
国有资本保值增值率（%）	116.39	115.91	-0.4

四、电信行业中央企业经济运行

（一）电信行业的一般特征

1. 电信行业定义

电信行业是电信行业是提供电信服务或产品的企业的集合，主要经营固定电话业务，移动通信、无线寻呼及卫星通信业务，数据通信业务、互联网业务及 IP 电话业务，电信增值业务等。中国电信行业是中国信息产业中的重要一环，是中国国民经济的重要组成部分。

目前，中国通信网的网络规模、技术层次和服务水平相比 20 年前都发生了质的飞跃，电信业从当初制约经济建设的瓶颈一跃成为我国国民经济的基础产业和先导产业，为中国国家经济建设和社会发展提供了有力支撑。中国电信行业发展迅速，取得了举世瞩目的成就，固定通信和移动通信的网络规模及用户数双双跃居世界首位。2008 年 5 月，中国电信、中国网通、中国联通、中国移动、中国卫通、中国铁通等六大基础电信运营商进行了重组，中国铁通并入中国移动，中国联通分拆双网，其中 CDMA 网络并入中国电信，保留 GSM 网络与中国网通组成新的联通集团。目前电信运营企业已形成三大电信运营商竞争的局面。可以说，电信行业在打破垄断方面完成了决定性的改革，垄断地位已在一定程度上被打破，竞争局面初步形成。

2. 电信行业的经济特征

电信行业有着不同于其它基础产业的经济特征，是网络型基础产业，主要表现在以下几方面。

第一，网络性。任何电信网都不是独立存在的，而与其他网络紧密通过物理连接和信息交互连接成一个整体以支持全球范围内的点对点通信。

第二，自然垄断性。世界电信业国家垄断或私营垄断经营阶段几乎持续了一个世纪，自然垄断特征决定了在任何产权制度下电信业都要受到政府的规制。这些规制主要包括：市场准入与退出、电信资源分配、网络互联互通、电信普遍服务、电信业务资费、电信技术标准和服务质量要求等。

第三，技术驱动性。光纤通信技术、微波通信技术、卫星通信技术、移动通信技术、蓝牙通信技术、数据通信技术等的发展和进步正一步步地推动着电信行业的业务量与业务种类的拓展、行业竞争的形成和行业的进步与发展。电信行业从产生、发展与未来趋势来看都具有典型的技术驱动特性。

第四，外部经济性。电信业的外部经济性表现在时间的节约和效率的提高上，其为社会带来的经济效益远高于自身的经济效益。随着多种业务的交叉融合，客户的效用与数量成正比关系，间接的经济效益会更高。电信行业通过高效的服务，连接起社会生产、分配、交换和消费等环节，促进社会再生产过程，优化整个社会经济系统的运行。

第五，规模经济性和范围经济性。一方面，电信行业具有规模经济特征。表现之一是网络容量的规模性，网络容量越大，服务的客户越多，边际效益越高。表现之二是覆盖区域的规模性，覆盖区域越大，潜在用户越多，也越能提供更多的服务业务。表现之三是服务业务的规模性，业务越多，基于业务的网络边际成本越低，运营商就可以不断地降低服务价格以吸引更多的用户。另一方面，电信业的范围经济性表现在同一个物理电信网络中传递多种电信业务的成本比独立建设各种业务网的成本更低。

第六，服务性。电信行业提供的是一种通信服务以传递信息，信息在空间上转移，产品具有无形性，如语音服务、彩铃业务和一些增值附加服务，且服务也不能储存。电信运营业产品的制造过程和消费过程是合一的，制造过程必须是连续的，并且这一过程何时开始、何时结束完全由用户决定，顾客必须要加入到生产过程中才能最终消费电信服务。

3. 电信业对于国民经济的意义

电信行业以成长为国民经济的支柱产业。作为高新技术产业的主体和新生产力的代表，信息产业将成为中国21世纪经济和社会发展的战略性产业，2010年，信息化被列为我国战略性新兴产业，将成为我国国民经济发展的新增长点。近几年，我国信息产业以高于GDP的两倍以上的增速发展，成为推动经济增长的重要因素，逐渐成为国民经济的基础性、支柱性、先导性和战略性产业，对整个中国经济的拉动作用越来越显著。

电信行业在转变经济增长方式中发挥基础性作用。工业化与信息化融合，推动工业转型升级。信息化促进城镇化，打造智慧、低碳、平安、便捷、和谐城市。通信加快信息交流，促进国际化和市场化。信息化引发交易方式革命，促进服务业发展。信息化丰富生活方式，提高幸福指数。信息化减少信息差别，为落后地区和弱势人群提供平等机会。

电信行业发展促进我国产业结构的优化升级。首先，信息产业促进了原有产业和产业部门的改造，使传统产业的生产率得到前所未有的提高。其次，信息技术的发展促进新产业和产业部门的形成，开辟了新的生产和服务领域。如以计算机和互联网为代表的新技术革命，以计算机、互联网为发端，以信息化技术的进步和信息网络化为基础，开辟了新的生产和服务领域如核工业、电子商务、网络金融等。

（二）2011年电信产业发展状况

1. 2011年世界电信产业概览①

2011年是动荡的一年。日本特大地震灾害、中东北非政治风波、欧洲主权债务危机，来自自然和社会、经济和金融领域的冲击层层叠叠。欧美经济危机重重，但电信行业从运营商之间的关系到监管政策，却都体现出积极的现象。2011年，经济下滑让电信业缩减了竞争，增加了合作。网络共享开始增长，马来西亚、捷克、爱尔兰、丹麦，电信运营商开始思考如何让运营更有效率。

国际化的业务、运营层面的合作屡见不鲜。印度两家陷入亏损的国有电信运营商BSNL和MTNL在业务协作，客服、营销部门的合作方面进行商谈，希望统一计费和维护机制、整合人力资源打造统一的后台，甚至以统一的品牌推出某些业务；法国电信和德国电信继将自己的移动子公司Orange与T－Mobile合并后，又在网络共享、设备采购等方面开展了更频繁的合作。此外，电信运营商也逐渐认识到目前行业的主要竞争来自于外部，而规模效应则可能是防御外部竞争的最好手段。因此在成立智能手机联盟、共享应用程序、共推移动支付等方面，运营商结成了统一阵营。

2011年电信业的监管方面，显示比较温和，放松了管制，积极的推动增加。今年LTE得到各国政府的扶持。LTE牌照的发放成为很多电信监管机构今年工作的重中之重。澳大利亚专门为LTE腾出了部分数字红利进行拍卖。而俄罗斯也已经完成了LTE牌照发放事宜，为业务商用铺平了道路。2012年，各国刺激宽带发展的政策源源不断地出台、深化。国家级宽带战略明显加长的名单背后有各国政府更新宽带监管框架、增加宽带援助拨款的努力。

2011年，是全球网络提速建设热火朝天的一年。今年LTE商用大潮已经席卷全球，德国电信4月推出了LTE业务。英国最大的移动通信公司O2今夏在德国推出了LTE业务。西班牙电信下半年也加入了LTE大军。而韩国通信业更是对LTE异常重视，三家电信运营商均在7月后陆续启动了LTE商用网络，SK电讯甚至将LTE业务拓展到巴西市场。至今，全球已有35张LTE商用网络。这标志着一张速率更快、承载更多应用的移动大网正在全球铺开。在固网领域，经

① 人民邮电报

过各国政府数年的努力，国家宽带网络项目也在今年取得了实质进展。从美国、英国、法国、新加坡、韩国、澳大利亚、新西兰、印度、泰国、巴西、德国、意大利、南非、阿联酋、芬兰、荷兰、加拿大等众多国家传来的是对于国家级宽带战略的进一步完善和落实行动的消息。而斯里兰卡、马来西亚、埃及、泰国、菲律宾等国的加入则令国家级宽带战略名单又明显加长。

2011 年电信业竞争方面，变得更加理性。2011 年价格竞争逐渐缩减。3G 时代海量数据危机让运营商开始思考在 LTE 时代的资费模式。运营商转而尝试对数据消费进行封顶或是对网络实施限速。放弃不限量包月资费模式将帮助运营商摆脱数据业务增量不增收的困境。而在几乎成为全球移动资费洼地的印度，运营商也重回理性，尽管竞争依旧激烈，但信实、巴帝电信、Idea Cellular 和沃达丰 Essar 先后上调资费，让人看到了印度电信业迈向健康增长的希望。

2011 年研发创新方面。云计算、M2M、电子医疗等创新应用纷纷开花结果。国际巨头齐聚硅谷重学创新，也预示着电信业在为糟糕的年景后的喷薄而出积蓄着力量。

2. 2011 年我国电信行业发展状况

（1）基本状况①

2011 年 1 ~ 11 月，全国电信业务总量累计完成 10734. 1 亿元，比上年同期增长 15. 6%；电信主营业务收入累计完成 9011. 5 亿元，比上年同期增长 9. 6%。

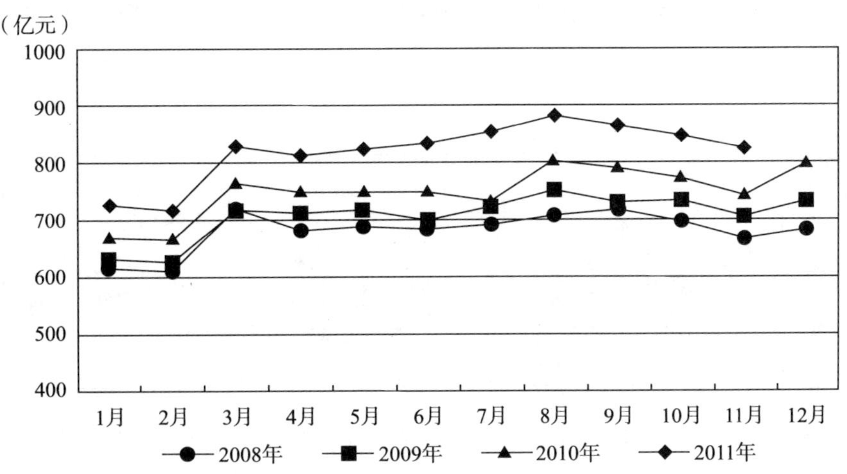

图 2 – 14　2008—2011 年各月电信主营业务收入比较

① 资料来源：工信部

在用户发展方面，2011 年 11 月，全国电话用户净增 1006.9 万户，总数达到 126175.0 万户。其中，固定电话用户减少 127.5 万户，移动电话用户净增 1134.4 万户。固定电话用户：1~11 月份，全国固定电话用户减少 792.6 万户，达到 28641.5 万户。固定电话用户中，无线市话用户减少 1005.9 万户，达到 1857.3 万户，在固定电话用户中所占的比重从上年底的 9.7% 下降到 6.5%。

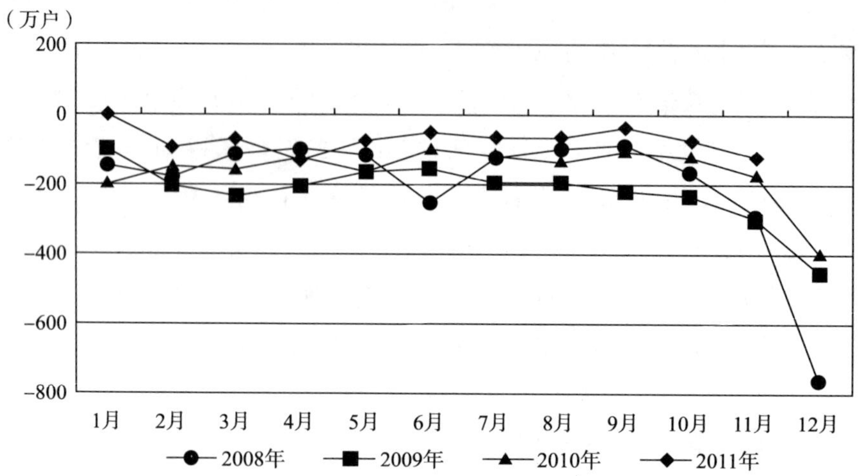

图 2-15　2008—2011 年固定电话用户各月净增比较

移动电话用户：1~11 月份，全国移动电话用户累计净增 11633.2 万户，达到 97533.5 万户。移动电话用户中，3G 用户净增 7168.0 万户，达到 11873.2 万户。

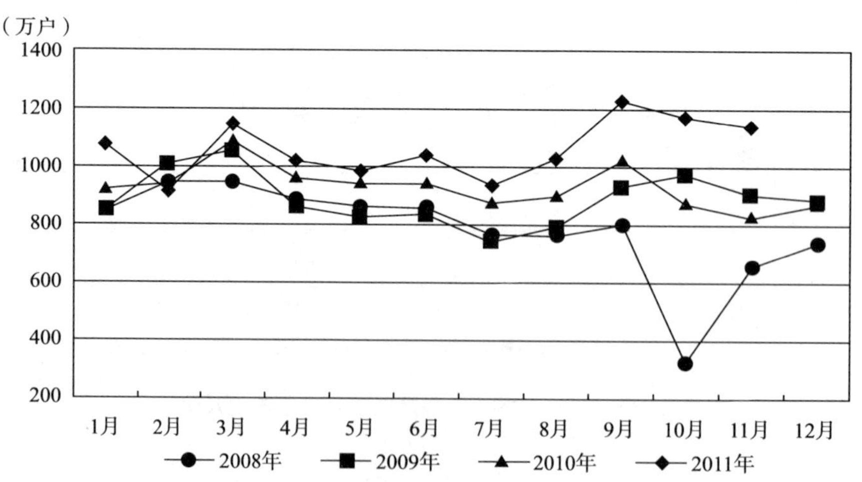

图 2-16　2008—2011 年移动电话用户各月净增比较

互联网用户：基础电信企业的互联网用户进一步趋向宽带化。1～11 月份，基础电信企业互联网宽带接入用户净增 2880. 2 万户，达到 15509. 3 万户，而互联网拨号用户减少了 29. 9 万户，达到 560. 3 万户。

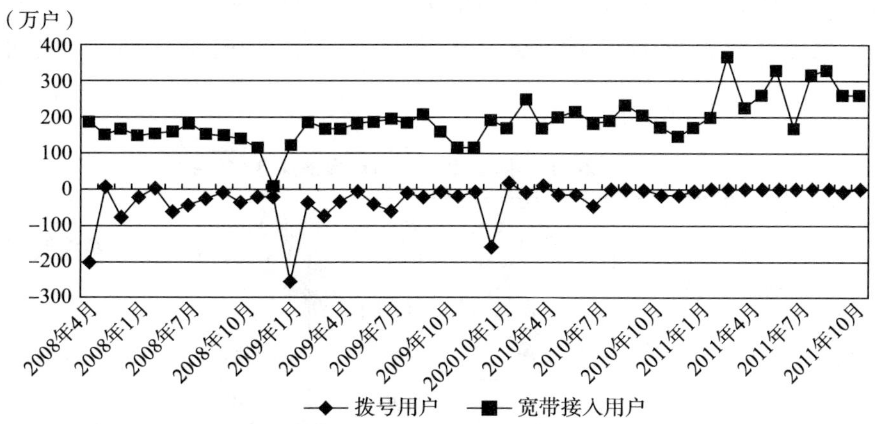

图 2－17　2008—2011 年互联网用户各月净增比较

在业务构成方面，电信主营业务收入构成如下图所示。

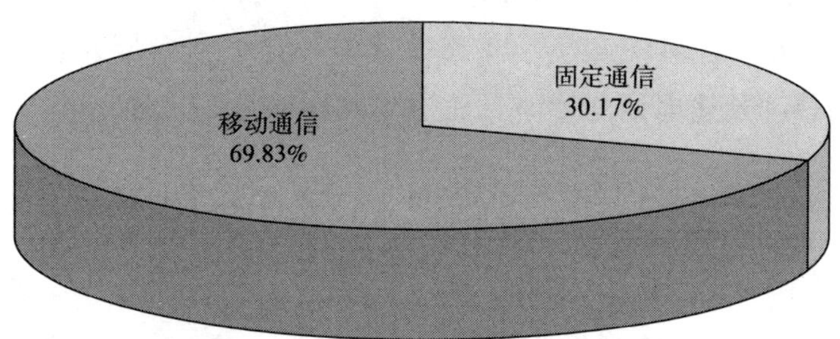

图 2－18　2010 年 1～11 月电信主营业务收入构成

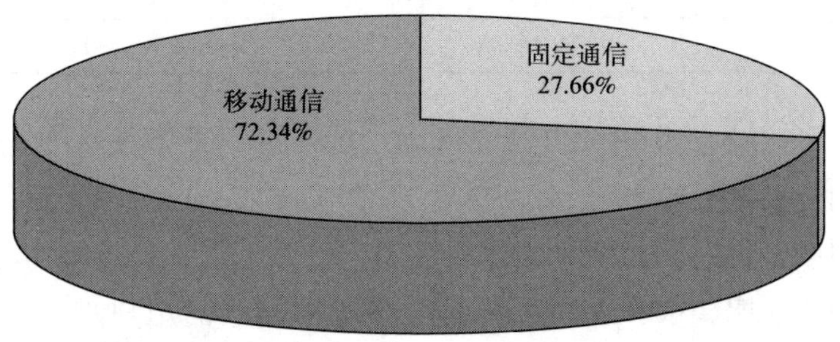

图 2－19　2011 年 1～11 月电信主营业务收入构成

2011 年 1 ~ 11 月，移动通信收入累计完成 6519.1 亿元，比上年同期增长 13.6%，在电信主营业务收入中所占的比重从上年同期的 69.83% 上升到 72.34%；固定通信收入累计完成 2492.4 亿元，比上年同期增长 0.5%，在电信主营业务收入中所占的比重从上年同期的 30.17% 下降到 27.66%。

在本地电话业务方面，下表总结了 2011 年固定本地与移动本地通话量的比较。

表 2 - 23　2011 年固定本地与移动本地通话量比较

指标名称	单位	2011 年 1 ~ 11 月	2010 年 1 ~ 11 月	增长率（%）
固定本地电话通话量	亿次	3293.8	4024.5	-18.2
其中：传统固定电话	亿次	3063.7	3463.1	-11.5
无线市话	亿次	230.1	561.4	-59.0
移动本地电话通话时长	亿分钟	17727.8	15568.2	13.9

2011 年 1 ~ 11 月，固定本地电话通话量比上年同期下降 18.2%，而移动本地电话通话时长比上年同期增长 13.9%。

在长途业务方面，2011 年 1 ~ 11 月，固定长途电话通话时长比上年同期下降 20.0%，而移动长途电话通话时长比上年同期增长 27.2%。

表 2 - 24　2011 年固定长途与移动长途通话量比较

指标名称	单位	2011 年 1 ~ 11 月	2010 年 1 ~ 11 月	增长率（%）
固定长途电话通话时长	亿分钟	790.8	988.6	-20.0
其中：IP 通话时长	亿分钟	233.9	317.2	-26.3
移动长途电话通话时长	亿分钟	4616.7	3629.4	27.2
其中：IP 通话时长	亿分钟	556.6	598.6	-7.0

在地区发展比较方面 2011 年 1 ~ 11 月，东、中、西部地区电信主营业务收入比上年同期分别增长 8.5%、10.5%、12.7%。

与上年同期相比，东、中、西部地区固定电话用户减少数量均有所下降。

与上年同期相比，东、中、西部地区净增移动电话用户进一步上升，东部地区最为明显。

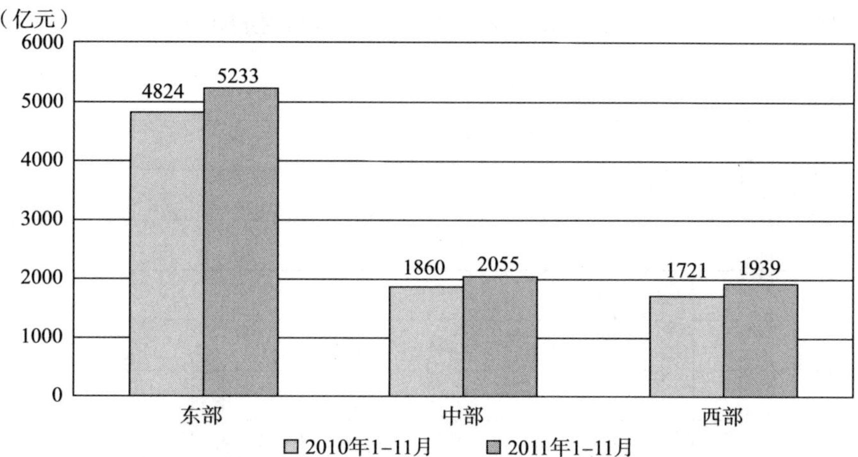

图 2-20　2010—2011 年同期东、中、西部电信主营业务收入

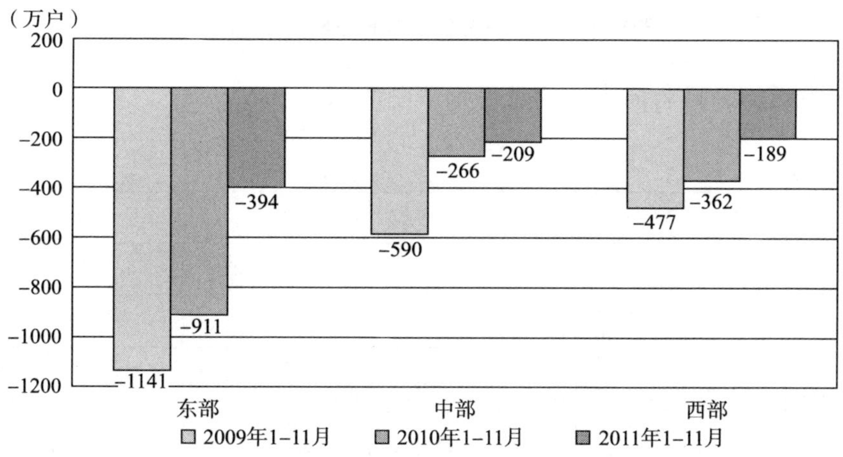

图 2-21　2009—2011 年同期东、中、西部净增固定电话用户

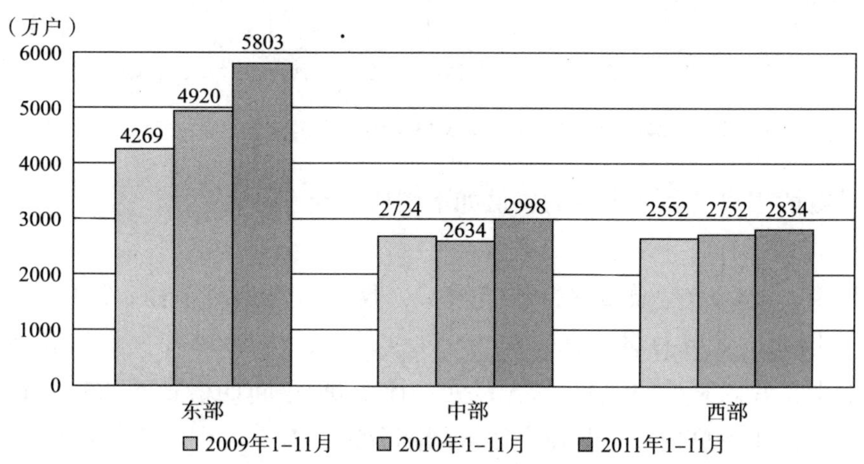

图 2-22　2009—2011 年同期东、中、西部净增移动电话用户

分省统计下，电信主营业务收入排名前十名的省份如下图所示。

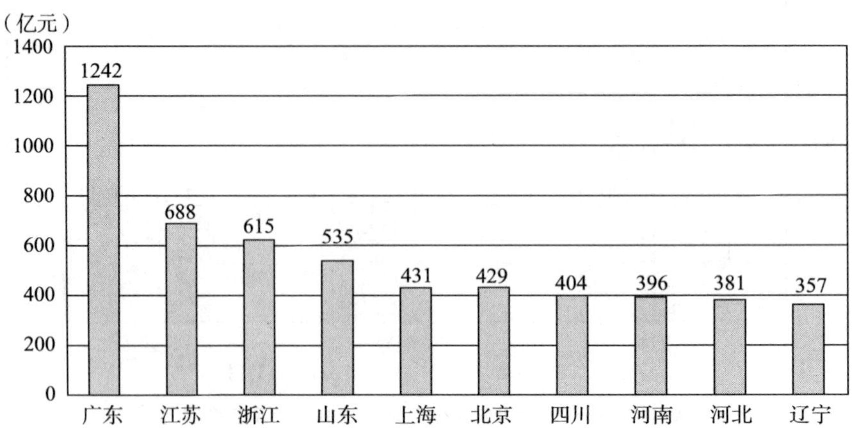

图 2-23　2011 年 1~11 月电信主营业务收入排名前十名的省份

固定电话用户排名前十名的省份如下图所示。

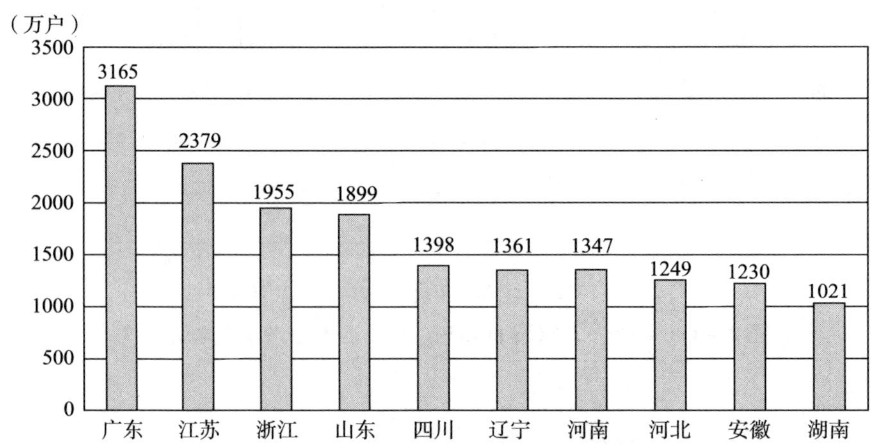

图 2-24　2011 年 11 月固定电话用户排名前十名的省份

移动电话用户排名前十名的省份如下图所示。

（2）详细指标

2011 年，通讯业务总量保持快速增长，收入增长相对平稳。2011 年 1 月至 11 月，全国通讯业务总量累计完成 30954.9 亿元，比 2009 年同期增长 20.5%；通讯主营业务收入累计完成 8988.3 亿元，比 2009 年同期增长 6.4%。和去年同期相比，通讯业务总量和主营业务收入增速分别回升 6.1 和 2.5 个百分点。

2011 年，通信业以“加快推动行业转型升级”为主线，按照“引领发展、

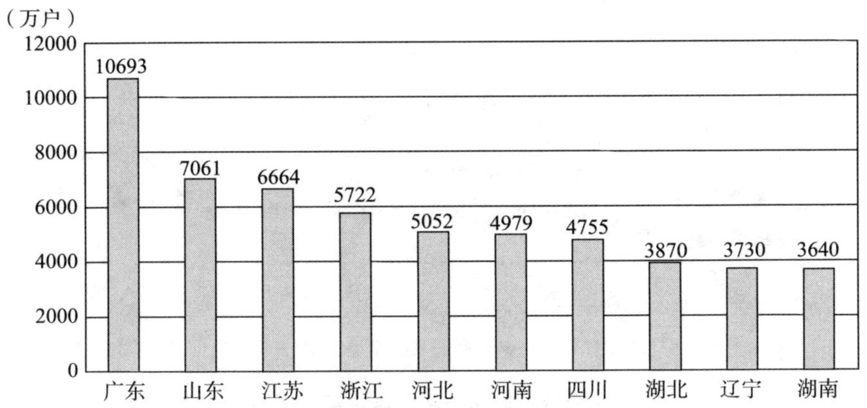

图 2－25　2011 年 11 月移动电话用户排名前十名的省份

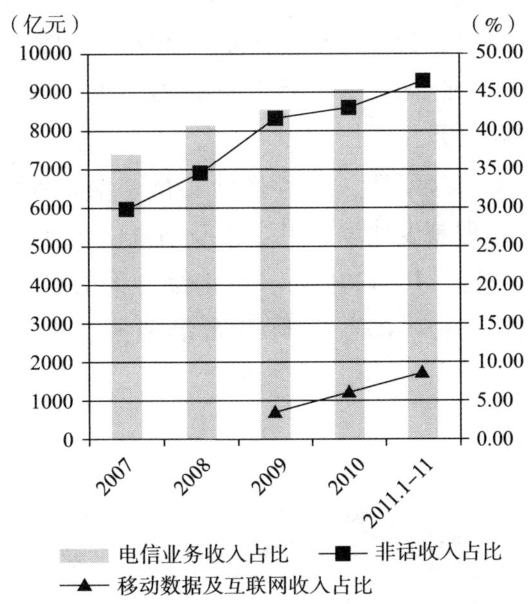

图 2－26　2007—2011 年电信业务与非话收入占比

融合创新、普惠民生、绿色安全”的指导原则，积极推进 3G 和宽带网络基础设施建设，大力发展移动互联网和增值电信业务，持续优化市场竞争格局，不断推动经济社会信息化应用水平提升，全行业继续保持健康平稳运行。11 月末，全国电话用户总数累计达到 12. 62 亿户，其中移动电话用户总数达到 9. 75 亿户，比年初新增 11633 万户；基础电信企业互联网宽带接入用户达到 1. 55 亿户，比年初新增 2880 万户。全国电话普及率达到 94. 2 部/百人，比去年底提高 7. 7 部/

百人，其中移动电话普及率达到72.8部/百人。

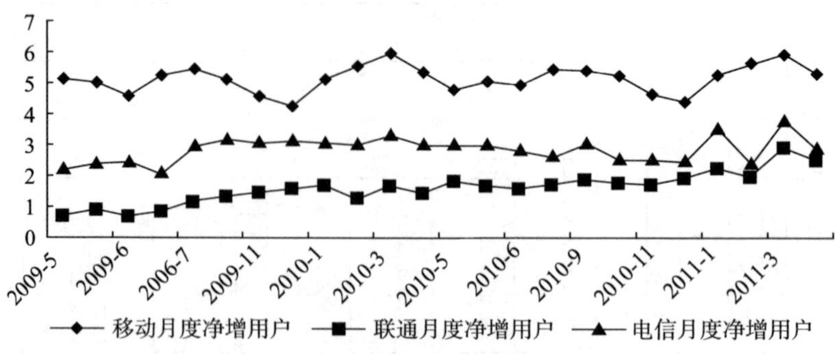

图2-27 三大运营商阅读净增用户量（单位：百万户）

数据来源：运营商网站，中信证券研究部

移动数据和互联网业务发展迅猛。1~11月份，全行业实现电信业务总量10734亿元（2010年不变单价），同比增长15.6%。实现电信业务收入9012亿元，增长9.6%；非话音业务收入4185亿元，增长16.5%，其中移动数据及互联网业务收入达到768亿元，增长54.1%。

电信综合价格水平继续下降。通过推动实行移动本地资费市场调节价，不断加强电信资费信息管理制度建设，引导和鼓励电信企业进一步降低资费水平，近几年电信资费持续下降，1~11月份，电信综合价格水平下降5.1%，其中移动话音业务资费同比下降7.4%，国际及台港澳漫游资费标准平均降幅超过了50%。

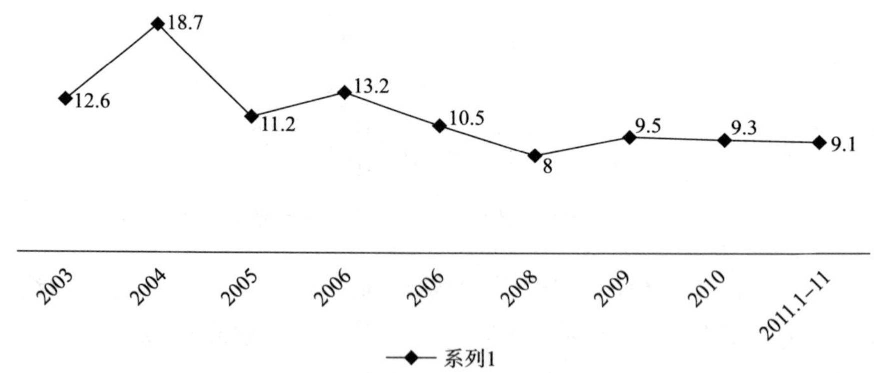

图2-28 2003—2011年电信综合价格水平下降幅度（%）

数据来源：工信部

3G 业务状况：

3G 进入规模化发展阶段。1～11 月份，中国电信、中国移动和中国联通三家基础电信企业共完成 3G 专用设施投资 941 亿元。3G 基站规模达到 79.2 万个，其中 TD 基站 22 万个，3G 网络已覆盖所有城市和县城以及部分乡镇。11 月末，3G 用户达到 11873 万户，比年初新增 7168 万户，其中 TD 用户 4801 万户，新增 2731 万户。在移动电话净增用户中，3G 用户所占比重从年初的 43.7% 上升到 72.5%。

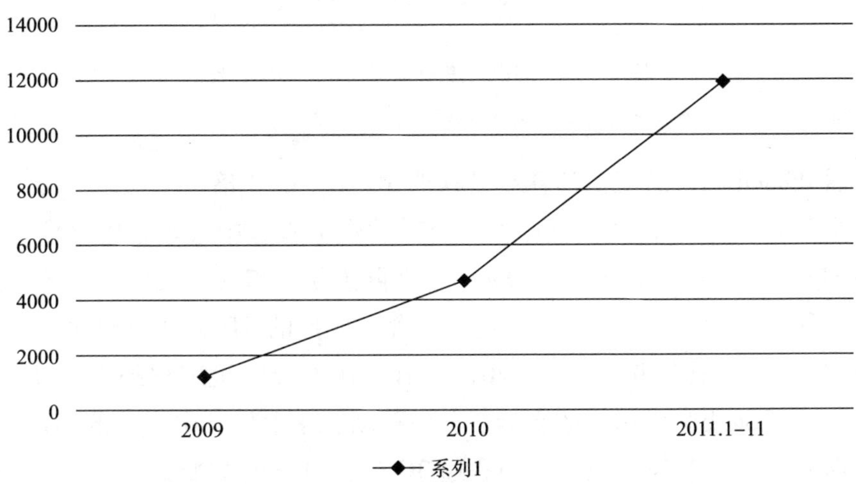

图 2－29　2009—2011 年 3G 用户数（单位：万户）

数据来源：工信部

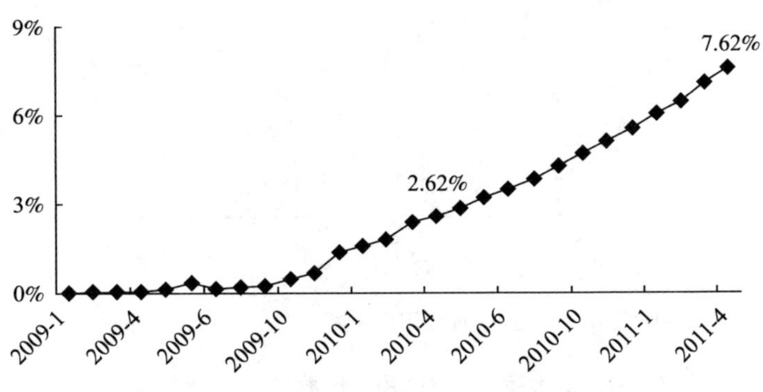

图 2－30　至 2011 年 4 月 3G 用户渗透率

目前 3G 终端销量已占至中国移动通讯市场整体份额的三分之一，增长迅速。3G 终端尤其是智能终端对移动互联网的发展有着巨大的推动作用，北美 iPhone 的热销极大地推动了移动互联网流量的上升。此种现象亦正在国内上演，

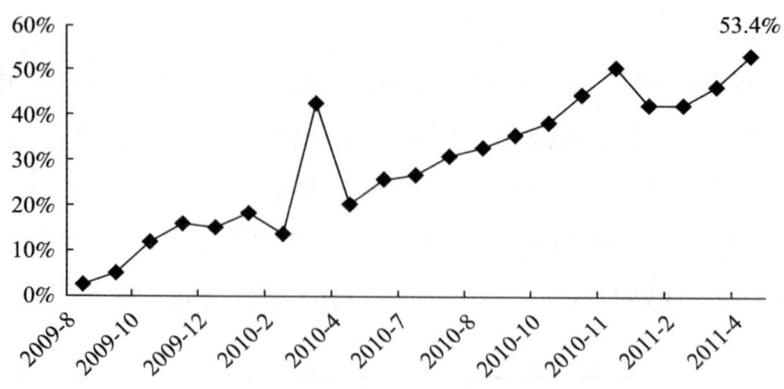

图 2－31　国内月度新增移动用户 3G 占比

资料来源：运营商公告，中信证券研究部

当前联通 iPhone 用户的流量消耗约是其他 3G 用户的 3 倍。

截止 2011 年 4 月，从三家运营商公布的数据看，中移动、中电信、中联通的 3G 用户分别为 44%、26%、30%；但实际上统计口径存在明显差异，迫于政策压力中移动的 3G 用户统计口径宽松，含有大量的 TD 无线座机用户，这并非真正的 3G 用户。根据市场调研，2010 年末 TD 无线座机用户约占移动 3G 用户的 45%，剔除无线座机用户的影响后，中移动、中电信、中联通的 3G 用户市场份额分别为 28%、33%、38%，中联通 3G 份额处于领先状态，相比其 2G 时代 20% 的份额占比已是发生根本性转变。

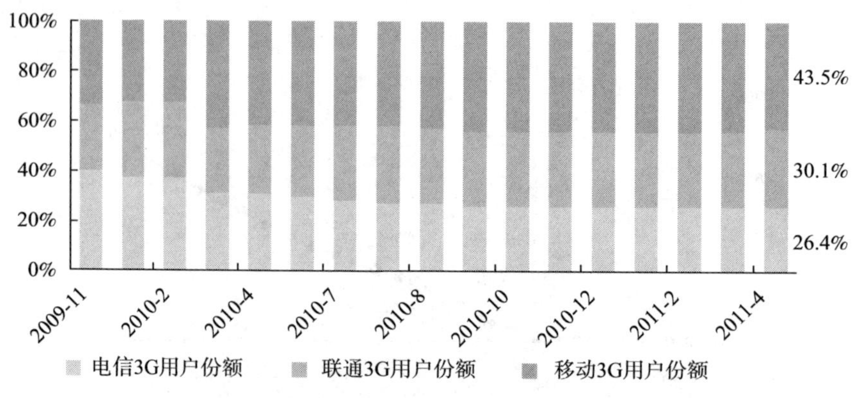

图 2－32　三大运营商 3G 用户份额（依据公布数计算）

资料来源：运营商网站，中信证券研究部

注：中移动 3G 用户中含有大量的 TD 无线座机用户

从份额演进趋势看，联通 3G 正式商用时间虽然较其他两家运营商晚半年以上时间，但借助终端及产业链优势其市场份额提升较快，联通月度净增用户份

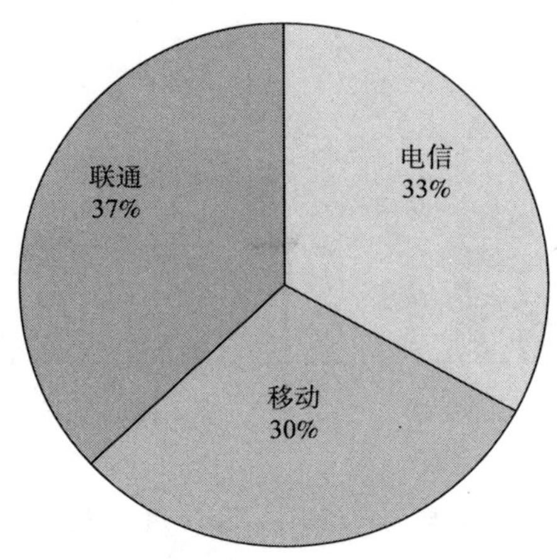

图 2-33 三大运营商 3G 用户份额（剔除 TD 无线座机用户）

资料来源：运营商网站，中信证券研究部

注：估计中移动当前 TD 无线座机用户约 1300 万户

额（含 2G 和 3G）从两年前的 10% 提升到 2010 年的 20% 以上，且向好趋势加强。中国电信早期受益于 3G 网络部署快以及对中低端用户高补贴的方式获得了大量的 3G 市场份额，但随着 3G 发展的推进其网络先发优势已退去，简单的中低端补贴吸引力下降，市场份额显著下滑；中国移动净增用户量仍然保持最高，但相对份额已是节节下滑。

3G 在国内的发展环境日趋成熟，当前月度新增移动电话用户中，3G 用户占比已超过 50%。此外，3G 终端及智能终端的快速发展也为 3G 用户增长提供了良好环境；尤其 2010 年是千元智能机元年，"好用不贵"的智能终端将极大推动 3G 用户的发展。

参照国际经验，3G 渗透率达到 2.5%（标志 3G 迈过起步点）、16%（标志 3G 用户进入爆发式增长期）、50%（标志 3G 用户开始占据主流地位）的平均时间分别为 15 个月、34 个月、65 个月。09 年是我国的 3G 元年，到 10 年底我国 3G 渗透率已达到 5.6%，2011 年正处于 3G 用户爆发增长的预备阶段，中信证券估计 2010 年我国 3G 渗透率有望提升 8 个百分点至 13.6%。

对于未来我国 3G 用户的发展进程，中信证券预测：2011 年 3G 用户渗透率为 13.6%，用户达到 1.29 亿户；2012 年 3G 用户渗透率为 25.0%，用户将达到 2.60 亿户；2013 年 3G 用户渗透率为 42.0%，用户将达到 4.72 亿户；2014 年 3G 用户将超过 2G 用户，占主流地位。

农村通信服务水平逐步提高。1 ~ 11 月份，新增农村地区宽带用户 789 万

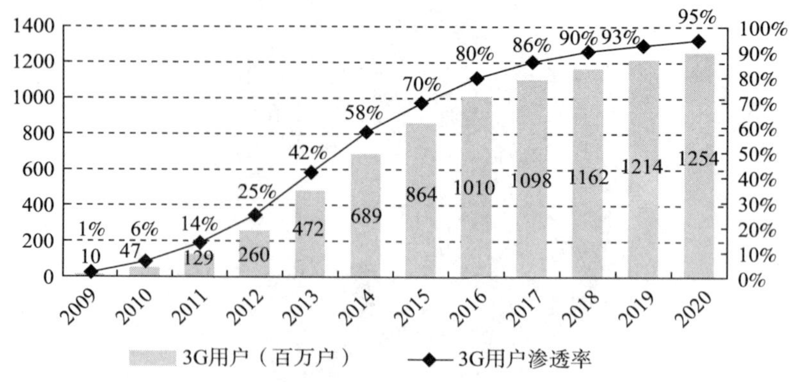

图 2－34　国内移动用户及 3G 用户增长预测

资料来源：中信证券研究部

户，累计达到 3265 万户，占全部宽带用户的 22%。随着农村宽带普及水平的提高，电信基础设施普遍服务范围持续扩大，100% 的行政村和 94.5% 的 20 户以上自然村通电话，99.7% 的乡镇通宽带，100% 的乡镇、95% 行政村通互联网。

中小企业互联网应用不断普及。据中国互联网信息中心的 2011 年中最新调查显示，85% 的受访中小企业（不含个体工商）通过互联网办公。中小企业中沟通类、信息类应用的普及率稳步提升，其中电子邮件应用普及率达到了 64.5%。中小企业电子商务普及程度逐步提高，在销售和采购环节都已开始利用互联网手段。

同时，我国通信业发展也面临着一些突出矛盾和问题：一是行业增长主要依靠投资和用户规模拉动，在 3G 等新业务方面，各电信企业仍主要靠终端补贴、话费优惠等方式吸引客户；二是宽带基础设施建设相对滞后，截至 2010 年底我国宽带接入普及率为 9.6%，低于 OECD 国家平均水平约 15 个百分点，平均下行速率不足全球平均水平 1/3；三是市场格局失衡与产业链不协调并存，细分市场中单一企业的主导地位依然明显，基础企业出现管道化和边缘化趋势；四是基于互联网的新技术创新和新业务应用使传统电信业的业务模式、商业模式面临着严峻挑战，业务平台的开放化使得行业监管面临的问题更为复杂。

（三）电信行业中央企业发展概况与动态

1. 中国电信股份有限公司①

中国电信股份有限公司是全业务综合信息服务提供商，也是全球最大的固

① 来源：中国电信 2011（香港）上市公司年报

定电话、CDMA 移动网络及宽带互联网运营商，在中国提供固定通信业务、移动通信业务等基础电信业务，以及互联网接入服务业务、信息服务业务等增值电信业务，于 2011 年底拥有约 1.70 亿固定电话用户、约 7700 万有线宽带用户及超过 1.26 亿移动电话用户。公司发行的 H 股及美国存托股份分别在香港联合交易所有限公司和纽约证券交易所挂牌上市。

（1）2011 年经营业绩

2011 年中国电信经营收入达到人民币 2450.41 亿元。扣除初装费因素的影响后，经营收入为人民币 2449.43 亿元，同比增长 11.7%。收入结构持续优化，为未来持续发展奠定坚实基础：其中移动服务收入为人民币 682.48 亿元，同比增长 43.0%，占总收入的比重进一步提升至 27.9%，已成长为公司第一大业务；有线宽带接入收入为人民币 608.01 亿元，同比增长 12.3%，继续保持了快速增长；固网语音收入为人民币 497.64 亿元，占总收入的比重下降至 20.3%，经营风险进一步释放。公司股东应占利润为人民币 164.04 亿元，同比增长 10.5%，在用户规模化发展的同时实现盈利能力的显着提升；资本开支为人民币 495.51 亿元，占收入的比重为 20.2%；自由现金流达到人民币 202.88 亿元。

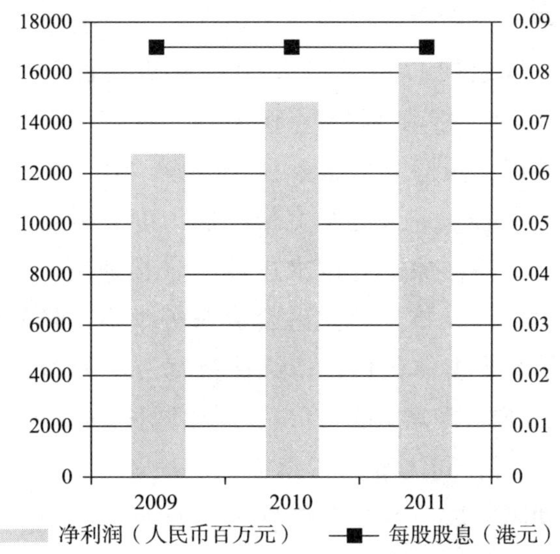

图 2－35　2009—2011 中国电信主要经营数据

经营收入稳健增长，业务结构持续改善：2011 年，实现经营收入（不含初装费）人民币 2449.43 亿元，年增长率 11.7%；扣除移动终端销售收入后的经营收入为人民币 2310.10 亿元，年增长率为 8.1%。受移动、有线宽带等高成长性业务快速增长拉动，公司整体业务结构得到进一步优化，移动服务、有线宽带、固网增值及综合信息服务收入占不含初装费的经营收入比重达到64.9%，较上年提升5.6个百分点。

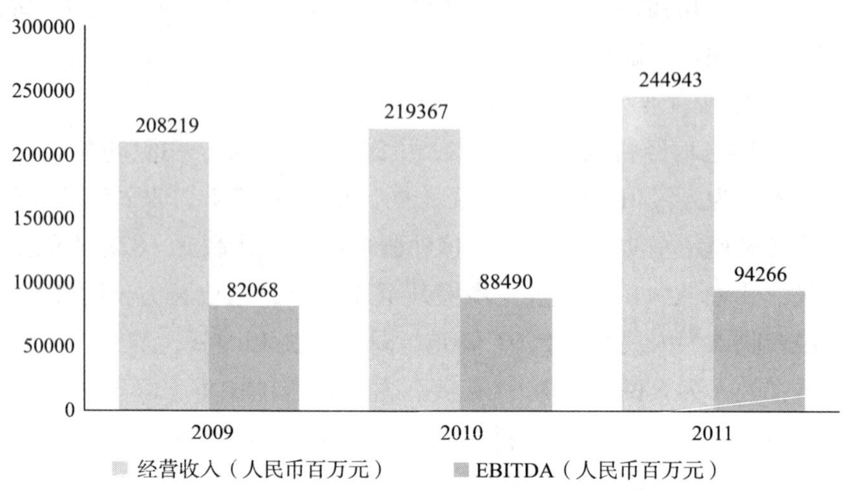

图2-36 2009—2011年经营收入

移动业务快速增长，用户规模进一步扩大，用户结构持续优化：2011年中国电信的移动用户规模达到12647万户，较上年末增长39.7%。移动服务收入达到人民币682.48亿元，移动ARPU、MOU基本保持稳定。

全力推动宽带提速，保持宽带业务领先优势：2011年，中国电信启动“宽带中国—光网城市”工程，加大光纤宽带发展力度，树立宽带品质优势，进一步提升“天翼宽带”品牌形象。通过推进落实“提速度”、“填内容”、“优服务”的业务发展策略，以及推广自主融合套餐等举措，降低用户对宽带业务的印象价格，提升宽带客户整体价值，持续保持宽带业务领先优势。2011年有线宽带用户达到7681万户，净增1333万户，同比增长21.0%，有线宽带接入收入达到人民币608.01亿元，同比增长12.3%。

合作与创新推动固网增值及综合信息服务业务稳步增长：2011年，中国电信通过汇聚与众包等创新合作模式，构建生活搜索+信息服务的联盟体系，打造号码百事通综合生活信息服务门户品牌，其综合信息搜索量持续增长，商旅业务实现专业化经营。同时，中国电信把握物联网、云计算和移动互联网发展趋势，强化协同化营销、专业化支撑、一站式服务等举措，加快ICT、IDC、ITV业务发展，为客户提供便捷、丰富、差异化、高性价比的综合信息服务。固网增值及综合信息服务业务实现收入人民币 297.63 亿元，同比增长 5.1%，在不含初装费的经营收入中占比达到 12.2%。

固网语音业务的经营风险进一步释放：通过深化固移融合，推广固话话务量经营，固话用户流失趋缓，小灵通用户总量已不足 1100 万户，相应的收入占比为 0.8%。固网语音业务占公司总体经营收入比重进一步降低，有效释放了经营风险。2011 年固网语音业务实现收入人民币 497.64 亿元，占不含初装费经营收入的比例为 20.3%，较上年下降 8.2 个百分点。

（2）网络运营

2011 年，中国电信进一步优化资源配置，在注重效益提升与落实风险控制的同时，深化实施精确管理，快速提升网络基础能力，积极推进网络演进，大力支撑重点业务规模发展。在网络基础能力建设方面，进一步加大宽带业务投资力度，规模部署光纤到户（FTTH），大幅提升用户的接入带宽和业务体验，有效支撑公司宽带业务规模发展。2011 年中国电信宽带互联网投资为人民币 331.21 亿元，投资比重达到 66.8%，较上年提升 2.6 个百分点。新增宽带接入设备 1850 万端口，城市地区（含县城）宽带线路 20M 带宽接入能力覆盖率达到 70%，较上年提升 12 个百分点。在承载网方面，加快推进 IP、传输骨干网和城域网的扩容优化，并积极开展下一代互联网、高性能传输网等试点，做好网络与技术演进的储备。在推进智能管道建设、强化综合平台服务能力方面，积极开展宽带智能提速、高性能 CDN 与移动流量调度等研究与试点，加快平台整合与综合平台体系建设，打造云资源池，提高平台的综合提供能力。同时，中国电信继续加大 WiFi 网络投入，结合统一账号经营和 WiFi 分流 EV－DO 等策略开展建设，以充分发挥 WiFi 网络作为有线宽带的延伸和 3G 网络的补充作用。截止 2011 年底，全网 WiFi 接入点数量达到 60 万个。为有效支撑 3G 业务发展及全业务融合经营，强化了 IT 支撑系统的集约化管理，实现了各业务平台和各级公司的数据共享；完善了社会化集中销售系统，支撑销售网点的集约化销售，有力的支撑了集约化生产销售和经营管控，IT 支撑能力显着增强。

（3）其他经济状况

2011 年，中国电信的移动业务继续保持快速发展，移动语音收入为人民币 386.28 亿元，较 2010 年的人民币 289.06 亿元增长 33.6%，占经营收入的比重为 15.8%。2011 年移动用户净增 3595 万户，达到 1.26 亿户。

互联网方面，2011 年，互联网接入业务收入为人民币 749.92 亿元，较 2010 年的人民币 639.85 亿元增长 17.2%，占经营收入的比重为 30.6%。中国电信通过“宽带中国？光网城市”计划，全面实施宽带提速，有效促进了宽带业务的快速发展，互联网接入业务收入持续增长。截至2011年底，有线宽带用户达到7681万户，较2010年底增加1333万户，增长21.0%。2011年，公司有线宽带接入收入为人民币608.01亿元，较2010年增长12.3%；移动互联网接入收入为人民币133.01亿元，较2010年增长47.5%。

增值服务方面，2011年，增值服务收入为人民币255.29亿元，较2010年的人民币225.71亿元增长13.1%，占经营收入的比重为10.4%。增长主要得益于移动增值服务业务高速发展，移动增值服务收入为人民币120.67亿元，较2010年增长53.6%。但由于小灵通业务的萎缩，固网增值业务收入同比下降8.5%。

综合信息应用服务方面，2011年，综合信息应用服务收入为人民币204.73亿元，较2010年的人民币155.19亿元增长31.9%，占经营收入的比重为8.4%。增长主要得益于IT服务及应用、号百信息服务等业务的快速发展。移动综合信息应用服务收入为人民币41.72亿元，较2010年增长117.3%。

基础数据及网元出租方面：2011年，基础数据及网元出租业务收入为人民币142.73亿元，较2010年的人民币123.89亿元增长15.2%，占经营收入的比重为5.8%。由于客户对网络资源及信息化的需求不断增加，使得国内电路出租收入、IP－VPN业务收入、光纤管道等出租收入增长较快。移动基础数据及网元出租业务收入为人民币0.80亿元。

2011年，其他业务收入为人民币212.84亿元，较2010年的人民币134.99亿元增长57.7%，占经营收入的比重为8.7%。增长主要来自于移动终端设备的销售收入。移动其他业务收入为人民币144.53亿元，较2010年增长132.0%。

2011年，中国电信的经营费用为人民币2209.12亿元，较2010年增长12.5%，经营费用占经营收入的比重为90.2%，与2010年相比略有上升。

折旧及摊销：2011年，折旧及摊销为人民币512.24亿元，较2010年的人民币522.15亿元下降1.9%，占经营收入的比重为20.9%。下降主要得益于中国电信持续加强资本支出管控。

网络运营及支撑成本：2011年，网络运营及支撑成本为人民币529.12亿元，较2010年的人民币474.32亿元增长11.6%，占经营收入的比重为21.6%。增长的主要原因是CDMA网络容量租赁费的增加。2011年CDMA网络容量租赁费为人民币190.11亿元，较2010年增长42.7%。

销售、一般及管理费用：2011 年，销售、一般及管理费用为人民币 487. 41 亿元，较 2010 年的人民币 421. 30 亿元增长 15. 7%，占经营收入的比重为 19. 9%。增长的主要原因是中国电信为促进移动和宽带等业务规模发展，相应增加营销资源投入。同时，公司继续加大力度严格控制一般及管理费用，一般及管理费用较上年同期增长 1. 2%，低于同期收入增长幅度。

人工成本：2011 年，人工成本为人民币 391. 67 亿元，较 2010 年的人民币 355. 29 亿元增长 10. 2%，占经营收入的比重为 16. 0%。增长的主要原因是中国电信适当增加了对高端人才以及基层员工激励力度。

其他经营费用：2011 年，其他经营费用为人民币 288. 68 亿元，较 2010 年的人民币 191. 06 亿元增长 51. 1%，占经营收入的比重为 11. 8%。增长的主要原因是中国电信移动终端设备的销售支出增加。移动终端设备销售支出为人民币 128. 66 亿元，同比增长 159. 2%。

2011 年，中国电信的财务成本净额为人民币 22. 54 亿元，较 2010 年的人民币 36. 00 亿元下降 37. 4%，其中净利息支出减少人民币 10. 85 亿元。减少的主要原因是公司付息债规模大幅下降。2011 年汇兑净收益为人民币 0. 51 亿元，2010 年汇兑净损失为人民币 0. 92 亿元，汇兑净损益变动主要是人民币对日元汇率升值所致。

所得税：中国电信的法定所得税率为 25%。2011 年，公司所得税费用为人民币 54. 16 亿元，实际税率为 24. 6%。实际税率低于法定税率主要是因为公司处于经济特区的分公司和部份子公司享受税收优惠政策。

资本支出：为促进宽带业务发展，巩固宽带业务领先优势，2011 年，中国电信继续加大宽带网络建设投入，不断提升光纤接入普及率和宽带接入速率；同时注重投资效益，优化投资结构，有效控制固网语音、基础设施等业务投资。2011 年资本支出为人民币 495. 51 亿元，较 2010 年的人民币 430. 37 亿元增长 15. 1%。

现金流量：2011 年，中国电信的现金及现金等价物净增加为人民币 16. 49 亿元，2010 年的现金及现金等价物净减少为人民币 89. 34 亿元。

2011 年，经营活动产生的净现金流入为人民币 730. 06 亿元，较 2010 年的人民币 755. 71 亿元减少人民币 25. 65 亿元。2011 年，投资活动所用的净现金流出为人民币 436. 37 亿元，较 2010 年的人民币 457. 34 亿元减少人民币 20. 97 亿元。现金净流出减少的主要原因是公司处置资产的收益较 2010 年有所增加，且 2010 年偿还收购 CDMA 业务支付现金人民币 53. 74 亿元。2011 年，融资活动所用的净现金流出为人民币277.20亿元，较2010年的人民币387.71亿元减少人民币110.51亿元。现金净流出减少的主要原因是公司2011年偿还的银行及其他贷款较2010年有所减少。

营运资金：2011年底，中国电信的营运资金（即总流动资产减总流动负债）为短缺人民币676.82亿元，比2010年短缺人民币716.78亿元减少人民币39.96亿元。截至2011年12月31日，公司未动用信贷额度为人民币1189.70亿元（2010年：人民币985.76亿元）。2011年底，公司拥有的现金及现金等价物为人民币273.72亿元，其中人民币现金及现金等价物占94.4%（2010年：91.2%）。

2011年，中国电信继续保持稳健的资本结构。截止2011年底，公司的总资产由2010年底的人民币4205.29亿元减少至人民币4191.15亿元；总债务由2010年底的人民币735.76亿元减少至人民币521.03亿元。总债务对总资产的比例由2010年底的17.5%降低到2011年底的12.4%。2011年底，公司的总债务为人民币521.03亿元，较2010年底减少了人民币214.73亿元，减少的主要原因是公司偿还了部份银行及其他贷款。公司的总债务中，人民币贷款、美元贷款、日元贷款、欧元贷款分别占94.7%（2010年：96.0%）、1.3%（2010年：1.0%）、3.1%（2010年：2.2%）和0.9%（2010年：0.8%）。债务中固定利率贷款占96.3%（2010年：98.5%），其余为浮动利率贷款。

2. 中国移动有限公司①

中国移动有限公司于1997年9月3日在香港成立，并于1997年10月22日和23日分别在纽约证券交易所和香港联合交易所有限公司上市。公司股票在1998年1月27日成为香港恒生指数成份股。公司是中国内地最大的移动通信服务供应商，拥有全球最多的移动用户和全球最大规模的移动通信网络。2011年，公司再次被国际知名媒体《金融时报》选入其“全球500强”，被著名商业杂志《福布斯》选入其“全球2000领先企业榜”，并再次入选道·琼斯可持续发展指数（Dow Jones Sustainability Indexes）。公司的债信评级目前为穆迪公司评级Aa3/前景正面和标准普尔公司评级AA-/前景稳定，分别等同于目前的中国国家主权评级。

① 中国移动2011（香港）上市公司年报

表 2-25　2009—2011 中国移动主要财务指标状况

项目	2011 年	2010 年	2009 年
营运收入（人民币百万元）	527999	485231	452103
EBITDA（人民币百万元）	251025	239382	229023
EBITDA 率（%）	47.5	49.3	50.7
股东应占利润（人民币百万元）	125870	119640	115166
股东应占利润率（%）	23.8	24.7	25.5
每股基本盈利（人民币元）	6.27	5.96	5.74
每股股息—中期（港元）	1580	1417	1346
—末期（港元）	1747	1597	1458
—全年（港元）	3327	3014	2804

（1）总体情况

2011 年，中国移动营运收入实现良好增长，达到人民币 5280 亿元，比上年增长 8.8%；盈利能力继续保持同行业领先水平，股东应占利润达到人民币 1259 亿元，比上年增长 5.2%，股东应占利润率达到 23.8%；EBITDA 达到人民币 2510 亿元，比上年增长 4.9%，EBITDA 率达到 47.5%；每股基本盈利达到人民币 6.27 元，比上年增长 5.2%。

2011 年净增客户 6555 万户，客户规模近 6.5 亿户。语音业务继续增长，客户总通话分钟数达到 38872 亿分钟，比上年增长 12.3%；平均每月每户通话分钟（MOU）达到 525 分钟。平均每月每户收入（ARPU）为人民币 71 元。数据业务发展态势良好，收入比上年增长 15.4%，占营运收入比重达到 26.4%，其中无线上网业务迅猛增长，收入比上年增长 45.0%，占营运收入比重达到 8.4%，成为拉动营运收入增长的重要因素；应用及信息服务发展良好，无线音乐保持规模发展，收入达到人民币 221 亿元，手机阅读、手机视频、手机邮箱等业务快速成长。3G 运营进展良好，客户发展加快，至 2011 年底，3G 客户超过 5100 万户。

移动应用商场（Mobile Market）作为中国移动面向消费者、开发者和产业链的开放合作重要平台，累计注册客户达 1.58 亿户，累计应用下载量超过 6.3 亿次，成为全球最大的中文应用软件商场。同时，加快推出标准化、模板化的物联网产品，物联网应用领域和规模持续扩大。“无线城市”建设取得积极进展，与 31 省、自治区、直辖市，217 个城市签署了“无线城市”合作协议，全国布

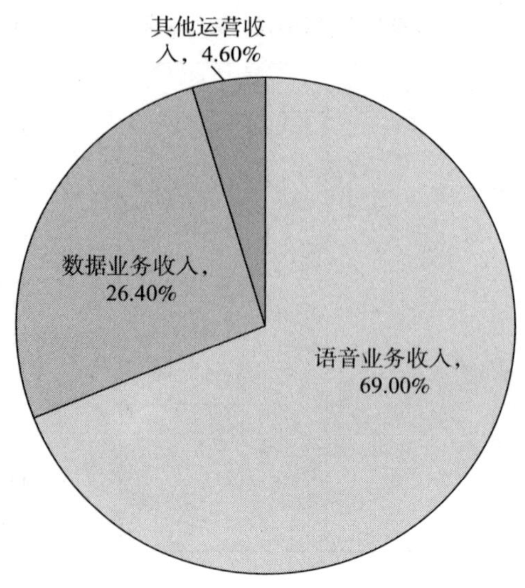

图 2－37　2011 中移动运营收入构成

局基本完成，涉及政务、交通、医疗、就业等十类重点民生应用，业务内容不断丰富，客户使用更为活跃，有力推动了社会信息化发展。坚持“客户为根、服务为本”，基础服务水平进一步提高，电子渠道业务办理占比大幅提升；切实保障客户权益，透明消费体系日益完善。客户满意度稳步提高，继续保持行业领先优势。

在网络发展方面，面对智能终端普及率不断提高以及手机上网服务需求不断增长带来的移动数据流量迅猛增长的态势，深入实施面向未来的 2G/3G（TD－SCDMA）/WLAN/TD－LTE 四网协同发展策略，科学配置资源，加强网络建设，充分发挥四网各自优势，致力打造覆盖广、覆盖深、质量高、速率高的世界一流无线网络。

2011 年底，中国移动的移动基站总数超过 92 万个。WLAN 无线接入点近 220 万个，成为承载数据流量的重要手段。3G 网络实现全部县级以上城市覆盖。网络能力持续增强，网络质量继续保持整体领先。

中国移动积极推动自主创新，TD－LTE 产业发展取得重要进展。TD－LTE Advanced 成为国际电信联盟（ITU）4G 标准之一。2011 年，配合母公司，全面完成了六城市 TD－LTE 第一阶段规模技术试验。今年将展开九城市第二阶段试验，杭州、深圳主城区将达到试商用水平；并将在香港特别行政区开始 LTE TDD/FDD 商业服务。积极发挥带动作用和国际影响力，发起成立了“全球 TD－LTE 发展倡议”组织（GTI），目前，全球已有四十家运营商加入 GTI，五家已推出商用服务，TD－LTE 商业化迈出实质性步伐，产业规模不断扩大。

2011 年，进一步推进“一个中国移动”卓越工程，充分发挥规模优势，深入推进低成本高效运营，采购、仓储物流、网络维护、营销服务、业务支撑等方面集中化程度进一步提升，运营效益不断提高。组建成立了国际公司、终端公司，专业化运营体系加快形成。

中国移动一贯注重履行社会责任，全面实施“可持续发展”战略，在保障责任通信、管理环境影响、投身社会公益等各方面作出切实贡献。2011 年，在云南地震、南方强降雨等自然灾害发生时，第一时间提供应急通信服务，全力保障抢险救灾工作。致力节能减排，深入推行“绿色行动计划”，制定管理用房、通信机房及基站的能效评估办法，建设绿色网络，推进电子化业务，实现低能耗可持续发展，2011 年，单位业务量耗电比上年下降 11%。助力公益，依托中国移动慈善基金会，聚集中国移动和社会各方力量，继续开展中西部农村中小学校长培训、建设爱心图书馆和多媒体教室，关爱艾滋病致孤儿童，扶助贫困先天性心脏病儿童等，致力帮助弱势群体。

2011 年，中国移动连续第四年作为中国内地唯一企业入选道琼斯可持续发展指数。2011 年，中国移动再度入选《金融时报》“全球五百强”，排名第十六位；在《福布斯》杂志“全球二千领先企业榜”排名由上年的第三十八位上升至第三十四位；“中国移动”品牌连续第六年入选明“BRANDZTM 100 全球最强势品牌”排名，列全球第九位，品牌价值上升 9%。目前，公司拥有穆迪 Aa3/前景正面和标普 AA－/前景稳定的企业债信评级，分别保持与中国国家主权评级相同。

基于 2011 年全年良好的经营业绩以及考虑到公司未来的长期发展，按照 2011 年全年 43% 的利润派息计划，董事会建议就截至 2011 年 12 月 31 日止的财政年度派发末期股息每股 1.747 港元，连同已派发的中期股息每股 1.580 港元，全年股息每股共 3.327 港元。2012 年，考虑到各项相关因素，包括公司整体财务状况、现金流产生能力和未来持续发展的需要，中国移动计划 2012 年全年的利润派息率为 43%。

（2）中国移动 2011 年业务情况

截至 2011 年底，中国移动客户总数近 6.5 亿户，比上年增长 11.2%；总通话分钟数达到 38872 亿分钟，比上年增长 12.3%；数据业务收入达到人民币 1393 亿元，比上年增长 15.4%；数据业务收入占营运收入的比例达到 26.4%，比上年提高 1.5 个百分点；无线上网业务流量达到 3614 亿 MB，比上年增长152.1%。

2011年，中国移动加强新客户的拓展和存量客户的经营，成效显著。截至2011年12月31日，客户总数近6.5亿户，全年净增客户数达到6555万户，净增客户市场份额继续保持行业领先。农村、流动人口等市场继续成为重要的增长点。3G客户发展加快，客户规模突破5100万户。

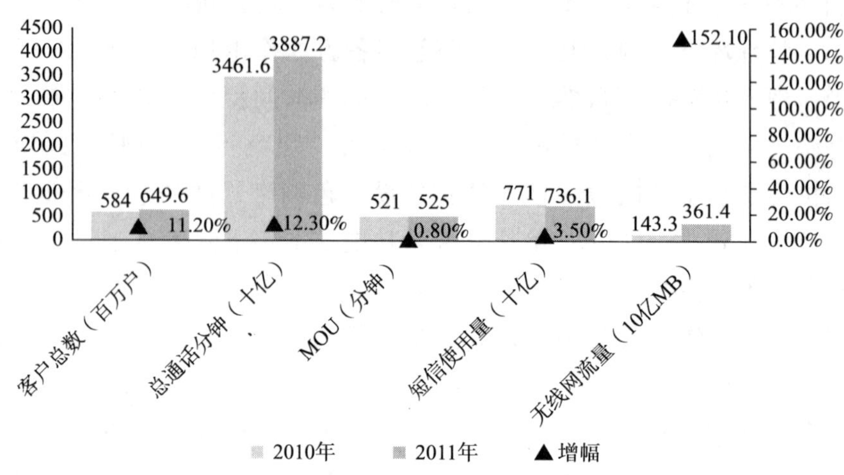

图2-38　2010—2011年中国移动业务情况

通过优化资费、提升服务等举措加强经营，中高端客户规模稳定增长。中国移动客户规模持续扩大，截至2011年底，客户数达到324万家，其个人客户数占客户总数的比例达到36.0%。2011年，中国移动总通话分钟数达到38872亿分钟，比上年增长12.3%；平均每月每户通话分钟数（MOU）达到525分钟；语音业务收入达到3642亿元，比上年增长5.9%。中国移动数据业务包括短信及彩信业务、无线上网业务、应用及信息服务三大类，总体呈快速发展态势。2011年，数据业务收入达到1393亿元，比上年增长15.4%，数据业务收入占营运收入的比例为26.4%，比上年提高1.5个百分点。

2011年，中国移动重点提升基础网络、数据业务和业务支撑的质量。GSM网络质量继续保持领先水平，掉话率下降至0.32%，全程呼叫成功率提升至99.26%。3G网络质量继续提高，掉话率下降至0.35%，全程呼叫成功率提升至98.99%。数据业务质量有效提升，重点产品订购、退订等关键指标成功率达到99%。互联网业务质量明显改善，网络访问速度提高，客户体验增强。业务支撑能力稳步提升，计费、数据业务订购的业务支撑水平达到优秀。网络、业务和支撑质量的提升，为公司在复杂竞争环境下保持业务发展打下了坚实的基础。

中国移动深入贯彻“客户为根、服务为本”的理念，建立全流程服务质量管理体系，不断提升客户满意度。2011 年，客户满意度继续保持行业领先。客户服务界面进一步优化，营业厅、10086 热线等客户基础服务水平稳步提升。10086. cn 统一门户网站建设取得成效，网上业务办理时长缩短 17%。主要业务及产品均实现电子渠道办理，电子渠道业务办理量占比达到76%，比上年提高 22 个百分点。消费者权益保护体系日益完善，全面优化客户账单，推出数据业务的短信查询退订、主动提醒、梦网收费争议先退费后查证等举措，确保客户明白消费、放心消费。认真解决客户投诉，2011 年百万客户升级申诉率全行业最低。

在网络创新方面，中国移动确立了 2G/3G/WLAN/TD – LTE 四网协同发展的战略，结合客户需求，针对四网不同定位，建设发展网络。截至 2011 年底，2G 基站数超过 70 万个，网络利用率保持在合理水平，网络质量持续领先。3G 基站数近 22 万个，实现县级以上城市的覆盖，深化热点区域网络的连续覆盖和深度覆盖。WLAN 的无线接入点近 220 万个，流量比上年增长 397. 9%，起到积极分流作用。配合母公司顺利完成 TD – LTE 在六城市的规模试验，建成 900 个以上基站。下一步将扩大至 9 个城市，以新建和平滑升级方式，建设 2 万个以上基站，杭州、深圳主城区将达到试商用水平。通过四网协同发展，充分发挥各自优势，更好满足客户需求。此外，中国移动加强基础网络资源规划与布局，提升全业务能力，应对竞争。持续增强基础资源储备，网络传输承载和调度能力均较上年大幅提升。充分发挥与母公司的协同效应，实施差异化的全业务发展战略，做强做优个人客户，重点发展集团客户，选择拓展家庭客户，提供高带宽、差异化的接入服务，规模发展标准化产品。

在业务创新方面，中移动紧跟信息技术发展趋势，面向信息服务的广阔市场，积极拓展移动互联网领域，实施“智能管道、开放平台、特色业务、融合界面”相结合的发展战略。致力构筑好用、易用、高效、智能的管道。把移动应用商场作为面向消费者的销售平台、面向开发者的服务平台、面向产业链的支撑平台。形成 Mobile Market 云服务、物联网能力、电子商务能力、位置能力、飞信+等五大开放平台能力。在发展特色业务的同时，推动终端与业务的深度融合。

在管理创新方面，中移动专业化运营迈出实质步伐。国际公司投入运营，拓展了国际业务市场份额，推动了香港国际海缆登陆站建设，为低成本快速形成全球网络能力做好准备；通过加强与国际运营商谈判，降低结算价格，大幅下调了 38 个重点方向的国际漫游资费，有效提升了话务量和客户感知。组建终端公司，凝聚产业力量，加强终端规模采购和销售，促进了终端质量提升和价格下降，单台终端平均采购价进一步下降。通过实施专业化市场化运营，有力支撑了业务发展，提高了运营管理效率。此外，加强集中化管理。推进国际信息港和南方基地建设，有效发挥协同支撑的作用。加快建设集中化的数据中心、呼叫中心以及仓储式、低成本的 IDC。推动实施仓储物流大区中心的集中管理。努力构建低成本高效的供应链体系，进一步提高采购集中度，降低采购成本。中移动积极实施节能减排，履行社会责任。大力推广载频智能节电、自然冷源应用、绿色包装等成熟节能技术，全年实现节电 16 亿度，单位业务量耗电比上年下降 11%。

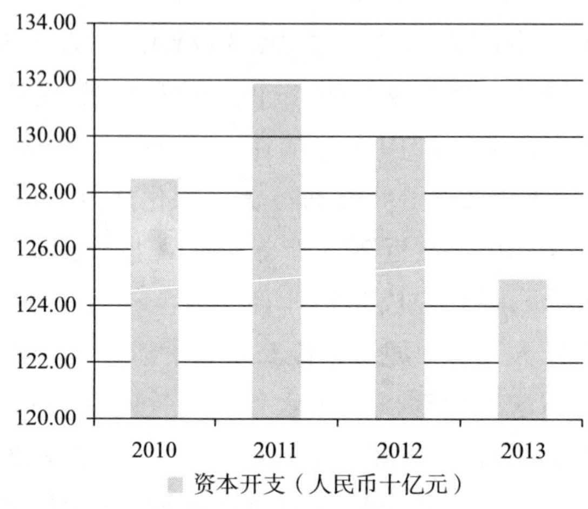

图 2－39　中国移动资本开支（2010—2013 年）

中移动以增强核心能力，注重投资效益为原则，科学安排投资。重点用于保障四网协同发展，巩固传统语音优势，满足流量增长需求；支撑移动互联网、物联网、云计算等技术创新和业务发展；积极储备基础设施资源，提升全业务竞争能力。中国移动合理把握投资规模，优化投资结构，确保投资效率和效益。2011 年资本开支约为 1285 亿元，主要用于移动通信网（57%）、传输网（18%）、业务网（6%）、支撑网（6%）以及局房土建（9%）的建设。中国移动新确定的 2012 年至 2014 年的资本开支计划分别为 1319 亿元、1300 亿元和 1250 亿元。2012 年各项投资占比分别为：移动通信网（41%）、传输网（26%）、业务网（6%）、支撑网（8%）以及局房土建（16%）。

（3）中国移动 2011 年财务状况

2011 年，经济较快增长有效推动中国移动业务良好发展；但移动普及率上升、电信市场竞争加剧以及产业价值链结构变化等也给公司带来诸多挑战。

得益于客户基础稳固、新增客户规模依然可观、话务量稳步增长以及数据业务快速发展的有效推动，2011 年营运收入比上年增长 8.8%。为支撑客户、话务量和数据业务的良好发展，应对市场竞争并持续提升公司的核心竞争力，中国移动不断优化资源配置，在加大对营销渠道、客户服务、网络优化、支撑系统、研发等方面投入的同时，着力提升资源使用效率和效益，2011 年营运支出为 3767 亿元，比上年增长 12.6%。盈利水平继续处于同业领先。健康良好的业务增长、科学精细的成本管控、理性高效的资本开支投入以及持续彰显的规模效益令中国移动继续保持了强劲的现金流。2011 年公司经营业务现金流入净额和自由现金流分别达到 2268 亿元和 982 亿元；总借款占总资本比重（总资本为总借款与股东权益之和）和利息保障倍数（息税前利润与利息支出的比率）均保持良好水平。目前公司拥有穆迪 Aa3/前景正面和标普 AA－/前景稳定的评级，分别保持与中国国家主权评级相同。

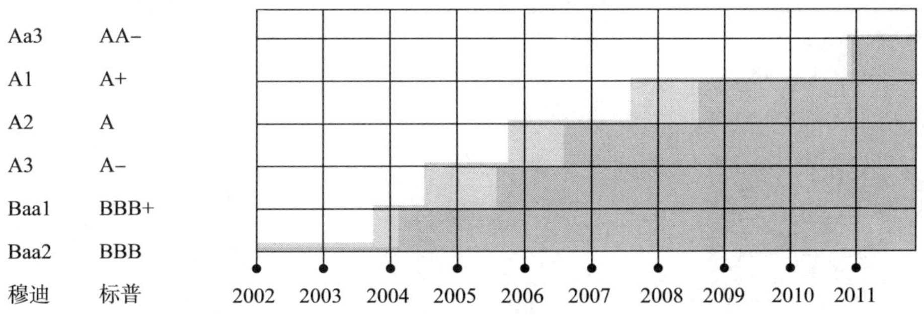

图 2－40　2002—2011 中国移动信用评级状况

2011 年，中国移动加大业务应用创新，推动在新兴领域的布局和拓展，以无线上网业务为代表的数据业务呈现良好的发展势头，对收入增长的贡献日益显着。2011 年数据业务收入达到 1393 亿元，比上年增长 15.4%，占总营运收入比重提升至 26.4%，数据业务收入结构得到进一步优化。短信及彩信业务维持可观的收入规模，业务量持续增长；2011 年短信及彩信业务收入达 465 亿元，占数据业务收入比重为 33.3%；随着物联网和集团客户相关业务发展，短信及彩信业务仍具有发展空间。3G 业务的良好发展和智能手机的普及推动无线上网业务持续高速增长，2011 年无线上网流量增幅达 152.1%，无线上网业务收入实现 444 亿元，比上年增长 45.0%，占数据业务收入比重提升至 31.9%。无线音乐、来电提醒等规模型业务稳定增长；移动应用商场、手机阅读、手机视频等新兴业务实现高速增长；2011 年应用及信息服务收入达到 484 亿元，占数据业务收入比重为 34.8%。

2011 年营运支出为 3767 亿元，比上年增长 12.6%，占总营运收入的比重为 71.3%。中国移动将不断强化精细管理，深入开展成本标杆管理，持续优化成本结构，提升成本使用的效率和效益，以实现成本的最佳收益。

中国移动自建及合建电路已经达到一定规模，因此传输电路相关租赁费规模已经较小。随着 3G 客户规模和 3G 业务快速增长，公司按实际 TD 网络占用情况支付给母公司的 TD 无线网络容量租赁费有所增加，2011 年为 11 亿元；并且互联网端口租赁费也随着移动互联网业务快速发展有所增长。2011 年电路租费占营运收入的比重为 1.0%，比上年有所上升。

由于网间互联话务量有所增长，2011 年网间互联支出为 235 亿元，比上年增加 16 亿元，占营运收入的比重与上年基本持平。

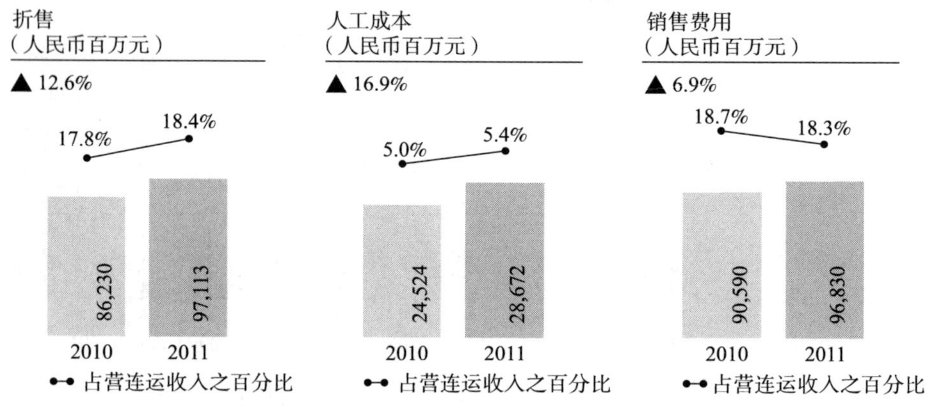

图 2-41　中国移动成本量化（2010—2011 年）

中国移动 2011 年折旧费用比上年增加 109 亿元。截至 2011 年 12 月 31 日止，中国移动共偏用员工 175336 名；2011 年人工成本为 287 亿元，占营运收入比重比上年有所上升。销售费用比上年增加 62 亿元，增幅明显放缓。同时，公司进一步实施各类营销资源的统筹规划，大力推广电子渠道、客户服务集中管理等低成本高效率的发展模式，销售费用占收入比重得到良好控制，2011 年为 18.3%，比上年有所下降；2011 年每客户每月销售费用为 13.1 元，比 2010 年进一步降低，反映出良好的成本效益。

2011 年度，中国移动继续保持了强劲的现金流，经营业务现金流入净额达到 2268 亿元，自由现金流达到 982 亿元。截至 2011 年末公司现金及银行结存余额为 3331 亿元，其中人民币资金占 98.8%，美元资金占 0.2%，港币资金占 1.0%。公司在保证运营所需资金的基础上，通过发放委托贷款的方式对所持现金进行保值增值管理，2011 年 12 月 31 日，委托贷款余额为 140 亿元，公司对委托贷款进行严格的风险管控，发放对象均为内地大型国有企业，资金风险极低。稳健的资金管理和充裕的现金流为公司的长远发展奠定了良好的基础。

3. 中国联合通信有限公司①

2011 年，中国联通以 3G 和固网宽带为引领，加快建立差异化优势，整体发展呈现持加速向好态势，收入快速增长，市场份额稳步提升，业务结构更趋合理，效益水平逐步改善，公司综合实力和可持续发展能力进一步增强。

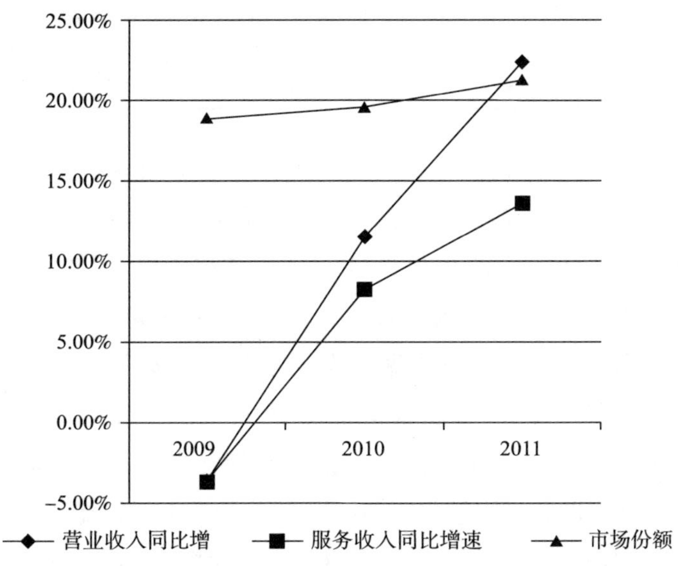

图 2－42　2009—2011 中国联通收入增速和市场份额

2011 年，中国联通收入加速增长，实现营业收入人民币 2155.0 亿元，同比增长 22.4%。其中服务收入人民币 1917.6 亿元，同比增长 13.7%。实现 EBITDA 人民币 636.4 亿元，同比增长 7.0%；净利润人民币 41.7 亿元，同比增长 19.2%；基本每股收益人民币 0.067 元（包含固话初装费递延收入）。2011 年，公司实现经营现金流人民币 694.5 亿元，同比增长 1.8%；资本性支出人民币 766.6 亿元，同比增长 9.2%。截至 2011 年 12 月 31 日，资产负债率为 54.5%，资产负债状况保持稳健。

2011 年完成营业收入人民币 2155.0 亿元，其中，服务收入达到人民币 1917.6 亿元，比上年增长 13.7%，销售通信产品收入为人民币 237.5 亿元。

① 来源：中国联通 2011 年报；中信证券；海通证券

表 2-26　2010—2011 中国联通营业收入

人民币亿元	2011 年		2010 年	
	金额	占比%	金额	占比%
服务收入	1917.6	100	1685.9	100
其中：移动业务	1063.3	55.5	846	50.2
其中：2G	725.4	37.8	726.7	43.1
3G	337.9	17.6	119.3	7.1
固网业务	843.8	44	821.8	48.7
其中：本地通话	351.2	18.3	413.1	24.5
宽带	364.3	19	307.3	18.2

受3G、固网宽带业务持续、快速增长拉动，2011 年收入快速增长，服务收入同比增幅超出行业平均增幅3.4 个百分点，市场份额稳步提升。在收入规模快速增长的同时，业务和收入结构持续优化。移动服务收入占服务收入的比例达到55.5%。非语音业务收入占服务收入的比例达到49.3%。

2011 年，中国联通移动业务呈现强劲增长势头。移动用户全年累计同比增长19.3%，达到19966.0 万户。实现移动服务收入人民币 1063.3 亿元，同比增长25.7%。受3G 用户规模增长驱动，移动业务用户结构和收入结构持续改善，移动用户 ARPU 同比提高 8.2%，达到人民币 47.3 元；移动数据流量同比增长 293.4%，带动移动非语音业务收入占移动服务收入的比例快速提升，达到37.1%。

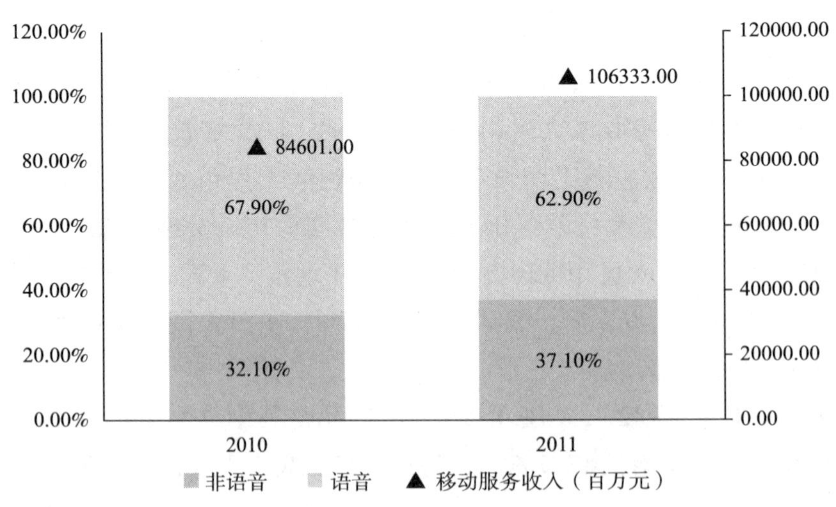

图 2-43　移动业务收入及结构

2011 年移动业务实现快速增长，移动业务营业收入完成人民币 1302. 2 亿元，其中服务收入为人民币 1063. 3 亿元，分别比上年增长 41. 3% 和 25. 7%。全年移动增值服务收入达到人民币 390. 7 亿元，比上年增长 46. 8%，所占移动业务服务收入的比重由上年的 31. 5% 上升至 36. 7%。

联通 3G 业务继续保持快速发展，完成服务收入人民币 337. 9 亿元，所占移动服务收入的比重由上年的 14. 1% 上升至 31. 8%；GSM 业务基本平稳，完成服务收入人民币 725. 4 亿元，比上年下降 0. 2%。

2011 年，充分利用终端、渠道和应用拉动，进一步巩固和扩大在 3G 业务领域的差异化竞争优势，3G 业务实现快速、规模增长。3G 用户全年累计净增 2595. 9 万户，达到 4001. 9 万户，占移动用户的比例达到 20. 0%；用户 ARPU 保持人民币 110. 0 元的较高水平；实现 3G 服务收入人民币 337. 9 亿元，同比增长 183. 2%，占移动服务收入的比例达到 31. 8%。

2011 年内，进一步激发 WCDMA 在智能终端领域的领先优势，不断丰富终端定制，建立了在各价位产品体系中的竞争优势。2011 年下半年，中国联通联合产业链各方，全球首推多款 3. 5 寸电容屏、CPU 600MHz 以上的千元智能机，成为继 iPhone 后推动移动互联网加速普及的重要驱动力，带动公司 3G 用户净增规模快速提升。公司持续突破社会渠道规模，积极完善销售及结算流程，社会渠道产能和效率全面提升，全年 3G 业务社会渠道销售占比达到 53%。自有渠道方面，公司加快提升自有营业厅销售能力，在 3500 个自有营业厅推行体验式营销模式转型，单厅销量显著提升；积极引导电子渠道销售服务，网上营业厅使用量快速增长，全年营业额达到人民币 230. 7 亿元，同比增长 86%。

2011 年，中国电信继续坚持 3G“品牌、业务、资费、包装、终端政策、服务标准”六统一策略，根据市场和客户需求变化，不断优化营销策略，拉动 3G 用户快速增长。持续完善 3G 资费产品体系，优化国际资费，丰富预付费产品，推出 21Mbps 速率的 HSPA + 无线上网卡；调整和优化战略终端补贴政策，进一步降低终端补贴门槛，推出千元大屏智能手机，加速中低端智能机型上市，丰富定制终端种类；加大应用创新和流量经营，引入定向流量计费模式，开展数据及信息业务促销活动，加快发展手机电视、手机阅读、沃商店、沃友等创新型产品。全年 3G 用户净增 2595. 9 万户，达到 4001. 9 万户，其中，无线上网卡用户达到 379. 9 万户。3G 用户计费总时长达到 1695 亿分钟，平均每用户每月数据流量达到 267. 2MB，平均每用户每月收入（ARPU）为人民币 110. 0 元。沃商店、沃友注册用户分别达到 350 万户、120 万户。

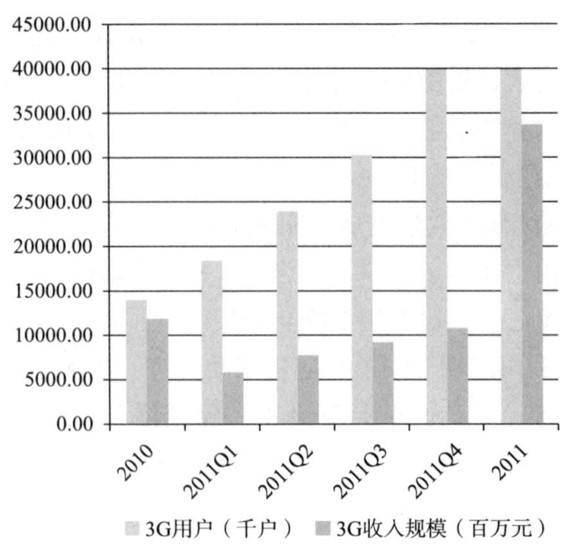

图 2－44　中国联通 2010—2011 年 3G 业务发展状况

内容及应用领域，聚焦音乐、阅读、应用商店等重点产品，广泛开展体验及内容推送活动，用户使用量不断提高。2011 年，中国联通 3G 用户月均数据流量达到 267MB，同比增长 50. 1%。下半年，公司创新推出了 WO＋开放体系，致力于提升产品聚合、渠道、精细化运营和智能管道能力，提升流量，聚合应用，不断扩大行业影响力。

2011 年，中国联通加强 GSM 数据业务营销，并从产品和渠道等领域大胆探索 GSM 业务营销模式的转型，全年累计净增用户 627. 5 万户，达到 15964. 1 万户。实现 GSM 服务收入人民币 725. 4 亿元，基本保持平稳。其中，受语音领域的激烈竞争以及移动互联网业务替代等因素的影响，GSM 语音业务持续下滑；受手机上网等业务增长拉动，数据业务快速增长。

2011 年，中国联通 GSM 业务发展基本保持平稳。调整渠道和佣金模式，建立长效佣金机制，提高成本使用效能；梳理 GSM 资费套餐，引入话务量产品和融合产品，加大手机上网、炫铃等重点业务推广；通过话费补贴等措施，引导无线市话用户升级为 GSM 用户，同时积极稳妥地推进 GSM 中高端客户向 3G 迁移。全年 GSM 用户净增 627. 5 万户，达到 15964. 1 万户。GSM 用户计费总时长达到 4847. 6 亿分钟，比上年同期增长 2. 9%。平均每用户每月收入（ARPU）为人民币 37. 4 元，比上年同期下降 5. 3%。手机上网用户净增 778. 7 万户，达到 6360 万户，用户渗透率达到 39. 8%。炫铃业务用户达到 5883. 5 万户，用户渗透率达到 36. 9%。

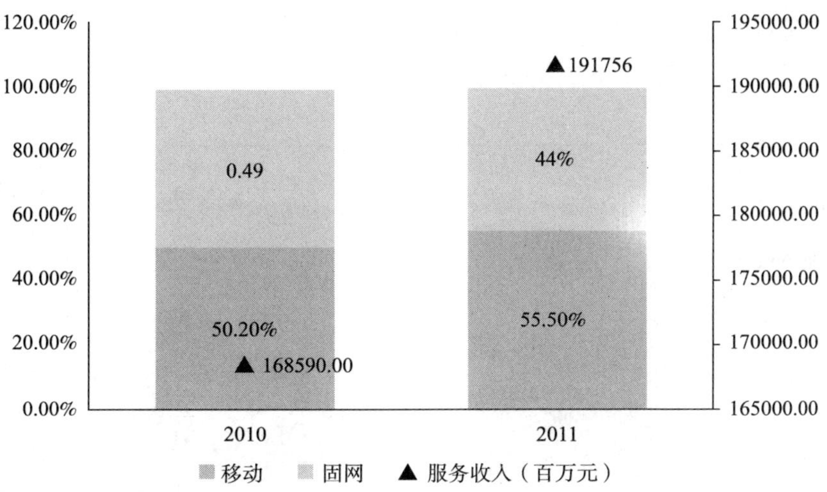

图 2－45　2010—2011 中国联通固网和移动业务状况

固网宽带业务的快速增长有效弥补了中国联通本地电话业务的下滑，全年实现固网服务收入人民币 843. 8 亿元，同比增长 2. 7%。其中，非语音业务收入所占比重达到 64. 0%，业务结构进一步改善。2011 年内，公司加快固网宽带升级提速，积极开展提速营销，固网宽带用户全年累计同比增长 17. 8%，达到 5565. 1 万户；固网宽带服务收入同比增长 18. 6%，规模首次超过固网语音，占固网服务收入的比例达到 43. 2%。“沃家庭”用户累计净增 798 万户，拉动固话用户全年累计同比增长 2. 2%，达到 8506. 4 万户。但受用户 ARPU 下滑和无线市话用户大幅流失影响，本地电话业务全年累计实现服务收入人民币 351. 2 亿元，同比下降 15. 0%。

2011 年，中国联通加快实施宽带升级提速和融合业务推广，保持固网业务稳定发展。进一步提高宽带网络覆盖范围和接入能力，提升高速率带宽用户占比；全面推广宽带“装移修承诺服务”，为用户提供便捷的宽带服务；充分发挥全业务优势，大力推广“沃家庭”、“沃商务”等融合产品，带动了用户发展。全年宽带用户净增 842. 7 万户，达到 5565. 1 万户。4M 及以上速率宽带用户占比达到 41. 3%，比上年同期提高 11. 7 个百分点。宽带内容和应用业务用户达到 2024. 5 万户，占宽带用户比例达到 36. 4%。宽带平均每用户每月收入（ARPU）为人民币 56. 4 元，比上年同期下降 1. 2%。“沃家庭”用户净增 797. 5 万户，达到 837. 9 万户，带动宽带、固话新入网用户分别为 391. 6 万户、272. 0 万户。

2011 年，联通本地电话用户减少 378. 4 万户，用户总数达到 9285. 1 万户，其中固定电话用户增加 185. 2 万户，用户总数达到 8506. 4 万户，无线市话用户减少563.6万户，用户总数达到778.7万户。本地电话平均每用户每月收入（ARPU）为人民币25.7元，同比下降11.1%。

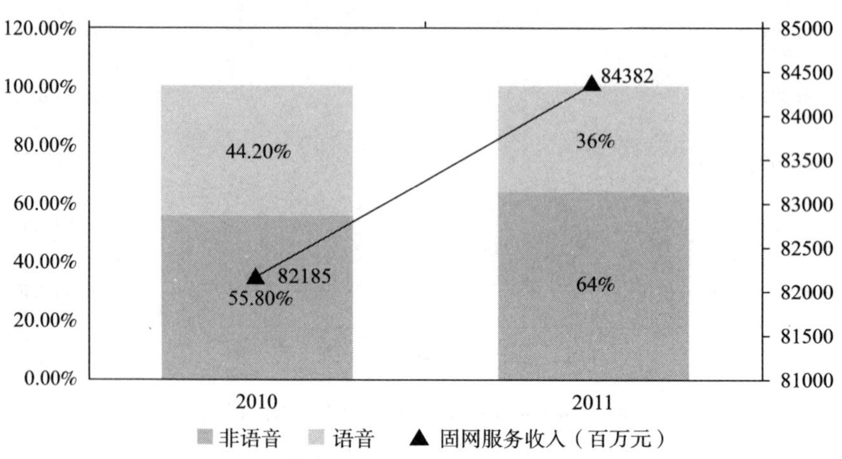

图2-46　中国联通业务情况（2010—2011年）

2011年中国联通全年固网业务营业收入完成人民币844.5亿元，服务收入人民币843.8亿元，比上年增长2.7%。其中，公司固网宽带业务继续保持快速增长，全年服务收入达到人民币364.3元，比上年增长18.6%，所占固网业务服务收入的比重由上年的37.4%上升至43.2%；受固网语音使用量及资费水平下降的影响，本地电话业务服务收入人民币实现351.2亿元，比上年下降15.0%。

2011年，公司加快3G网络建设，持续完善GSM网络，全年新增3G基站5.6万个，新增GSM基站4.6万个，移动基站总数达到61.4万个，同比增长19.9%；在全国56个重点城市完成3G网络HSPA+升级，继续保持3G网络技术领先优势。大力推进光纤接入网建设，固网宽带接入端口总数达到8592.3万个，其中，FTTH/B端口占比达到45%，网络能力进一步增强。

在成本费用方面，2011年公司成本费用合计为人民币2026.1亿元，比上年增长22.6%。

（四）电信中央企业地位与作用分析

1. 地位分析

（1）产业集中度分析

从1949年到80年代初，中国电信业政企合一，邮电部既是管理者也是经营者。80年代以来，电信业改革深入，重组电信行业结构。经过激烈的竞争，运营商通过重组方式变成3家，通信产业的竞争处于寡头垄断局面。

（2）地位判断

目前，我国三大电信运营商处于寡头垄断地位。一方面，由于电信行业的发展和建设投资巨大，需要发挥规模优势、避免重复建设，保证不同网络和技术之间的兼容性，必须依靠政府机构和央企发挥自身优势，加速民族通讯产业建设。另一方面，电信行业需要利用无线电频率等公共资源，资源本身属于稀缺性资源、总量有限，无线信号传输更关乎个人隐私、社会稳定乃至国家机密，鉴于我国电信行业和相关监管体制还有待完善，政府部门及央企有义务承担起振兴民族通讯产业的重任。三家央企电信运营商中国移动、中国联通和中国电信共同承担着全国范围的通讯网络建设和运营的重任，尽管处于寡头垄断的情况下，但随着通讯技术标准的成熟、市场的饱和，产业竞争也在日趋激烈，其中中国移动无论是总收入还是利润额，都具有较大的竞争优势，尤其在移动通讯市场，市场占有率拥有绝对优势，我国电信行业的寡头垄断自身还存在着中国移动一家独大的不平衡现状。

电信行业的垄断现状，短期内不会改变，但各家运营商之间，在下一代通讯网络建设以及市场份额争夺的条件下，竞争会更加激烈，有利于产业更好更快地发展。未来几年中，电信行业在技术发展加快的同时，与互联网产业以及广播电视产业的产业边界也将逐渐模糊。

2. 作用分析

（1）产业贡献

2011年1－11月，全国电信业务总量累计完成10734.1亿元，比上年同期增长15.6%；电信主营业务收入累计完成9011.5亿元，比上年同期增长9.6%。2011年11月，全国电话用户净增1006.9万户，总数达到126175.0万户。其中，固定电话用户减少127.5万户，移动电话用户净增1134.4万户。固定电话用户减少792.6万户，达到28641.5万户。固定电话用户中，无线市话用户减少1005.9万户，达到1857.3万户，在固定电话用户中所占的比重从上年底的9.7%下降到6.5%。移动电话用户累计净增11633.2万户，达到97533.5万户。移动电话用户中，3G用户净增7168.0万户，达到11873.2万户。基础电信企业互联网宽带接入用户净增2880.2万户，达到15509.3万户，而互联网拨号用户减少了29.9万户，达到560.3万户。移动通信收入累计完成6519.1亿元，比上年同期增长13.6%，在电信主营业务收入中所占的比重从上年同期的69.83%上升到72.34%；固定通信收入累计完成2492.4亿元，比上年同期增长0.5%，在电信主营业务收入中所占的比重从上年同期的30.17%下降到27.66%。

(2) 社会贡献

在我国电信行业，大型国有企业资金实力雄厚，规模较大，很容易满足规模经济和领域经济形成的条件，从而节约了社会资源，提高了通信行业运行效率。

对GDP的贡献：

衡量通信企业对GDP的贡献重要通过研究电信业营业收入与GDP比值这一指标来进行。

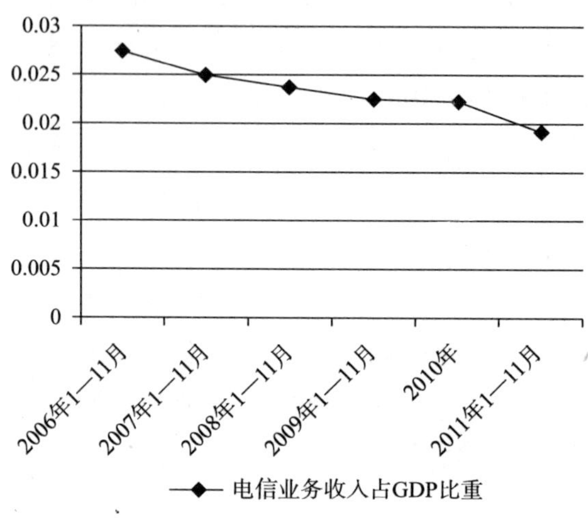

图2-47 电信业营业收入/GDP

从上图可以看出，我国电信业营业收入占GDP的比值维持在2%上下，反映了电信业对国民经济的稳定贡献。

电信业务收入与GDP之比的下滑从一个侧面反映出我国电信业已经由高速成长期进入了增长较为平缓的成熟发展期，未来行业总体效益将呈现缓步进步的态势。长期以来，我国电信业务收入与GDP的比值一直高于众多发达国家，这方面表明与这些国家相比，中国电信业对国民经济的拉动作用更大，在国民经济中的地位更突出，但另一方面也表明我国电信业的发展超前于国民经济整体发展，电信业的后续发展空间将受到国民经济整体程度的限制，不可能长期保持高速增长。

对社会固定资产投资的贡献：

“十一五”期间，全国电信业固定资产投资总额为14621.9亿元，年均增长8.8%。其中前两年处于投资稳定期，投资额在2300亿元左右，2008—2010年年均投资额达3345.9亿元。到2011年前11个月电信业固定资产投资为2655.7亿元，同比增长6.9%。

覆盖面：

2011年11月末，全国电话用户总数累计达到12.62亿户，其中移动电话用户总数达到9.75亿户，比年初新增11633万户；基础电信企业互联网宽带接入用户达到1.55亿户，比年初新增2880万户。全国电话普及率达到94.2部/百人，比去年底提高7.7部/百人，其中移动电话普及率达到72.8部/百人。3G进入规模化发展阶段。2011年1~11月份，中国电信、中国移动和中国联通三家基础电信企业共完成3G专用设施投资941亿元。3G基站规模达到79.2万个，其中TD基站22万个，3G网络已覆盖所有城市和县城以及部分乡镇。11月末，3G用户达到11873万户，比年初新增7168万户，其中TD用户4801万户，新增2731万户。在移动电话净增用户中，3G用户所占比重从年初的43.7%上升到72.5%。

农村通信服务水平逐步提高。1~11月份，新增农村地区宽带用户789万户，累计达到3265万户，占全部宽带用户的22%。随着农村宽带普及水平的提高，电信基础设施普遍服务范围持续扩大，100%的行政村和94.5%的20户以上自然村通电话，99.7%的乡镇通宽带，100%的乡镇、95%行政村通互联网。

对社会就业的贡献：

我国电信运营市场逐渐开放，市场主体日趋多元化，特别是在增值电信领域，民营资本的大批涌入使市场浮现出勃勃活力。截至2010年底，全国增值电信业务经营企业总数超过24000家。三大基础运营商拥有115万名员工，8000家增值电信企业拥有65万名员工，共为社会贡献180万个就业岗位。由此可见，国有电信企业对社会劳动力的吸纳贡献了很大力量。

（3）结论

在目前体制下，电信国企作为支撑中国电信业几十年来高速增长的主体市场力量是无法否认的客观事实。电信国企的独特产权构成和经营机制可能并不具备先天优势，但在中国特有的公有制经济基础的市场经济体制下，它们所遵循的渐进式变革道路事实上为电信业的持续稳定增长创造了必要的外部条件。

在电信领域中，垄断对技术进步更多的是积极的正面作用。现代著名经济学家熊彼得有一个著名的论断："经济发展的本质是创新，创新的源泉是垄断。"这个论断听起来似乎惊世骇俗，但仔细一想却也不难理解。因为第一，一个企业要谋求市场垄断，或者保持住既有的垄断地位，就需要借助新技术，因此垄断成了它不断创新的动力；第二，研究开发新技术，需要人力和财力的大量投入，而且存在高风险，将研究开发的成果转化为生产力，则需要更多的投入，只有占据垄断地位的企业才具备这样的实力。事实也确实如此，电信领域的一些大的发明创造，各种新技术、新设备、新业务的开发应用，大都出于那些占据市场垄断地位的跨国大企业。

电信业是垄断经营还是竞争经营，与一个国家实行何种经济体制其实并无必然的联系。纵观世界电信发展100多年的历史，各国基本都是实行垄断经营的，或者由政府直接经营，或者由政府指定的公有企业垄断经营，就是像美国这样实行充分自由竞争的国家，私营的AT&T也事实上垄断了绝大部分电信市场份额，而这些国家都是实行市场经济的国家。中国电信业的垄断实际上从旧中国就已开始，那时也恰恰实行的市场经济体制。所以，把电信业的垄断同计划经济体制挂钩、划等号，是不符合历史实际的，也是牵强附会的。

造成电信业垄断的原因，应该从电信业本身去找。电信业是网络型行业，是规模经济特别显著的产业，又是关系到国家安全和国计民生的基础设施。在电信发展初期，只有实行垄断经营，国家才能有效地调用人力、财力、物力等资源，建设普及城乡、为全体公民提供普遍服务的电信网。而且这种电信普遍服务，在所有国家都被视为人权的组成部分，是政府应尽的义务。

对于现阶段基础电信业务领域存在的竞争力度不够的问题，我们认为，在一个国家电信业的初步发展阶段，在电信网还未完整建成，电信服务还未充分普及的情况下，垄断体制比较有利。因为电信业要达到广泛服务这一目标需要在初期投资大批沉淀资本，以普及到国家的各个处所。如果在电信业发展初期就引入很多家竞争企业的话就会导致大批重复建设行动，造成社会资源的浪费，并且在某种程度上无法达到广泛服务的目的，无法使电信网完整建设起来。我国现在处在电信业发展初期，电信业还未完全成熟，在很多地区基础电信业务还没有充分普及，基础电信业务领域存在国有企业寡头垄断现象是有利的。对于收费偏高的问题，就需要政府对电信资费进行适度干涉。当电信业进入稳固发展阶段，基础电信业务充分普及后可以在一定程度上引入充分竞争。

五、冶金行业中央企业经济运行

（一）冶金业的一般特征

1. 行业定义[①]

金属分为黑色金属和有色金属两大类。黑色金属包括铁、铬、锰；有色金属是指铁、铬、锰三种金属以外的所有金属，大致按其密度、价格、在地壳中的储量及分布情况和被人们发现与使用情况的早晚等可将有色金属分为以下五类：

（1）轻有色金属：指密度小于4.5的有色金属。包括铝、镁、钾、钠、钙、锶、钡。

（2）重有色金属：指密度大于4.5的有色金属。包括铜、铅、锌、镍、钴、锡、锑、汞、镉、铋等。

（3）贵金属：指在地壳中含量少，开采和提取都比较困难，对氧和其他试剂稳定，价格比一般金属贵的有色金属。包括金、银、铂、钯、锇、铱、钌、铑。

（4）半金属：一般指硅、硒、碲、砷和硼五种元素。其物理、化学性质介于金属和非金属之间。如砷是非金属，但它能传热和导电。

（5）稀有金属：稀有金属并不是说稀少，只是指在地壳中分布不广，开采冶炼较难，在工业应用较晚，故称为稀有金属。包括锂、铍、铷、铯、钛、锆、铪、钒、铌、钽、钨、钼、铼、镓、铟、锗、铊等。

冶金工业是指对金属矿物的勘探、开采、精选、冶炼以及轧制成材的工业部门。包括黑色冶金工业（即钢铁工业）和有色冶金工业两大类。冶金工业是重要的原材料工业部门，为国民经济各部门提供金属材料，也是经济发展的物质基础。

① 本部分内容来自中国有色金属工业协会。

表 2-27 冶金产业代码及名称

行业代码（大类）	中类	小类	类别名称	说明
08			黑色金属矿采选业	
	081	0810	铁矿采选	指对铁矿石的采矿、选矿活动
	082	0820	锰矿、铬矿采选	
	089	0890	其他黑色金属矿采选	指对钒矿等钢铁工业黑色金属辅助原料矿的采矿、选矿活动
09			有色金属矿采选业	指对常用有色金属矿、贵金属矿，以及稀有稀土金属矿的开采、选矿活动
	091		常用有色金属矿采选	指对铜、铅锌、镍钴、锡、锑、铝、镁、汞、镉、铋等常用有色金属矿的采选
		0911	铜矿采选	
		0912	铅锌矿采选	
		0913	镍钴矿采选	
		0914	锡矿采选	
		0915	锑矿采选	
		0916	铝矿采选	
		0917	镁矿采选	
		0919	其他常用有色金属矿采选	
	092		贵金属矿采选	指对在地壳中含量极少的金、银和铂族元素（铂、铱、锇、钌、钯、铑）矿的采选
		0921	金矿采选	
		0922	银矿采选	
		0929	其他贵金属矿采选	
	093		稀有稀土金属矿采选	指对在自然界中含量较少，分布稀散或难以从原料中提取，以及研究和使用较晚的金属矿开采、精选
		0931	钨钼矿采选	
		0932	稀土金属矿采选	指镧系金属及与镧系金属性质相近的金属矿的采选
		0933	放射性金属矿采选	指对主要含钍和铀的矿石开采，以及对这类矿石的精选
		0939	其他稀有金属矿采选	指对稀有轻金属矿、稀有高熔点金属矿、稀散金属矿采选活动，以及其他稀有金属矿的采选

2. 冶金行业特征

（1）黑色金属

钢铁工业指从事铁、锰、铬及其合金的金属矿的采掘、洗选、烧结、冶炼并加工成材的工业。又称黑色金属工业，是冶金工业的一部分。钢铁工业属于资金、劳动力密集型工业，也属于基础工业，它是为国民经济各部门提供原材料的重要工业部门。

钢铁产品一般是标准化和系列化的产品，对于钢铁材料其化学成分、机械性能、材型的规格尺寸有相应的国家标准和行业标准（原冶金部标准）。钢铁工业主要产品包括各种板材、管材、线材、型材等钢材，以及生铁、铁合金、炭素制品、耐火材料、焦炭等。在钢铁工业中还包括与钢铁冶炼加工有关的辅助材料的生产标准和非标准钢铁设备、备品、备件的生产等。

钢铁工业的基本生产过程包括采矿、选矿、烧结、炼铁、炼钢、连铸、轧钢，及焦化、制氧、制造耐火材料。

钢铁生产的主要原材料包括铁矿石、锰矿石、铬矿石、石灰石、耐火黏土、白云石、菱铁矿等矿物的原矿及其成品矿，人造块矿，铁合金，洗煤、焦炭、煤气及煤化工产品，耐火材料制品，炭素制品等。钢铁产品是以铁元素（Fe）为基础组成成分的金属产品的统称，日常形态包括铁、粗钢、钢材、铁合金等。由于铁合金在钢铁工业生产过程中主要用做炼钢时的脱氧剂和合金添加剂，在管理和统计上通常将铁合金归入钢铁生产主要原材料而非钢铁产品。此外，钢丝、钢丝绳、钢绞线、铁丝、铁钉等钢丝及其制品属于钢铁产品的再加工产品，不属于金属基础产品。所以在统计上，钢铁产品仅包括生铁、粗钢、钢材三大类产品。

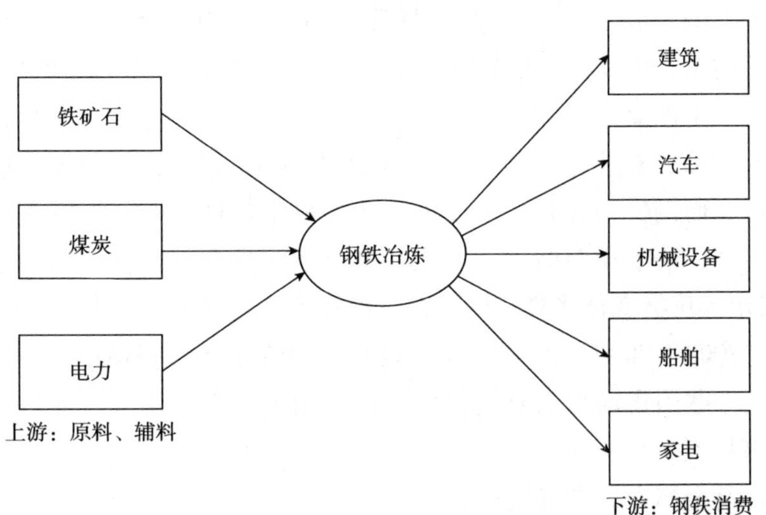

图 2－48　钢铁行业产业链

钢铁行业主要指刚或者铁的冶炼，上游主要是冶炼钢铁所需的原料和辅料等，铁矿石的开采属于采矿业；冶炼过程中所需的能源主要指煤炭，因此煤炭行业也是钢铁行业的上游行业。此外，电力行业、机械行业也处于钢铁行业的上游。钢铁行业的下游主要是钢铁的消费者，主要有机械行业、家电行业、汽车行业、船舶业和建筑业等。

（2）有色金属

有色金属市场期货与现货并存，成为虚拟经济与实体经济紧密结合的产业，铜、铝、铅、锌、镍、锡等主要有色金属期货是典型的衍生金融商品。国内外市场主要有色金属价格走势不仅取决于供需关系，而且与金融市场变化也具有密切关系，是一个十分活跃的市场。

①具有重要战略价值。

目前包括直接再生利用，全球铜市场规模在2000万吨左右，铝市场规模约5000万吨，铅锌市场规模约2000万吨，其他有色金属市场规模合计在300万吨左右。有色金属市场规模虽然不大，但战略价值突出。显示综合国力的战略武器、航天器均以铝、钛合金作为基本结构材料；支持信息化社会发展的基本材料是单晶硅和铜材；新能源的开发更不能离开稀土、铅、锌、镍等有色金属材料的支撑。随着科学技术的发展，有色金属材料的战略价值已经凸现。

②具有较强的全球流通能力。

有色金属具有产品单位价值高的特点（与钢材、水泥、一般化工产品相比），运输费用在销售成本中所占比例很低。因此，有色金属基本不受商品合理销售半径的约束，可以在全球范围内流动，形成了较强的全球流通能力。

③具有一定保值增值功能。

相对于食品、石油等其他大宗期货商品，铜、铝、铅、锌等有色金属的仓储成本很低；而钢材、水泥、一般化工产品很难长期储存，而有色金属大多抗氧化能力较强，便于长期储存。因此，有色金属具有一定保值增值功能。从最近40年来市场价格变化趋势观察，铜、镍等大宗有色金属的保值增值作用并不弱于黄金。2008年世界金融危机爆发以来，随着通货膨胀预期上升，不仅包括中国在内的一些国家增加了有色金属储备，国内私人存储铜、镍等有色金属的势头也相当强烈。

由于有色金属产品具有以上特征，因此成为经济和社会发展中具有重要影响力的商品，有色金属市场成为最具活力的经济影响因素之一。

有色金属产业周期与世界经济周期紧密相连。从20世纪70年代以来，世界经济运行已经走过五个周期，目前正在第五个周期的底部运行。有色金属产业周期一般表现为：市场需求扩张与价格上升→市场需求萎缩与价格下跌。市场需求扩张与价格上升出现在经济周期的扩张阶段，而市场需求萎缩与价格下跌一般同经济周期的收缩阶段相呼应。

3. 冶金产业对于国民经济的意义

（1）黑色金属和有色金属共同构成现代材料体系，是国民经济和人民日常生活以及国防工业、科学技术发展必不可少的基础材料和重要的战略物资。农业、工业、国防和科学技术现代化都离不开黑色金属和有色金属。例如飞机、导弹、火箭、卫星、核潜艇等尖端武器以及原子能、电视、通信、雷达、电子计算机等尖端技术所需的构件或部件大都是由有色金属中的轻金属和稀有金属制成的；此外，没有镍、钴、钨、钼、钒、铌等有色金属也就没有合金钢的生产。有色金属在某些用途（如电力工业等）上的用量也是相当可观的。现在世界上许多国家，尤其是工业发达国家，竞相发展有色金属工业，增加有色金属的战略储备。①

（2）钢铁是国民经济的中流砥柱，是国家的命脉，是国家生存和发展的物质保障。钢铁工业是国民经济的重要基础产业，是国家经济水平和综合国力的重要标志。随着国际产业的转移和我国国民经济的快速发展，我国钢铁工业取得了巨大成就。我国钢铁工业不仅为我国国民经济的快速发展做出了重大贡献，也为世界经济的繁荣和世界钢铁工业的发展起到积极的促进作用。

（3）钢铁行业是国民经济的支柱产业，是关系国计民生的基础性行业。作为原材料工业，在国民经济中占有不可替代的地位。钢铁工业作为一个原材料的生产和加工部门，处于产业链的中间位置。它的发展与国家的基础性建设以及工业发展的速度关联性很强，和钢铁产业关联度较大的产业主要有：固定资产投资、房地产投资、基建投资、机械工业、汽车工业等，钢铁工业将随着这些行业的发展而发展，随着这些行业衰退而衰退。钢铁工业向上游产业联系采矿业、能源工业、交通运输业，如：钢铁工业生产重要消耗大量的铁矿石、煤炭、电力、石油等原材料，使用大量的机电设备，同时又是交通运输消耗的大户；同时，钢铁工业提供的产品又是其他许多产业的基本原材料，向下游又与机械工业、汽车制造业、建筑业、交通运输业等各种重要的行业存在着密切的联系。能源、交通、汽车、建筑业、制造业等相关产业的发展为钢铁行业的发展提供发展的契机；反过来，钢铁行业的发展也会促进这些相关行业的进步。

---

① 资料来源：中国有色金属工业协会。

以汽车行业为例，汽车用钢材通常占全部钢材消耗量的10% ~25%（薄钢板占30% ~40%），汽车工业的发展为钢铁工业的进一步发展提供了动力，而钢铁工业发展带来的技术革新又可为汽车工业提供一些特殊钢材（如高强低合金钢、不锈钢、功能材料、复合材料等），提高轿车的安全性、经济性和舒适性。

（4）有色金属是国民经济、人民日常生活及国防工业、科学技术发展必不可少的基础材料和重要的战略物资。是产业关联度高的基础产业。有色金属都有广泛的用途，成为关联度很高的产业，目前铜、铝、铅、锌等主要有色金属产业关联系数都在0.9以上。例如飞机、卫星、核潜艇等尖端武器以及原子能、电子计算机等尖端技术所需的部件大都是由有色金属制成的；同时在建筑、汽车、食品、家电、卫生等涉及人民生产、生活的方方面面，都或多或少的使用有色金属。

（5）有色金属产品的特点是品种多、应用领域广、关联度大，在经济社会发展中发挥着重要作用。特别是一部分有色金属物理化学特性突出，成为保证战略武器、高新技术、重大工程等国力增强的支撑材料，具有十分重要战略价值，使产业具有较高敏感性。目前部分稀有金属是世界大国高度重视的战略储备资源。

（二）我国冶金产业的发展状况

1. 基本情况

中国地域广大，自然资源丰富，在社会主义建设进程中，钢铁联合企业得到迅速发展。旧有的鞍山钢铁公司经过大规模地扩建和技术改造，已拥有年产700万吨钢的能力。本溪钢铁公司、太原钢铁公司、首都钢铁公司和马鞍山钢铁公司，经过技术改造，已成为年产100万~300万吨钢的联合企业。自20世纪50年代以来，中国新建了几个大型钢铁联合企业，主要的有武汉钢铁公司、包头钢铁公司和攀枝花钢铁公司。武汉钢铁公司的生产能力目前已达400万吨钢。中国在建设钢铁联合企业中主要利用本国的资源和技术，同时也引进了一些国际上的先进技术和装备。近年，利用国外先进技术建设了上海宝山钢铁总厂，规模为年产600万吨钢，第一期工程建设正在进行中。中国为了均衡地发展各地区的经济，利用当地较分散的资源，适应各地区对钢材的需要，建设了一些中小型钢铁联合企业，其规模大致在20万~60万吨钢。这些企业经过不断的技术革新，已为国民经济作出了重要贡献，是中国钢铁工业中不可忽视的力量。

2012年，宏观经济综合指数仍将处在下行通道中，我国钢铁工业发展面临的形势仍然复杂。但随着下半年需求形势的好转，行业增速将有所提升，预计全年将呈现先抑后扬的走势。中长期看，我国钢铁工业发展面临的环境将更加严峻，围绕市场、资源、标准等方面的竞争更加激烈，应对气候变化和环境保护等因素对钢铁工业发展提出了更高的要求，行业总体上将呈现低增速、低赢利的运行态势。但在倒逼机制不断强化的形势下，我国钢铁行业结构调整的步伐也将进一步加快，钢铁工业有望初步实现由大到强的转变。

中国有色金属资源丰富，品种比较齐全。钨和稀土等金属的储量居世界第一位，铅、镍、汞、铝、铌等金属的储量也相当丰富。在矿产资源中，有色金属是中国的一大优势。中国有色金属工业发展很快，已经形成了从常用有色金属到稀有金属，品种比较齐全，工艺比较完善的生产体系。中国各种有色金属的采矿、选矿、冶炼、加工等都具有相当规模，为国民经济的快速发展提供了重要的物质保障。

2. 2011 年我国冶金产业经济运行状况

（1）钢铁工业①

“十五”时期以来，我国钢铁工业快速发展，产量与消费量均成为世界第一，同时面临的新矛盾、新问题不断出现，钢铁行业正步入结构调整期。2011年4季度，钢铁市场需求不振，行业产销增速有所减缓，产品价格明显下降，企业仍处于低赢利状态。

2011 年是国家“十二五”规划的开局年，国内经济经受了日本大地震、欧债危机等一系列不利因素影响，总体保持平稳较快发展。钢铁行业在淘汰落后、兼并重组、海外投资等方面取得了积极成果，行业集中度同比有所提升。2011年国内粗钢产量 6.83 亿吨，同比增长 8.9%；出口钢材 0.49 亿吨，同比增长 14.9%。2011 年第 4 季度，受钢铁下游工业以及房地产行业增长趋缓影响，钢铁行业进入需求淡季，粗钢表观消费量同比增速逐月下降。第 4 季度，我国钢材表观消费量为 20611.59 万吨，仅同比增长 6.06%，环比减少 6.38%。第 4 季度，工业增长延续 3 季度的放缓趋势，继续影响工业用钢需求，板材消费持续下滑。前 4 季度，全国规模以上工业增加值按可比价格计算同比增长 13.9%，比上半年回落 0.3 个百分点。其中 1、2、3、4 季度分别增长 14.4%、14.0%、13.8% 和 12.8%，增速逐季下降。受此影响，工业用材如热轧、冷轧等产品需求增长态势表现不乐观，板材类产品增速继续减缓。

① 资料来源：中经网，宝钢集团。

此外，第4季度保障性住房建设对钢铁需求的拉动作用减弱。截至9月底，全国城镇保障性住房和棚户区改造已经开工986万套，开工率已经高达98%。进入第4季度，大部分保障型住房已经接近尾声，导致建筑钢材的需求增长不够明显。

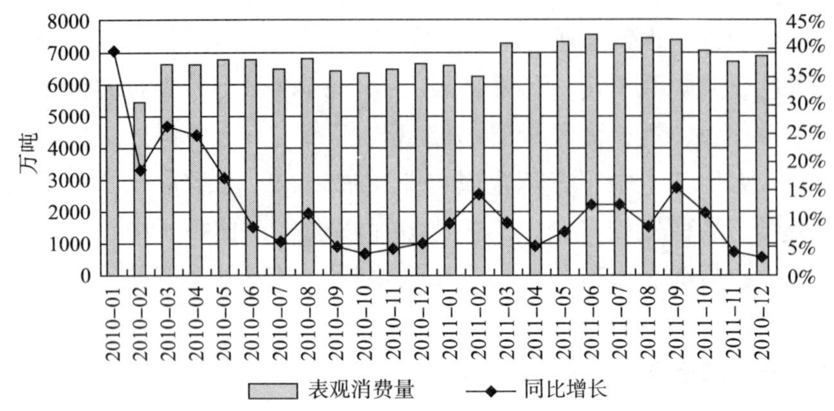

图2-49　2011年我国钢材表观消费量和增速

资料来源：中经网

2011年4季度，主要用钢产量增长趋缓，对钢材需求有所减少，粗钢生产较上季度大幅减缓。2011年4季度，我国粗钢产量为15672万吨，仅同比增长3.1%，同比增速较上季度减少12.4个百分点，环比下降10.32%。1—12月，粗钢、生铁和钢材累计产量分别为68327万、62969万和88131万吨，同比分别增长8.89%、8.43%和12.30%，增速较上年同期分别下降0.41个、上升1.03个、下降2.40个百分点。

2011年3月中旬以来，受需求拉动影响，钢材企业产销率提高，我国钢材库存量持续下降。4季度，从需求方面看，钢材市场需求虽有弱化，但仍有增长，利于钢材减少库存；从生产方面看，4季度粗钢产量同比增速较低且环比增速下降较多，再加上钢企仍面临资金周转困难，企业产成品库存总量有所减少。在供需综合影响下，第4季度钢材库存继续下降，截至12月末，全国26个主要钢材市场五种钢材社会库存量为1290万吨，同比下降2.57%，环比下降24万吨，降幅为1.79%，已连续三个月环比下降，但降幅较上月减少了6.59百分点。

2011年，我国经济增长速度平稳回落，用钢行业增速进一步放缓，再加上天气逐渐转冷，国内市场钢材需求疲软。此外，原燃材料价格持续回落，对钢

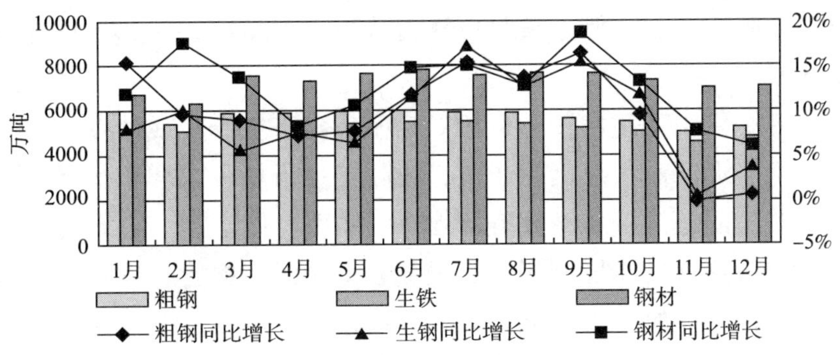

图 2-50 2011 年钢铁产量及增速

资料来源：中经网

价支撑因素进一步减弱，钢材价格继续下降。12 月末，国内钢材价格综合指数 120.45 点，同比下降 7.84 点，较年内最高点 5 月末下降了 15.48 点。铁矿石等钢铁生产用原燃材料价格持续下降，使钢铁生产成本对钢价的支撑作用进一步减弱。12 月份我国进口铁矿石平均到岸价格为 141.24 美元/吨，环比下降 20.90 美元/吨，降幅为 12.89%，连续三个月环比下降，且降幅呈逐月放大趋势。同上年最高水平 9 月份的 175.92 美元/吨相比，12 月份进口铁矿石价格已累计下降了 34.68 美元/吨，降幅为 19.71%；国内市场方面，铁精粉、废钢和炼焦煤价格环比分别下降 0.19%、0.35% 和 2.08%，冶金焦价格环比上升 1.73%。

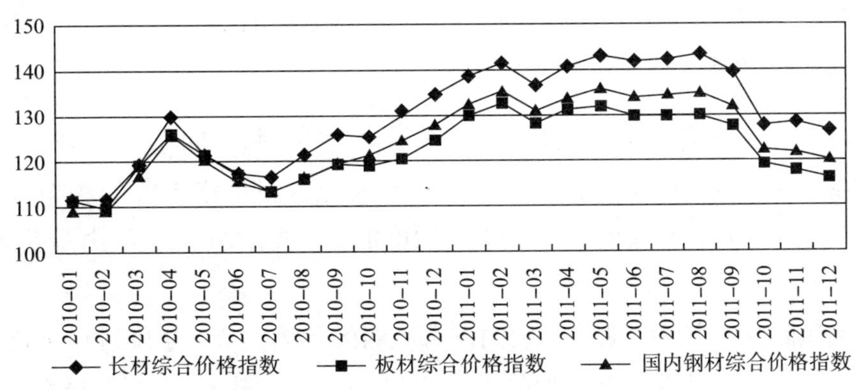

图 2-51 2010—2011 年中国钢材综合价格指数

资料来源：中钢协，中经网

整体看来，2011 年钢材产品价格波动加剧。受产能释放和下游行业需求减缓因素影响，钢铁市场价格出现大幅波动。2011 年前 3 季度，中国钢铁工业协会公布的钢材综合价格指数同比涨幅分别为 12.34%、15.97% 和 10.78%，而年末则为同比下降6.11%，其中长材价格指数同比下降6.13%，板材价格指数同比下降6.61%。

2011年以来，欧美主权债务危机导致全球经济复苏步伐放缓，新兴经济体国家因陷入通胀泥潭而采取紧缩政策，国际钢材市场需求增长缓慢；此外，国际市场针对我国的钢铁贸易摩擦有所增多，欧盟、加拿大、澳大利亚和俄罗斯等国相继对产自我国的涂层钢板、石油管、不锈钢无缝管、焊管、彩涂钢板等做出反倾销制裁，再加上人民币兑美元持续升值，国内钢铁企业钢材出口难度有所加大，我国钢材出口量增速放缓。1—12月，我国出口钢材4888万吨，同比增长14.9%，增速同比大幅下滑58.1个百分点。

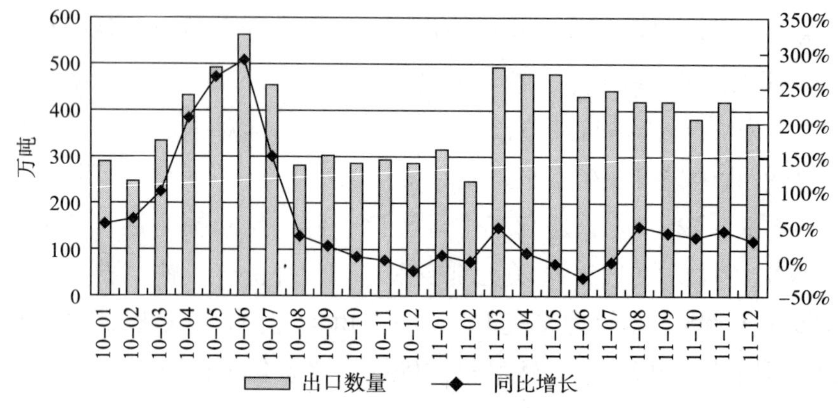

图2-52　2010—2011年中国钢材出口状况

资料来源：中经网，海关总署

2011年1—12月，出口均价达到1048.82美元/吨，同比上升21.23%。但是9月份以来，受国际钢材市场需求淡季以及原材料价格下降的影响，月度出口单价转升为降，12月出口单价降至1058.05美元/吨，较年内最高点下降39.37美元/吨。

受到国际资本市场的动荡及国内需求减弱的影响，第4季度进口价格继续下降。2011年1—12月进口钢材均价1384.85美元/吨，同比上升13.13%。分季度看，虽然第4季度钢铁单月进口单价同比有所增长，但相比3季度价格有所下降。

2011年1—12月，我国钢铁行业累计完成固定资产投资3860.48亿元，同比增长14.6%，第4季度投资增速逐月下降；行业固定资产投资占同期全社会固定资产投资总额的1.28%，较上年同期下降0.16个百分点。钢铁投资项目中包含产能已经相对过剩的板带材等项目，这可能进一步加大未来产品同质化竞

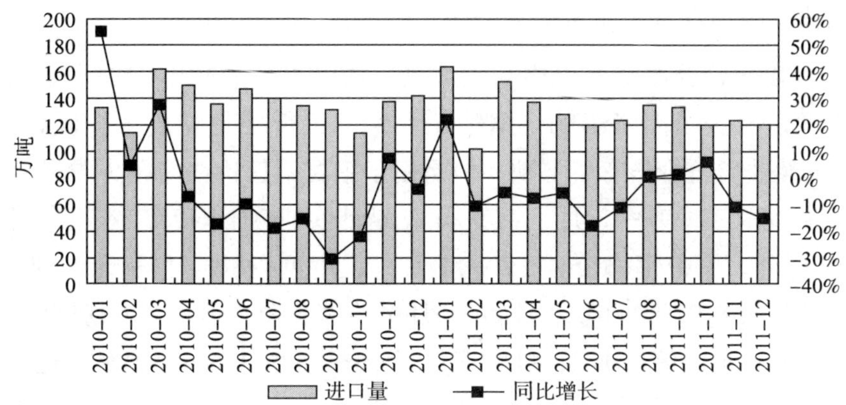

图 2－53　2010—2011 年中国钢材进口量状况

资料来源：中经网，海关总署

争的风险。

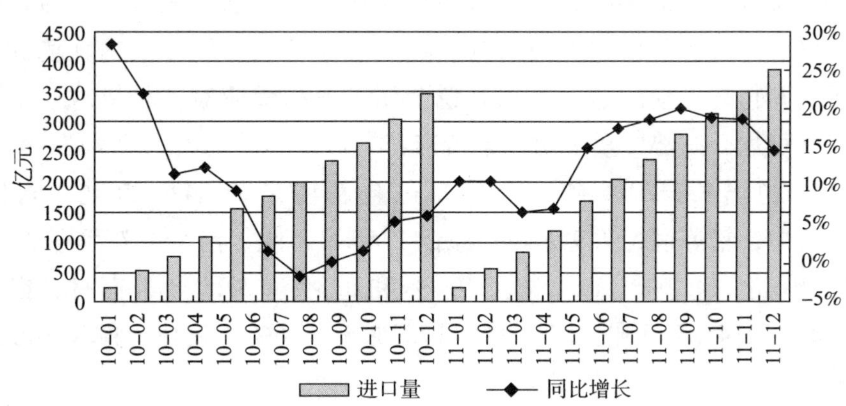

图 2－54　2010—2011 年中国钢铁业固定资产投资及增长率

资料来源：国家统计局

2011 年 1—12 月，我国累计进口铁矿石 6.86 亿吨，同比增长 10.9%；平均到岸价格为 163.84 美元/吨，同比上升 28.1%。2011 年，钢铁企业因进口铁矿石价格上涨多支出约 250 亿美元，成为推高企业生产成本的重要因素。虽然 2011 年全年量价齐增，但 4 季度，受钢价暴跌、钢厂减产以及铁矿暴利引致更多投资的影响，铁矿石价格从高位回落，进口均价呈逐月回落之势。10、11 和 12 月，我国铁矿石进口均价分别环比回落 0.22%、7.63% 和 12.89%，12 月进口铁矿石均价跌至 142 美元/吨，为 2010 年 9 月份以来的最低水平。虽然 4 季度铁矿石价格下跌，但目前钢铁企业仍面临高成本、低效益的困难，未来钢企成本压力的缓解需要铁矿石价格继续下降。

2011 年以来，受原材料价格高位波动、国际市场疲软、信贷收紧以及下游行业需求增速减缓等因素影响，钢铁工业生产运行处于高成本、低赢利状态。4 季度，虽然铁矿石价格有所下跌，但是由于钢材销售价格暴跌，导致钢铁行业仍处于低利润状态。1—12 月，钢铁行业累计实现利润 1737 亿元，同比上升 15.44%。此外，据中钢协统计，1—11 月，大中型钢铁企业累计实现利润 853 亿元，同比增长 8.07%，但 10 月和 11 月平均销售收入利润率分别为 0.48% 和 0.43%，企业亏损面超过 1/3，11 月若扣除投资收益则为净亏损 9.2 亿元。

（2）有色金属行业①

2011 年以来，国内有色金属工业运行的一个突出特点即在于冶炼产品产量增幅放缓，与此同时稀有稀土金属的战略地位上升明显，优势资源的价值正在发挥。4 季度，有色金属工业继续向产业链均衡发展转变，同时，受需求减少、价格水平下降等因素的影响，有色金属行业供给和需求增速双双放缓，企业生产积极性受到一定程度抑制。2011 年，面对复杂多变的国际国内环境和产业运行中出现的新情况、新问题，我国有色金属工业积极应对各种挑战，生产运行总体保持平稳增长态势，呈现出以下特点：

生产平稳增长：2011 年，十种有色金属产量为 3424 万吨，同比增长 10.6%。其中，精炼铜 517.9 万吨、原铝 1755.5 万吨、铅 464.7 万吨、锌 534.4 万吨，同比增长 14.2%、11.2%、10.7% 和 3.8%。2011 年，铜材、铝材产量 1028.2 万吨、2345.5 万吨，同比增长 17.7%、20.6%，氧化铝产量 3407 万吨，同比增长 17.7%。

2011 年，十种有色金属产量 3438.29 万吨，同比增长 9.82%，增幅比 2010 年回落 10.60 个百分点，比“十一五”时期平均增幅低 4.01 个百分点。其中，精炼铜 519.69 万吨，同比增长 14.63%；原铝 1806.17 万吨，同比增长 11.53%；铅 464.77 万吨，同比增长 10.68%；锌 522.19 万吨，同比增长 1.12%；镍 18.52 万吨，同比增长 8.10%；锡 15.61 万吨，同比增长 4.49%；锑 19.01 万吨，同比增长 1.42%；镁 66.06 万吨，同比增长 1.04%；海绵钛 6.11 万吨，同比增长 11.87%。

2011 年以来，我国政府继续加大了对有色金属产量的控制。在严格控制总量、加快淘汰落后产能相关政策的引导下，有色金属生产扩张态势较上年同期明显回落，全年 10 种有色金属产品产量为 3438.29 万吨，同比增长 9.82%，产

① 资料来源：中国有色金属工业协会。

量增幅比“十一五”期间的平均增幅13.8%低4个百分点。不过这一增幅依然高于《有色金属工业“十二五”发展规划》中设定的“10种有色金属产量控制在4600万吨左右，年均增长率为8%”。

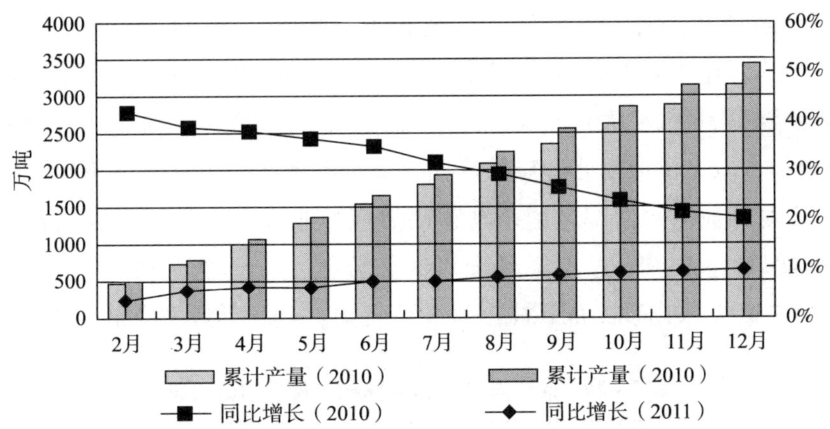

图2-55 2010—2011年10种有色金属累计产量和同比增速

资料来源：中国有色金属工业协会，中经网

表2-28 2011年10种有色金属产品产量及同比增速 （单位：万吨，%）

指标名称	2011年累计	同比增长
十种有色金属总计	3438.29	9.82
其中：矿产	3095.53	10.24
1. 精炼铜	519.69	14.63
其中：矿产	338.56	18.97
2. 原铝（电解铝）	1806.17	11.53
3. 铅	464.77	10.68
其中：矿产	321.93	13.5
4. 锌	522.19	1.12
其中：矿产	503.41	1
5. 镍	18.52	8.1
6. 锡	15.61	4.49
7. 锑	19.01	1.42
8. 汞（吨）	1493	-5.8
9. 镁	66.06	1.04
10. 海绵钛	6.11	11.87

资料来源：中经网

在常用有色金属品种中，产能过剩最为突出的电解铝淘汰落后产能效果明显。截至2011年底，全年电解铝开工产能为2009万吨，开工率81.88%。2011年8月电荒以来，我国电解铝产能减少211万吨。全年我国电解铝产量为1806.17万吨，同比增长11.53%，增速较上年同期下降14.54个百分点。电解铝产量增幅的同比大幅下滑主要是受到两方面因素影响，一方面是由于政府严控电解铝新建产能和扩大产能政策，导致市场供给增速明显放缓，另一方面，8月以来，南方电力供应紧张，导致广西、贵州等地区原铝开工率不足，电解铝产量下降。12月工业电价上调之后，电解铝冶炼行业成本上升可导致效益下滑，进一步影响电解铝生产。不过考虑到全年大部分铝企业仍能维持赢利水平等因素，国内铝厂并未在年末出现大面积减产和关停现象，电解铝月度产量总体表现平稳。

表2-29 2011年我国六种精矿产量及同比增速 （单位：万吨，%）

品种	2011年全年累计	
	产量	同比增长
六种精矿含量总计	824.51	18.04
1. 铜精矿含量	126.72	9.64
2. 铅精矿含量	235.83	27.38
3. 锌精矿含量	430.83	16.45
4. 镍精矿含量	8.98	12.84
5. 锡精矿含量	9.34	11.73
6. 锑精矿含量	12.80	11.51

资料来源：中经网

在有色金属冶炼生产放缓的同时，国内有色金属矿山原料产量显著增加，资源保障能力有所提升。2011年全年，规模以上有色金属企业生产6种精矿金属含量824.51万吨，同比增长18.04%，对比上述10种常用冶炼产品产量平均9.82%的增幅，可以看出，矿产品产量增速明显大于冶炼产品增速，而且这一增速差距较前3季度更有所扩大。其中，国内短缺的铜精矿、镍精矿产量分别比上年同期增长9.64%和12.84%，在一定程度上缓解了供应紧张矛盾；铅、锌精矿产量分别比上年同期增长27.38%和16.45%，使同期铅、锌原料进口出现下降趋势。

2011年4季度，有色金属的终端消费领域需求增速出现了不同程度的回落。其中，汽车产量、房地产开发受限购等政策影响，增幅显著放缓，同比增速明显下滑。全年，商品房和住宅累计新开工面积同比增长 16.2% 和 12.9%，增速较前 3 季度分别下滑 7.5 和 8.4 个百分点。其他消费领域如发电设备、电力电缆、家用电器等产品产量同比增速均下滑。

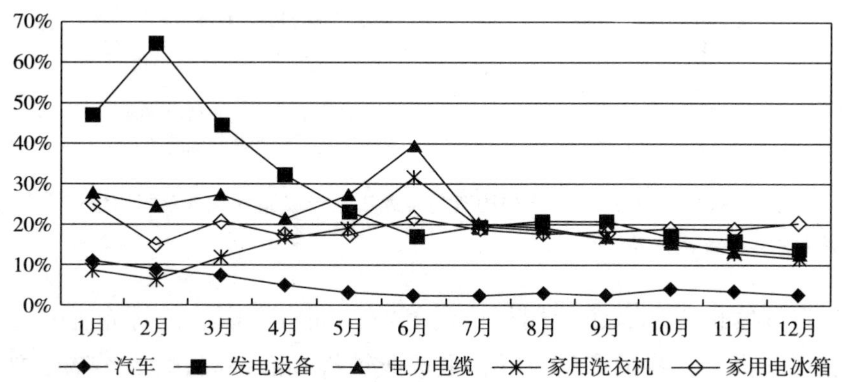

图 2－56　2011 年中国有色金属主要终端消费产品累计产量同比增速

资料来源：中经网

从有色金属中间产品产量上来看，尽管同比增速仍保持在相对较高位，但呈不断回落态势，也能看出下游消费需求增长有所放缓。2011 年全年，铜材、铝材累计产量分别达到 1028.15 万吨和 2345.58 万吨，同比增长分别为 17.75% 和 20.58%，同比前三个季度分别下降 2.02 和 4.66 个百分点。

利润明显增加：2011 年 1—11 月，规模以上有色金属工业企业（不包括独立黄金企业）实现主营业务收入 35290 亿元，同比增长 37.4%；实现利润 1687.2 亿元，同比增长 55.3%。2011 年规模以上有色金属工业企业实现主营业务收入达 38500 亿元，实现利润约 1850 亿元。

2011 年 4 季度，随着有色金属价格的下跌，有色金属材料类购进价格指数也出现大幅滑落。而随着国内经济增长及终端需求的放缓，有色金属产品销售收入增速也出现一定程度下降。全年，有色金属冶炼及压延加工业实现产品销售收入 37780.27 亿元，同比增长 34.83%，增速比前 3 季度下降 5.23 个百分点；有色金属矿采选业实现产品销售收入 5022.74 亿元，同比增长 41.12%，增速比前 3 季度下降 3.77 个百分点。

2011 年 4 季度，价格的下滑和需求增速的放缓暂未对行业赢利水平造成负面影响，估计将在 2012 年伊始体现出来。从行业的利润水平变动趋势来看，有色金属行业前端采选业的赢利能力继续保持着较高增长，而冶炼及压延加工业

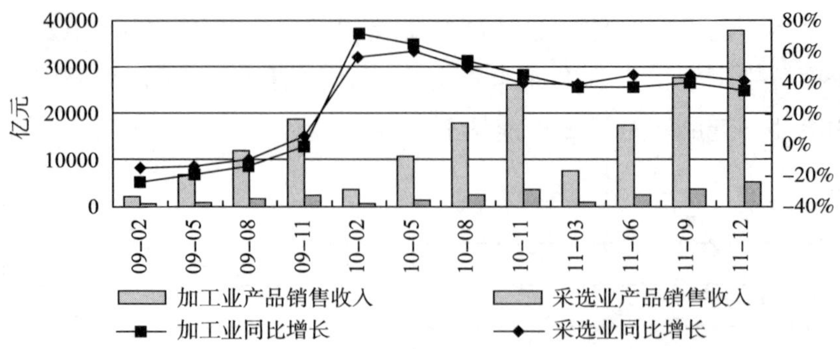

图 2-57 2009—2011 年中国有色金属工业产品销售收入及同比增速

资料来源：国家统计局，中经网

则受到一定程度挤压，有色金属行业的利润向拥有资源、能源企业集中的态势进一步显现。全年，我国有色金属矿采选业销售利润率高达 15.44%，较前 3 季度提高 0.44 个百分点，其下游有色金属冶炼及压延加工业销售利润率为 4.54%，较前 3 季度提高 0.31 个百分点。

进出口额大幅上升：2011 年有色金属进出口总额创历史新高达 1606.8 亿美元，同比增长 28%。其中，进口额为 1175.2 亿美元，增长 20.9%；出口额 431.6 亿美元，增长 52.7%，全年出口额增幅大于进口额增幅。从产品看，铜、铝、铅冶炼产品进口量均呈下降态势，铝土矿进口量大幅增加，铝材出口量保持增长态势。

2011 年，我国有色金属进口额实现 1175.2 亿美元，比上年增长 20.9%；出口额 431.6 亿美元，比上年增长 52.1%。进出口贸易逆差为 743.5 亿美元，同比增长 7.9%。逆差的持续扩大主要在于国内矿产资源相对依然较为短缺，同时深加工产品不足，对国际市场依赖程度高。

其中 2011 年 4 季度以来，我国未锻造的铜及铜材进口量出现大幅攀升，其中 12 月份，我国进口未锻造的铜及铜材 50.89 万吨，单月同比增长 47.4%，环比增长 12.59%，连续第 7 个月环比上升。2011 年 9 月底铜价大跌以来，国内铜价相对抗跌，使得沪伦比持续走强，进口套利空间持续刺激国内进口商加大进口量，贸易升水亦持续处于 120～150 美元/吨的相对高位；虽然废铜进口量连续两个月回升，但废铜与精炼铜价差继续收紧，显示出国内废铜供应仍然紧张，刺激精炼铜进口增加；国外铜矿罢工等供给面因素造成的铜精矿供应紧张，TC/RC 持续处于低位，国内小型铜冶炼企业出现停产或减产现象；此外，在年末资金紧张情况下，不排除企业利用铜进口贸易进行信用证融资的行为，而上海保

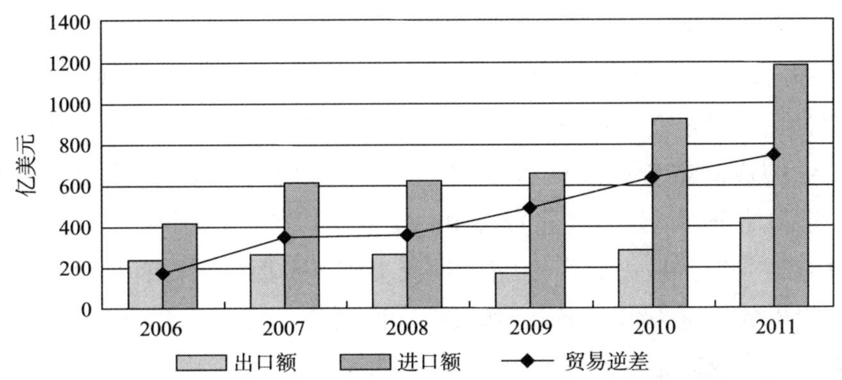

图 2-58　2006—2011 年中国有色金属进出口额状况

资料来源：中经网

税区库存近期确实已出现了温和上升。同时，由于内外价差的因素，铜出口方面，则与进口截然相反，月度出口量连续出现同比负增长。

铝方面，进口经历低迷后实现快速增长。2011 年以来，我国铝沪伦比价持续低位运行，进口长期处于亏损状态，导致我国铝产品进口量明显减少。不过 4 季度以来，随着沪伦比价的缩小、补库存需求的增加，我国未锻造铝及铝材进口 11 月、12 月连续两个月出现了快速增长，12 月进口 10.37 万吨，同比大增 24.9%，环比上月的 7.87 万吨也有大幅增加。

市场价格前高后低：2011 年国内有色金属市场价格呈前高后低态势，上半年高位运行，下半年震荡回落，从全年看，铜、铝、铅均价较去年有所上涨，锌价小幅下降，2011 年，铜均价 66333 元/吨，同比上涨 12.3%；铝均价 16873 元/吨，同比上涨 7%；铅均价 16443 元/吨，同比上涨 2.1%；锌均价 16922 元/吨，同比下降 2.7%。

2011 年以来，有色金属价格高低起伏，上半年的高位震荡之后迅即经历了下半年的大幅回落，4 季度，疲软的全球经济和持续恶化的欧债危机并未出现好转迹象，基本金属伦、沪两市价格出现一轮较为明显的下跌，其中铜价在 10 月份跌至年内最低；年底沪铝现货月铝价收于 16080 元/吨，较 2010 年底下跌了 2.13%。

2011 年，稀土价格从年初到年中暴涨，部分产品最高翻了 7 倍，在经历了 6 月下旬到 7 月初的价格高峰期后，稀土价格开始不断下挫。进入 4 季度，稀土市场依旧处于疲软的趋势，稀土价格稳步下滑，年底价格较年度最高价格下滑了 5 倍。面对稀土暴跌的局面，国家通过停产，收购储备等方面，防止稀土价格回落，但成效并不是很大。

固定资产投资完成情况：2011 年，有色金属工业（不包括独立黄金企业，下同）累计完成固定资产投资 4773.47 亿元，比上年增长 34.64%。2011 年，有色金属工业完成固定资产投资占全国（不含农户）固定资产投资总额比例为 1.58%，增幅比全国固定资产投资高 10.84 个百分点。

2011 年，国有控股固定资产完成投资 1071.94 亿元，占有色金属工业完成固定资产投资的比重为 22.46%，私人控股固定资产完成投资 3080.54 亿元，占有色金属工业完成固定资产投资的比重为 64.53%。

2011 年以来，有色金属行业产业结构调整步伐逐步加快，从依靠冶炼产量扩张的粗放发展，向产业链均衡发展转变，有色金属矿采选业投资规模呈扩大趋势，在产业链中占比小幅提高。4 季度，有色金属采选业和冶炼加工业投资增速整体上均继续维持上升趋势。2011 年全年，我国有色金属矿采选业完成固定资产投资额 1275 亿元，同比增长 24.2%，较 2010 年上升了 2.5 个百分点，较前 3 季度上升了 6.3 个百分点；有色金属冶炼及压延加工业全年完成固定资产投资 3861 亿元，同比增长 36.4%，较 2010 年上升了 0.6 个百分点，较前 3 季度上升了 3.2 个百分点。

同时，由于我国有色金属资源禀赋方面的缺陷，采选业存在着周期长和生产能力不足的问题，因此尽管我国境内的矿产开采量规模在不断扩大，但仍远远不能满足加工冶炼的需求，有色金属矿采选业开发投资力规模仍然远小于中下游的冶炼及延压加工业。

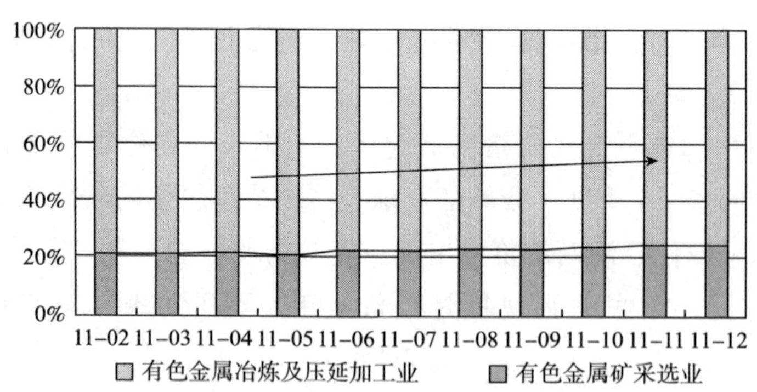

图 2－59　2011 年以来中国有色金属采矿业及冶炼加工业投资占比

资料来源：中经网

（三）冶金行业中央企业的运行概况

1. 宝钢集团①

宝钢集团有限公司（简称宝钢）成立于1978年12月23日。经过30多年发展，宝钢已成为中国现代化程度最高、最具竞争力的钢铁联合企业。2012年，宝钢连续第九年进入美国《财富》杂志评选的世界500强榜单，位列第197位，并当选为“全球最受尊敬的公司”。标普、穆迪、惠誉三大评级机构给予宝钢全球钢铁企业中最高的信用评级。截至2011年末，宝钢员工总数为116702人，分布在全球各地。宝钢以钢铁为主业，生产高技术含量、高附加值钢铁精品，已形成普碳钢、不锈钢、特钢三大产品系列。2011年产量为4427万吨，位列全球钢铁企业第四位，利润总额181.5亿元，赢利居世界钢铁行业第二位。钢铁产品通过遍布全球的营销网络，在满足国内市场需求的同时，还出口至日本、韩国、欧美等四十多个国家和地区，广泛应用于汽车、家电、石油化工、机械制造、能源交通、金属制品、航天航空、核电、电子仪表等行业。

表2－30　宝钢SWOT评价

宝钢集团	SWOT评价
优势	（1）技术优势：冷轧薄板、宽厚板和高档线材等技术强，生产工艺领先 （2）产品优势：公司产品附加值、质量高，拥有碳钢板材优势 （3）规模优势：宝钢是中国最具竞争力的钢铁联合企业
劣势	（1）公司碳钢板材等高附加值产品容易受到汽车、机械等相关行业短期内并不乐观的景气度影响 （2）宝钢对进口铁矿石依赖度高，生产成本因铁矿石等原材料上涨而大幅增加，对企业赢利影响较大
机会	（1）保障性住房建设将有利于公司建筑钢材的销售 （2）低碳经济和环境经营为其经营方式的转变提供了机遇，做强实力
威胁	（1）政策性风险：钢铁以及其下游需求行业容易受到政策调控的影响，如限电、房地产调控、汽车产业政策等，从而进一步影响企业赢利能力 （2）汇率波动风险：人民币升值趋势及美元汇率波动可能对钢铁原料带来不可控的价格波动风险，企业的赢利能力受到威胁

资料来源：中经网

2011年，宝钢集团全年实现商品坯材销量2580.3万吨，同比增长2.1%；

① 资料来源：宝钢集团官网。

实现营业总收入2228.6亿元，同比增长10.1%；实现利润总额92.6亿元，实现归属于上市公司股东的净利润73.6亿元。与公司2011年经营计划相比，公司营业总收入和营业成本均完成年度计划的102.3%。

表2－31　2009—2011年宝钢总体经营业绩

单位：亿元	2009年	2010年	2011年	同比
营业总收入	1485.3	2024.1	2228.6	10.10%
营业总成本	1421.2	1856.9	2146.4	15.03%
毛利	140.7	243.3	196.1	
毛利率（%）	9.74	12.02	8.80	↓3.32个百分点
营业利润	72.5	166.7	88.4	
营业利润率（%）	4.88	8.24	3.97	↓4.27个百分点
净利润	58.2	128.9	73.6	
净利润率（%）	3.92	6.37	3.30	↓3.07个百分点

资料来源：宝钢集团2011年年报

宝钢集团碳钢产品主要为热轧、热轧酸洗等热轧产品，普冷、热镀锌、电镀锌、彩涂、电镀锡、硅钢等冷轧产品，以及宽厚板、钢管、线材和钢坯等产品。

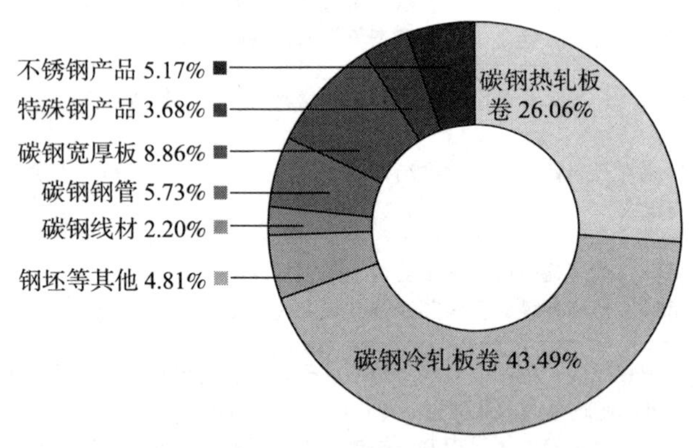

图2－60　2011年宝钢商品坯材销售量分布情况

资料来源：公司年报

2011年热轧产品（含酸洗，不含厚板）销售量为682.1万吨，占公司碳钢商品坯材销售总量的26.1%。高强度工程机械用钢国内市场占有率38.5%。2011年宽厚板产品销售量为231.8万吨，占公司碳钢商品坯材销售总量的

8.9%。船板国内市场占有率为6.2%。2011年冷轧产品销售量为1138.4万吨，占公司碳钢商品坯材销售总量的43.5%。其中冷轧汽车板销售量为454.8万吨；家电板重点用户市场占有率29.1%；硅钢国内市场占有率18.6%；镀锡板国内市场占有率26.3%。钢管产品实现销售量150.0万吨，占公司碳钢商品坯材销售总量的5.7%。其中合金高压锅炉管国内市场占有率21.5%；非标油井管国内市场占有率23.8%。线材产品销售量为57.7万吨，占公司碳钢商品坯材销售总量的2.2%。钢坯产品销售量为87.1万吨，占公司碳钢商品坯材销售总量的3.3%。不锈钢产品销售量为135.3万吨，占公司商品坯材销售总量的5.2%，国内市场占有率12.7%。特殊钢产品销售量为96.2万吨，占公司商品坯材销售总量的3.7%。

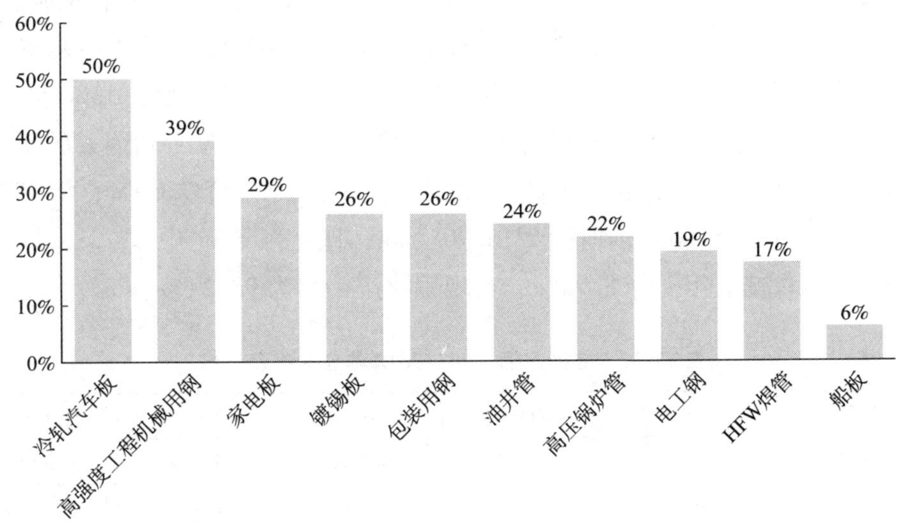

图2-61 宝钢集团部分产品国内市场占有率

资料来源：宝钢集团

2. 鞍钢集团[①]

鞍钢股份有限公司（以下简称“公司”）于1997年5月8日由鞍山钢铁集团公司独家发起设立，并于1997年分别在香港联交所（股票代码：0347）和深圳证券交易所（股票代码：000898）挂牌上市。公司注册资本为72.34亿元。公司是国内大型钢材生产企业，主要业务为生产及销售热轧产品、冷轧产品、

① 资料来源：鞍钢股份官网

中厚板及其他钢铁产品。公司能够生产 16 大类品种、600 个牌号、42000 个规格的钢材产品。“鞍钢”牌铁路用钢轨、船体结构用钢板、集装箱用钢板获得“中国名牌产品”称号。2011 年，公司生产铁 2044.26 万吨、钢 1978.28 万吨、钢材 1916.96 万吨，实现营业收入 904.23 亿元。

鞍钢与攀钢于 2010 年 5 月联合重组为鞍钢集团公司。鞍钢是新中国第一个恢复建设的大型钢铁联合企业和最早建成的钢铁生产基地，被誉为“中国钢铁工业的摇篮”、“共和国钢铁工业的长子”；攀钢是我国钒钛资源综合利用、国防军工配套服务的重要基地和最大的三线企业。重组后的鞍钢集团公司已形成跨区域、多基地、国际化的发展格局，成为国内布局完善、最具有资源优势的钢铁企业。在东北地区，形成了鞍山本部、鲅鱼圈新区，朝阳新区三大基地；在西南地区，拥有攀枝花、成都、江油、西昌、重庆生产基地；在华北地区，天津天铁冷轧项目已建成投产；在东南地区，福建莆田项目将于今年建成投产。2010 年，鞍钢集团公司铁、钢产量双超 3000 万吨，营业收入超过 1500 亿元。

2011 年，在原燃料价格不断上涨、钢材价格持续下滑等不利因素的挤压下，公司业绩出现亏损。其中生产铁 2044.26 万吨，比上年下降 7.60%；钢 1978.28 万吨，比上年下降 8.66%；钢材 1916.96 万吨，比上年下降 8.16%。；销售钢材 1883.83 万吨，比上年下降 8.96%，实现钢材产销率为 98.27%。

表 2-32　鞍钢集团 2011—2012 年公司经营业绩　（单位：亿元，%）

报告期	2011.3	2011.6	2011.9	2011.12	同比增长（%）
营业总收入	225.95	463.34	697.16	188.90	-16.40
营业总成本	226.78	465.15	700.64	215.55	-4.95
营业利润	0.39	0.5	-0.21	-25.77	-6706.69
利润总额	0.48	1.33	0.68	-25.65	-5443.75
净利润	0.47	1.44	1.22	-19.36	-4219.15
基本每股收益	0.01	0.03	0.03	-0.26	-2710.00

资料来源：中经网

鞍钢集团是国内大型钢材生产企业，主要业务为生产及销售热轧产品、冷轧产品、中厚板及其他钢铁产品。主营业务赢利能力较前一报告期大幅下降，主要原因是原燃料价格涨幅远高于钢材价格涨幅以及产销量降低等因素影响。

表 2-33　鞍钢集团 2011 年主营业务分行业情况　（单位：百万元）

主营业务分行业情况						
	营业收入	营业成本	毛利率（%）	营业收入比上年增减（%）	营业成本比上年增减（%）	毛利率比上年增减（%）
钢压延加工业	90207	86192	4.45	-2.17	4.49	-6.1
主营业务分产品情况						
热轧产品	27421	26337	3.95	0.70	6.29	-5.05
冷轧产品	36472	33446	8.30	-5.82	4.89	-9.36
中厚板	14233	14182	0.36	-5.16	-4.54	-0.65
其他钢铁产品	8129	8018	1.37	4.63	13.86	-7.99

资料来源：公司年报

其中，热轧产品营业收入增加主要原因是产品价格上升影响；营业成本上升主要原因是由于原燃料价格上涨影响；毛利率降低主要是原燃料价格涨幅大于产品价格涨幅影响。冷轧产品营业收入降低主要原因是由于产品销量减少影响；营业成本上升主要原因是由于原燃料价格上涨影响；毛利率降低主要是原燃料价格涨幅大于产品价格涨幅影响。中厚板产品营业收入及营业成本降低主要原因是由于产品销量减少影响。其他钢铁产品营业收入增加主要原因是由于产品价格上升影响；营业成本上升主要原因是由于原材料价格上涨影响；毛利率降低主要是原燃料价格涨幅大于产品价格涨幅影响。

热轧板国内市场占有率 4.5%，冷轧板国内市场占有率 5.89%，镀锌板国内市场占有率 3.61%，硅钢国内市场占有率 12.58%，中厚板国内市场占有率 6.26%，线材国内市场占有率 0.83%，重轨国内市场占有率 14.87%，无缝钢管国内市场占有率 1.6%。

公司向前五名供应商采购的合计金额为人民币 43404 百万元，占本年度采购总额的比例为 55.80%，其中最大供应商占本公司本年度采购金额的 24.27%。向前五名客户销售的合计金额为人民币 20511 百万元，占本年度本公司销售总额的比例为 22.74%，最大客户占本公司本年度销售额的 8.24%。

表 2-34　鞍钢集团 SWOT 分析

鞍钢集团	公司 SWOT 评价
优势	（1）产品优势：公司高端产品比例高，是船板和管线钢的最大供应商； （2）鲅鱼圈新区生产经营水平和质量迅速提升，利于鞍营生产互动； （3）成本优势：公司所需铁矿石约 80% 来自于集团公司矿山。

续表

鞍钢集团	公司SWOT评价
劣势	（1）营口鲅鱼圈投产后赢利能力存在不确定性，短期对业绩提升不大； （2）公司管理上尤其是工序、成本环节出现了漏洞； （3）公司硅钢项目进度推迟，尚未完全达产，拖累公司业绩。
机会	（1）在结构调整和产品升级的背景下，公司有望在并购潮中实现生产规模和企业竞争力的双提升； （2）国家鼓励引进新技术，将带动公司生产水平提升。
威胁	（1）下游景气下滑风险； （2）行业景气走势不确定性的风险。

资料来源：中经网

3. 中国铝业公司

中国铝业公司（以下简称公司）成立于2001年2月23日，是中央管理的国有重要骨干企业。公司主要从事矿产资源开发、有色金属冶炼加工、相关贸易及工程技术服务等，是目前全球第二大氧化铝供应商、第三大电解铝供应商和第五大铝加工材供应商，铜业综合实力位居全国第一。

公司目前设有铝业、铜业、稀有稀土、工程技术、矿产资源、海外、贸易、能源和金融等业务板块。公司控股的中国铝业股份有限公司为纽约、香港、上海三地上市公司。公司总资产从刚成立时的358亿元增至3972亿元，销售收入从刚成立时182亿元增至1954亿元，分别增长了10.1倍和9.7倍，累计实现利润600亿元、向国家上交税金887亿元。

公司现有员工24万人，所属企业65家，业务遍布全球20多个国家和地区；2010年，实现营业收入2003亿元，连续四次跻身世界500强企业行列。

中国铝业股份有限公司（简称“中国铝业”，英文全称：Aluminum Corporation of China Limited，英文缩写：Chalco）于2001年9月10日在中华人民共和国（中国）注册成立，控股股东是中国铝业公司。中国铝业是目前中国铝行业唯一集铝土矿、煤炭、铁矿石资源勘探、开采，氧化铝、原铝和铝加工生产、销售，技术研发于一体的大型铝生产经营企业，是中国最大的氧化铝、原铝和铝加工生产商，是全球第二大氧化铝生产商、第三大原铝生产商。中国铝业股票分别在美国纽约证券交易所、香港联交所和上海证券交易所挂牌交易（股票代码：纽约ACH，香港2600，上海601600），被列入香港恒生综合指数成份股。

中国铝业注册资本135.24亿元，截至2010年，公司资产总额1413亿元，员工11万人，有49家分（子）公司，分布在国内17个省、市、自治区。中国铝业企业信用等级连续多年被标准普尔评为 BBB⁺ 级。已通过 ISO9000、ISO14000、OHSA18001 贯标认证。2010 年，公司生产氧化铝 1089 万吨，电解铝 384 万吨，铝加工材 59 万吨，完成营业收入 1210 亿元。

中国铝业集团主要从事于氧化铝提炼、原铝电解、铝加工产品生产及相关产品的贸易业务。

铝的供需和价格与全球及中国宏观经济变化的关联度非常高。全球与中国经济的变化对铝市场产生显著影响。2011 年，全球原铝产量约 4560 万吨，同比增长 8.8%；全球原铝消费量约 4510 万吨，同比增长 10.0%。2011 年中国原铝产量约 1945 万吨，同比增长 24.3%；中国原铝消费量约 1950 万吨，同比增长 15.4%。截至 2011 年 12 月底，包括中国在内的全球原铝企业开工率为 84%，其中中国开工率为 83%。2011 年，全球氧化铝产量约 9067 万吨，同比增长 10.6%；消费量约 8940 万吨，同比增长 7.9%。中国氧化铝产量约 3881 万吨，同比增长 24.4%；氧化铝需求量约 3904 万吨，同比增长 10.5%；2011 年进口氧化铝约 188 万吨，同比减少 56.4%。截至 2011 年 12 月底，包括中国在内的全球氧化铝企业开工率约为 89.3%，其中中国开工率为 81.9%。在中国，建筑、运输和电力行业约占铝消费的 2/3。2011 年，由于 2010 年中国房地产宏观调控政策和 2011 年起部分城市购车规定的出台，在一定程度上影响了商品房建设和汽车的销售，铝消费增速随之减缓。

中国铝业集团 2011 年年度归属于母公司股东的净利润为 2.38 亿元，与上年同期的赢利 7.78 亿元相比赢利大幅下降，主要原因是国家宏观调控连续加息、本公司有息负债规模有所上升，导致财务费用上升以及原燃料、动力价格的上涨导致本集团主导产品销售毛利率降低所致。

集团 2011 年的营业收入为 1458.74 亿元，比上年同期的 1209.95 亿元增加了 248.79 亿元，增长幅度为 20.56%，主要是由于本集团主导产品外销量和贸易量增加所致。

其中，氧化铝板块的产品销售总额为 311.27 亿元，比上年同期的 268.38 亿元，上升了 42.89 亿元，上升幅度为 15.98%。氧化铝板块产品的内部交易收入为人民币 280.66 亿元，比上年同期的 246.90 亿元上升了 33.76 亿元，幅度为 13.67%。对外交易收入为 30.61 亿元，比上年同期的 21.48 亿元上升了 9.13 亿元，下降幅度为 42.5%。自产氧化铝对外销售量为 450.44 万吨，比上年同期的 351.56 万吨增加了 98.88 万吨。自产氧化铝对外销售价格为 2493 元/吨（不含增值税，以下同），比上年同期的销售价格人民币 2382 元/吨，上升了 111 元/

吨，升高幅度为4.66%。由于上述因素，2011年集团氧化铝板块的板块赢利总额为赢利3.52亿元，比上年同期的赢利10.77亿元，减少了7.25亿元。

原铝板块方面，营业收入总额为579.80亿元，比上年同期的532.55亿元上升了47.25亿元，上升幅度为8.87%。原铝板块的内部交易收入为260.92亿元，比上年同期的268.48亿元减少了7.56亿元，减少幅度为2.82%。对外交易收入为318.88亿元，比上年同期的264.07亿元上升了54.81亿元，上升幅度为20.76%。原铝产品的对外销售量为355.62万吨，比上年同期的364.35万吨减少8.73万吨。原铝产品对外销售平均价格为14469元/吨，比上年同期的外部销售平均价格13498元/吨，上升了971元/吨，上升幅度为7.19%。2011年原铝板块的板块赢利总额为9.05亿元，比上年同期的赢利3.59亿元增加了5.46亿元，其中：板块赢利中来源于联营企业利润的3.9亿元，与上年同期的2.3亿元相比增加了1.6亿元，主要由于本集团从事煤炭生产业务的联营企业本年因产量增加从而提升了赢利能力。

铝加工板块上，2011年，中铝集团铝加工板块的营业收入总额为117.95亿元，比上年同期的104.66亿元上升了13.29亿元，上升幅度为12.7%。铝加工的板块亏损为3.36亿元，比上年同期的亏损3.24亿元，增加亏损0.12亿元，增亏幅度为3.7%。

贸易板块上，2011年集团贸易板块的营业收入为1091.72亿元，比上年同期的901.41亿元上升了190.31亿元，上升幅度为21.11%。内部交易收入为人民币98.48亿元，比上年同期的81.59亿元上升了16.89亿元，上升幅度为20.7%，其中：从集团内部采购产品对内销售形成的销售额为4.06亿元；从集团外部采购产品对内销售形成的销售额为94.42亿元。对外交易收入为993.24亿元，比上年同期的819.82亿元上升了173.42亿元，上升幅度为21.15%，其中：从本集团采购自产产品通过贸易板块对外销售形成的销售额为359.16亿元；从本集团外部采购商品对外销售形成的销售额为634.08亿元。2011年贸易板块的板块赢利为6.71亿元，比上年同期的赢利8.61亿元减少了1.90亿元，减少幅度为22.07%。

总部及其他营运板块的营业收入为1.76亿元，比上年同期的1.9亿元下降了0.14亿元，下降幅度为7.37%。总部及其他营运板块亏损为10.51亿元，比上年同期的亏损4.9亿元，增加亏损5.61亿元，主要是由于国家宏观调控连续加息、公司有息负债规模上升导致财务费用增加5.21亿元所致。

销售总成本2011年为1377.90亿元，比上年同期的1131.88亿元增加

246.02亿元，升高幅度为21.74%，主要是由于主导产品所需原燃材料及动力价格持续上升、主导产品外销量及贸易量增加所致。

2011年的销售费用为16.23亿元，比上年同期的15.73亿元增加0.50亿元，升高幅度为3.18%，主要是本集团主导产品的外销量增加导致相关费用增加所致。2011年的管理费用为25.86亿元，比上年同期的24.54亿元增加了1.32亿元，上升幅度为5.38%，主要是由于本集团2012年新设公司增加了费用支出，但公司通过采取降本增效等措施使得管理费用中可控费用与2012年同期相比有所降低。财务费用净额为33.82亿元，比上年同期的25.36亿元增加了8.46亿元，上升幅度为33.36%。主要在于公司本期有息负债规模同比有所上升，国家宏观调控几次加息导致公司加权平均利率同比上升所致。

2011年的所得税费用为1.27亿元，与上年同期的所得税4.11亿元相比，所得税费用减少了2.84亿元，减少幅度为69%。主要由于：本集团2011年利润总额较上年大幅下降，对应使得所得税下降；同时由于适用的所得税税率变化导致递延税资产的增加。在2011年，地处西部的部分分（子）公司由于相关优惠税率到期以致适用税率由15%调整为25%。根据新西部开发政策的规定和条件，上述大部分分（子）公司所在地税务部门目前未批准企业继续适用优惠税率，因此，由于未来转回期间的适用税率增加而导致与其相关的递延税资产增加约1.15亿元。

4. 中国有色矿业集团

中国有色矿业集团有限公司（简称“中国有色集团”，英文缩写“CNMC”）成立于1983年4月，是国务院国有资产监督管理委员会直接管理的大型中央企业。2011年，中国有色集团资产总额、销售收入实现了“双千亿”跨越，主业为有色金属矿产资源开发、建筑工程、相关贸易及服务，共有控（参）股企业39家，各级境外企业29家，坚持并发扬“走出去”特色，是中国有色金属工业最早“走出去”并且开展国际投资与合作最成功的企业之一。

公司面对宏观经济形势的新变化和有色金属市场的新特点，积极发展“国内外有色金属资源开发”和“国际工程承包”两大主业，形成资源开发、国际工程承包、装备制造、贸易及其他四大板块。

在资源开发方面，2011年，公司继续通过并购和勘探加大国内、外资源开发力度，报告期内增持了澳大利亚特拉明矿业公司的股权；加快了赤峰风险勘探项目的开发工作；签订了缅甸矿产资源勘探及开发合作协议；推进了老挝地区铝土矿项目的开发，有效扩大了公司的资源储备。2011年有色金属市场价格持续波动，给公司资源项目的生产经营带来很大挑战，公司充分利用自身锌产业链条相对完整这一优势，对蒙古图木尔廷—敖包锌矿、赤峰白音诺尔铅锌矿采取合理排产等措施，实行精细化管理，提升企业创造经济效益能力，保证了公司资源项目的可持续发展。2011 年内生产锌精矿含锌 7.72 万吨，铅精矿含铅 0.65 万吨。赤峰地区是公司主要的锌冶炼基地，2011 年公司锌冶炼业务经营良好，生产锌锭及锌合金 16.18 万吨；子公司赤峰中色锌业有限公司四期项目全面建成投产；广东是公司稀土分离业务的基地，2011 年子公司广东珠江稀土严格按照国家指令性计划进行生产，实现稀土分离 2016 吨；中色南方稀土项目环评报告获得国家环保部批复，未来公司将继续加快推进中色南方稀土（新丰）项目的建设，使公司稀土业务再上一个台阶。

2011 年公司实施积极的销售策略，扩大贸易业务规模，实现营业收入 100.17 亿元，2011 年末公司总资产已达 125.49 亿元。

表 2-35　2009—2011 年中国有色集团经营业绩　（单位：千元）

项目	2009 年（调整后）	2010 年（调整后）	2011 年
营业收入	4625367.01	5954332.06	10016757.21
归属上市公司股东的净利润	89407.54	53296.17	383640.69
资产总额	9，341266.64	10012745.65	12548677.96

资料来源：公司年报

其中，承包工程业务仍处于低谷，有色金属采选与冶炼、贸易业务增长明显。

表 2-36　2011 年中国有色集团主营业务收入及利润构成

业务类型	主营业务收入（亿元）	占主营业务收入的比重（%）	较上年增长率（%）	毛利率（%）
承包工程	550698.64	5.57	-18.64	4.94
有色金属采选与冶炼	3359371.59	33.98	34.82	29.53
装备制造	1172187.65	11.86	15.75	17.79
贸易	4798809.10	48.54	190.81	4.48
其他	5359.65	0.05	-34.35	12.52
合计	9886426.63	100	69.30	14.60

（四）冶金行业中央企业的地位和作用

以宝钢为例，2011 年，粗钢产量 4427 万吨，位列全球第四位；利润总额 181.5 亿元，约占中国钢铁行业的 21%；被评选为“全球最受尊敬的公司”；标普、穆迪、惠誉三大评级机构分别给予的 A、A3、A -，前景展望为稳定的最新信用评级，使宝钢成为全球钢铁行业信用评级最高的企业。研发投入金额 63.5 亿元；申请（受理）专利 2287 件，相当于每天 6.27 件；荣获第二届中国工业大奖。

1. 经济和技术贡献①

钢铁央企的运营额大，相比于其他钢铁企业而言对国民经济的影响就更大。宝钢是全球赢利能力最强的钢铁企业之一。2011 年，用占中国钢铁行业 5.7% 的产量创造行业 21% 的利润。

2011 年，面对钢铁行业需求增速回落、成本上升和产能过剩，宝钢的钢铁主业继续保持业内最优的市场地位，多元产业整体表现良好，产业结构和发展前景越来越清晰，逐渐成为公司新一轮发展的助推器、平抑钢铁行业波动的稳定器。2011 年，宝钢全年完成铁产量 4009 万吨、钢产量 4427 万吨，实现营业收入 3162.45 亿元，利润 181.51 亿元。

在创新成果方面，宝钢在世界上率先采用 Q&P 技术实现了第三代先进高强钢——QP 钢的工业化生产；取向硅钢 0.27mm 规格最高等级产品 B27R085 实现批量生产，产品性能达到国际先进水平；掌握了镍基合金油套管产品关键制造技术，实现了钢种和规格的全覆盖；铁道车辆用高耐蚀钢 S450EW 实现了批量供货，使宝钢成为在国内率先成功研制出第三代铁道车辆用耐候钢的企业。第三代氧化物冶金、第三代 TMCP 等新技术取得显著进展，薄带连铸工业化、热态渣生产矿棉等环境友好技术进入工业化试验阶段。

宝钢滚筒渣处理技术（BSSF）是宝钢历经十年开发出的一种先进、环保的渣处理技术，不仅解决了在钢渣处理中的环境污染问题，同时也解决了钢渣资源的回收循环再利用问题，目前已成功输出到马钢、酒钢、印度 JSW、韩国浦项等国内外钢厂。

2. 环境贡献

钢铁产业是高耗能、高污染企业，特别对于技术和经济实力差的中、小钢

---

① 资料来源：宝钢集团 2011 年报。

铁企业而言，对环境的破坏更大。而宝钢等央企在环保方面成为绿色产业的驱动者。2011 年，宝钢向全社会发布《绿色宣言》，承诺实现钢铁生产过程的节能减排，开展生态设计，开发生态产品，并整合环境技术，发展环境产业，为社会提供更加优质的、可靠的、环保的、并不断持续改善的产品和服务，迎接新时代。

以空调压缩机主要原材料之一无取向硅钢片为例，生产每公斤高牌号硅钢产品 B35A300 会在生产阶段增加碳排放 0.09%，但在空调压缩机使用时可降低碳排放 3.8%，每年可为社会减排二氧化碳 85.7 万吨。

2011 年，在沪企业中，宝钢股份总部和宝日汽车板首次申请清洁生产审核并获得通过，不锈钢事业部和特钢事业部也通过了清洁生产复审。同时，多元产业的化工公司、宝翼制罐公司、宝钢包装钢带公司、宝田公司也通过了清洁生产审核。沪外企业中的八一钢铁、苏冶重工公司、韶关钢铁、河北制罐公司，以及沪内的上海科德公司、江南轧辊公司、宝钢技术机械制造事业部等单位均启动了清洁生产审核工作。

2011 年，宝钢集团通过推行清洁生产审核，从节材、节能、优化工艺、减少排放等方面，制定了 160 项清洁生产方案，预计可取得 9.46 亿元效益，68 个主要钢铁生产工序中 37 个工序能耗较 2010 年明显下降。

宝钢采用了一系列重要节能减排措施，如：干熄焦技术、焦炉煤调湿技术、烧结矿显热回收技术、烧结烟气余热回收技术、高炉余压发电技术、高炉富氧大喷煤技术、转炉煤气净化与回收技术、燃气—蒸汽联合循环发电技术，等等。

在大气污染控制方面，通过采用高效布袋除尘器和电除尘器，以及采取有效的无组织扬尘控制措施来降低烟粉尘排放；通过控制原燃料含硫率，以及在烧结机和电厂安装烟气脱硫设施等措施来控制 SO_2 排放。

通过实施“三干”工艺技术（即干熄焦、转炉煤气干法除尘、高炉煤气干法除尘），通过分质供水、中水回用、雨污分流、围厂河水回用、污水处理达标排放等节水工艺，减少新水消耗，降低污水排放。

宝钢还在薄带连铸、烧结烟气循环利用与减排、钢渣滚筒法处理等方面开发了完全具有宝钢自主知识产权的绿色、低碳工艺技术。

2011 年，宝钢集团继续贯彻中央与集团公司节能减排精神，认真推进各项工作，圆满完成年度计划。全年吨钢综合能耗较年度计划目标低 5 公斤标准煤，万元产值能耗较年度计划下降 4.5%，同比节能量超额完成年度计划 30%；SO_2 和 COD 分别较年度计划少排放 19.6% 和 31%。

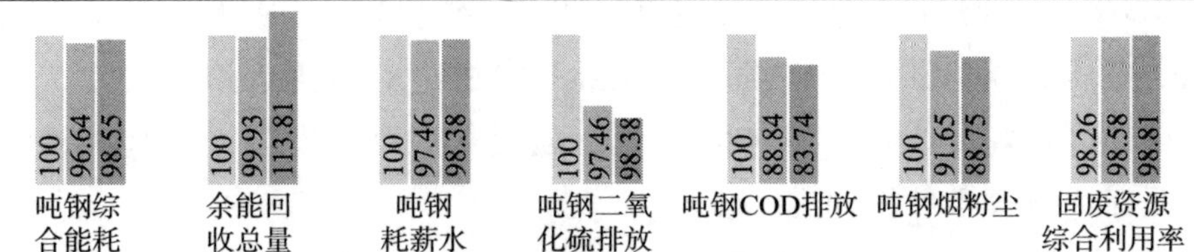

图 2－62　宝钢股份绿色生产绩效（单位:%）

资料来源：宝钢 2011 年社会责任报告

3. 社会绩效

2011 年，宝钢严格按照《宝钢集团公司对外捐赠、赞助管理办法》（第二版）进行捐赠管理，全年实际捐赠约 6087.7 万元。此外，成立了 22 年的宝钢教育基金 2011 年出资 943 万元奖励全国 107 所高校以及中科院下属 18 家研究所的 1212 名优秀师生。

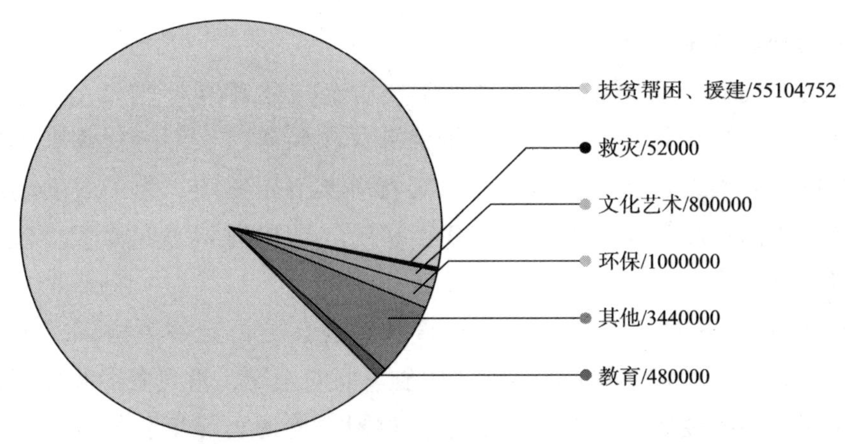

图 2－63　宝钢 2011 年社会绩效（单位：元）

2011 年，青海玉树藏族自治州称多县宝钢儿童福利院主体工程已完工，这是宝钢员工 2010 年向玉树地震灾区捐赠 850 万元定向支持的项目。项目包括技能教学楼、食堂、宿舍、院墙、大门及院内绿化等设施，总建筑面积 3332 平方米。项目开工建设后，工程严格按照抗震相关技术标准要求实施，办学规模和功能配备超过震前水平。2011 年，宝钢员工又捐赠 303499.16 元用于儿童福利院相关生活设施的配置。

2004 年起宝钢定点开展云南省普洱市宁洱、墨江、江城、镇沅四县的扶贫任务，共投入资金8038.7万元，用于234个帮扶项目，覆盖了29个乡镇，171个村，32878户，130480人。通过定点帮扶开展整村推进、易地开发等项目让众多群众受益；加强基础设施建设，直接帮助农村绝对贫困人口改善生产、生活条件；帮助群众发展产业，使贫困群众增强脱贫后劲；发展社会公共事业，农村基本医疗、教育条件得到进一步改善。

2002年，宝钢成为首批17家对口援藏的中央企业之一，按照中央的统一部署和“分片负责、对口支援、定期轮换”的总体要求，对口援助日喀则地区仲巴县（县驻地海拔4772米，境内平均海拔在5000米以上）。援藏十年来，宝钢从人员、资金等方面给予仲巴县支持和援助，先后选派4批8名干部进藏工作，并通过认真深入调研仲巴县情况，结合当地发展规划，将援藏资金细化落实为促进当地经济社会发展，改善当地民生的项目，2002年至2011年，宝钢共计实施援藏项目88个、投入援藏资金约1.33亿元。项目范围涵盖基础性的供水、供电、通路，改善民生的兴建卫生院、培训医护人员，以及提高自我发展能力的开办职业培训项目等。

4. 教育科研方面

1990年，宝钢出资200万元设立宝钢奖学金，至2005年增资至1亿元。宝钢教育奖共设有宝钢优秀学生奖、宝钢优秀学生特等奖、宝钢优秀教师奖、宝钢优秀教师特等奖提名奖和宝钢优秀教师特等奖五个奖项。为了鼓励港澳和台湾地区学生来内地高等院校就读，2010年起在全国12所高校试点设立宝钢学生奖学金（港澳台）。

2000年8月28日，宝钢和国家自然科学基金委员会签署协议，正式成立“钢铁联合研究基金”。“钢铁联合研究基金”面向全国，重点资助我国钢铁工业发展迫切需要的冶金新技术及有关工艺、材料、能源、环境、装备、信息等方面具有重要科学意义和应用价值的基础研究项目，鼓励创新、学科交叉和产、学、研结合，优先支持青年科技人才。

目前“钢铁联合研究基金”资助清华大学、上海交通大学等50多个国内高等院校和研究机构。通过“钢铁联合研究基金”项目的实施，为钢铁工业及相关领域培养了300余名博士和500余名硕士，25名博士后；部分成果还获得了国家科学技术进步奖。

截至2011年，“钢铁联合研究基金”共资助了215个基金项目，双方共同投入资金8600万元（各出资50%），已成为我国钢铁领域一个重要基础研究平台，并已成为我国钢铁领域连接基础与应用研究的桥梁。

宝钢从1993年起结缘南极，宝钢自主研发的第一代彩钢产品聚酯彩涂板于当年使用在长城站的食品栋、考察栋两座建筑上。2011年11月，第28次南极科考队启程，10名宝钢员工组成的宝钢突击队再次整装出发，历时135天，圆满完成了长城站系列改造任务和昆仑站二期综合楼建设任务。

六、建筑行业中央企业经济运行

（一）建筑业一般特征

1. 行业定义

建筑业，是专门从事土木工程、房屋建设和设备安装以及工程勘察设计工作的生产部门。其产品是各种工厂、矿井、铁路、桥梁、港口、道路、管线、住宅以及公共设施的建筑物、构筑物和设施。在国民经济核算体系等体系和标准中，建筑业有“狭义建筑业”和“广义建筑业”两种不同的分类方法：按照传统的统计分类，建筑业主要包括建筑产品的生产（即施工）活动，因而是狭义的建筑业；广义的建筑业则涵盖了建筑产品的生产以及与建筑生产有关的所有的服务内容，包括规划、勘察、设计、建筑材料与成品及半成品的生产、施工及安装，建成环境的运营、维护及管理，以及相关的咨询和中介服务等等，这反映了建筑业最真实的经济活动空间。

表 2－37　国民经济行业分类代码表（GB/T4754—2011）

大类	中类	小类	类别名称	说明
			建筑业	本门类包括 47 ~ 50 大类
47			房屋建筑业	
	470	4700	房屋建筑业	指房屋主体工程的施工活动；不包括主体工程施工前的工程准备活动
48			土木工程建筑业	指土木工程主体的施工活动；不包括施工前的工程准备活动
	481		铁路、道路、隧道和桥梁工程建筑	
		4811	铁路工程建筑	
		4812	公路工程建筑	
		4813	市政道路工程建筑	
		4819	其他道路、隧道和桥梁工程建筑	
	482		水利和内河港口工程建筑	
		4821	水源及供水设施工程建筑	
		4822	河湖治理及防洪设施工程建筑	

续表

大类	中类	小类	类别名称	说明
		4823	港口及航运设施工程建筑	
	483	4830	海洋工程建筑	指海上工程、海底工程、近海工程建筑活动，不含港口工程建筑活动
	484	4840	工矿工程建筑	指除厂房外的矿山和工厂生产设施、设备的施工和安装
	485		架线和管道工程建筑	指建筑物外的架线、管道和设备的施工活动
		4851	架线及设备工程建筑	
		4852	管道工程建筑	
	489	4890	其他土木工程建筑	
49			建筑安装业	指建筑物主体工程竣工后，建筑物内各种设备的安装活动，以及施工中的线路敷设和管道安装活动；不包括工程收尾的装饰，如对墙面、地板、天花板、门窗等处理活动
	491	4910	电气安装	指建筑物及土木工程构筑物内电气系统（含电力线路）的安装活动
	492	4920	管道和设备安装	指管道、取暖及空调系统等的安装活动
	499	4990	其他建筑安装业	
50			建筑装饰和其他建筑业	
	501	5010	建筑装饰业	指对建筑工程后期的装饰、装修和清理活动，以及对居室的装修活动
	502		工程准备活动	指房屋、土木工程建筑施工前的准备活动
		5021	建筑物拆除活动	
		5029	其他工程准备活动	
	503	5030	提供施工设备服务	指为建筑工程提供配有操作人员的施工设备的服务
	509	5090	其他未列明建筑业	指上述未列明的其他工程建筑活动

2. 对国民经济的意义

建筑业是国民经济的重要物质生产部门，在我国国民经济中占有重要地位。通过投资固定资产，建筑业为国民经济的持续发展和人民生活的持续改善提供了物质基础，是各行业固定资产转化为现实生产能力和使用价值的必经环节，对于国民经济增长和劳动就业安置具有非常重要的作用。

一是建筑业的支柱产业地位日益显著。建筑业增加值在 GDP 总量排序中，长期稳步居于国民经济各产业部门的前六位。根据《中国统计年鉴——2011》，在国民经济各产业部门中，建筑业占 GDP 的比重为 6.8%，居制造业、农业、采矿业、批发零售业之后，位列第五。建筑业的快速发展，大大改善了城乡面貌和人民居住环境，加快了城镇化进程，带动了相关产业发展。

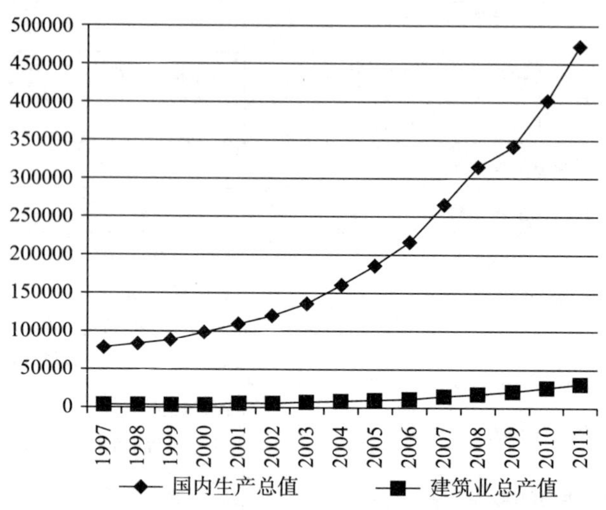

图 2-64　建筑业对国民经济的贡献（单位：亿元）

二是工程建设成就举世瞩目。长江三峡水利枢纽、青藏铁路、武广高速铁路、苏通跨江大桥和杭州湾跨海大桥、北京奥运场馆、上海世博会场馆等一大批高、大、精、尖工程的顺利竣工和投入使用，充分说明了我国建筑业的技术、管理和工程建造能力达到世界领先水平，这些工程为我国的经济建设、国防建设、文化建设和民生改善发挥了巨大作用。

三是建筑业提供了大量的就业机会。截至 2011 年，建筑业的从业人员已达到 4311 多万人，约占全社会从业人员的 5%，至少直接影响到全国 1 亿多人口的生存和生活质量。建筑业不仅直接拉动了国民经济增长，同时吸纳了城镇化及农村结构调整所转移的大量劳动力，缓解了就业压力，有力地支持了社会主义新农村建设和“三农”问题的解决。

表 2-38　我国 2006—2011 年建筑行业全行业人均产值①

年份	建筑业总产值（万元）	建筑业企业从业人员数（万人）	人均产值（万元）	人均产值增长率（%）
2006	415571600	2878.2	144385.9357	0.128231
2007	510437100	3133.7	162886.3963	0.128132
2008	620368100	3315	187139.6983	0.148897
2009	768077400	3672.56	209139.5103	0.117558
2010	960311300	4160.4378	230819.7709	0.103664
2011	1177340000	4311	273101.3686	0.183180

当前我国建筑业劳动生产率较之欧美国家仍然大幅偏低，这与我国建筑业的劳动密集性特点有关，技术进步对我国建筑业劳动生产率的提高做出了主要贡献，但我国建筑业从业人员整体素质亟待提高。加快技术进步，提高劳动者素质，是提高劳动生产率和行业效率的关键。劳动生产率对工资是富于弹性的，工资的提高推动了劳动生产率的进步，是提高劳动生产率的一种有效激励手段。

四是建筑业是应对各类金融危机和突发事件、抢险救灾的重要力量。特别是汶川、玉树地震灾害发生后，建筑业积极响应党中央、国务院的战略部署，率先进入灾区抢险救灾，为经济运行企稳回升，为保障人民生活，为灾后重建，建立了卓越功勋。

建筑业之所以能够取得如此巨大成绩，原因是多方面的，但最根本的一条，是党中央和国务院高瞻远瞩、高度重视，给予了强有力的政策引导和支持。

（二）我国建筑业发展状况

1. 基本情况

1980 年，邓小平同志从国家经济建设发展的战略高度出发，借鉴发达国家建筑业发展的经验，结合中国国情，高瞻远瞩地提出建筑业是国民经济的支柱产业，为我国建筑业改革与发展指明了方向。60 年来，我国建筑业伴随着新中国的建设事业而发展壮大。自 1953 年开始的“一五”期间 156 项重点项目建设到“六五”前，建筑业在极其艰难的条件下为改变我国一穷二白的面貌奠定了重要的物质、技术基础。改革开放 30 年来，建筑业更是呈现出持续快速增长的

① 中经网数据库。

势头，建筑领域的相关法律法规、产业政策不断完善，建筑业企业综合实力不断增强，为国民经济和社会发展做出了巨大贡献。

改革开放30年以来，中国产业经济经历了突飞猛进的发展，社会完成了从工业革命到大规模生产，再到大规模营销最后纸质后工业时代的过渡，走过了西方资本主义社会上百年的发展历程。

同中国国民经济领域所有其他行业一样，改革开放以来中国建筑业行业经历了一个高速发展的过程，1980年建筑业行业全年产值为286.93亿元，而到2011年行业总产值则扩张到了17734.2亿元，增长率高于300%，并且在2011年占全国国内生产总值的25%。建筑业面对极为复杂的国内外经济环境，对我国国民经济的总体运行态势做出了积极重大的贡献，并且全行业始终处于持续扩张状态。

2. 2011年我国建筑业经济运行情况

在2011年，建筑业产业规模继续扩大，生产形势保持快速发展势头，各项指标再创新高；建筑业结构调整步伐加快，企业定位更加清晰，建筑业的建造能力提高明显，建筑业生产方式变革逐步展开，工业化、信息化不断进步。但2012年1季度，GDP增速仅为8.1%，创两年多来的新低，经济低迷传导至建筑业的影响逐步显现。1季度建筑业完成产值18831亿元，同比增长18.1%，较同期增幅回落8个百分点。自2011年1季度开始，季度建筑业总产值增速持续下滑，至2012年1季度增幅已接近7年间的历史最低点。

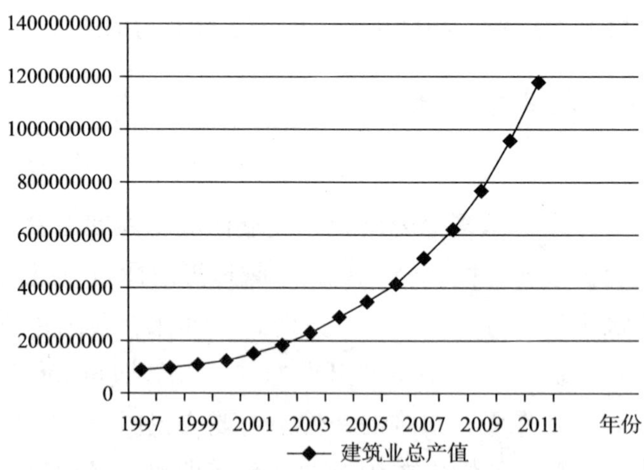

图2-65 建筑业总体发展趋势（单位：万元）

建筑业上游的建材、钢铁等行业一直处于产能过剩状态，我国具有充足的剩余劳动力，完全能够满足具有劳动密集型特征的建筑业需求，考虑到以上两点，联系我国建筑业在国际市场上的大踏步前进，我们认为，我国建筑业的供给能力弹性空间巨大，完全能够满足建筑业的持续扩大需求，这都直接促使了2011年的建筑业总产值能够实现高速增长。

对外承包工程营业额累计完成209亿美元，同比增长23%，新签合同额297.6亿元，同比下降3.8%。由于新签合同额将直接影响后续的建筑业产值，结合2011年对外承包工程新签合同额增幅先高后低的趋势，预计2012年2季度建筑业海外承包产值将继续维持高增长，而后3季度预计出现一定幅度的下滑。

国家统计局公布的1季度房地产景气指数为108，略高于100的警戒值；房地产企业家信心指数只有86.5，接近六年最低，表明房地产企业家信心不足，采取的“快卖房、不拿地、缓施工”的战略也会对建筑企业产生较大影响。建筑业景气指数和企业家信心指数普遍高于房地产业，但已连续下降四个季度。

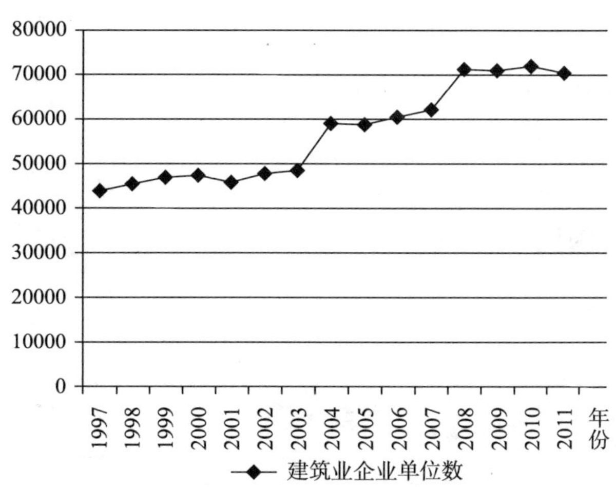

图2-66 建筑业企业单位数（单位：家）

同时，在2011年，伴随着整个建筑行业总产值的不断增长，行业内总体企业单位数已经达到70414家，从业人数也由2010年的4160万人攀升到了4311万人（图2-70）[①]，因此，整个行业面临着规模不断壮大的局面。

建筑业是典型的投资拉动型行业，在每年的固定资产构成中，建筑安装业工程的比例始终稳定在60%以上，建筑业对GDP的贡献则稳定在6%左右，在

① 资料来源：中经网数据库。

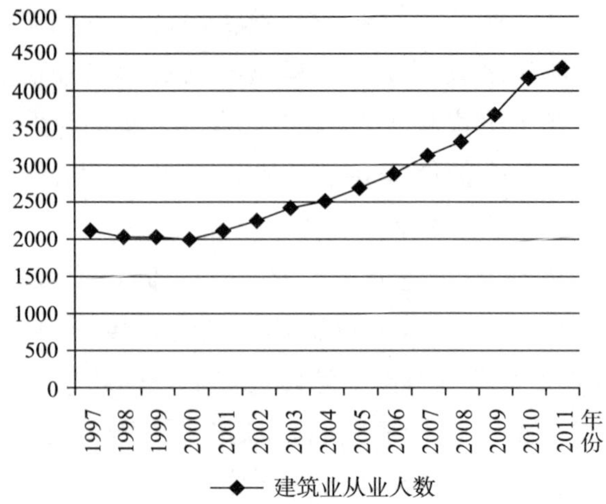

图 2-67 建筑业从业人数（单位：万人）

固定资产投资稳步高位运行的态势下，我国的建筑业也保持了平稳较快增长。

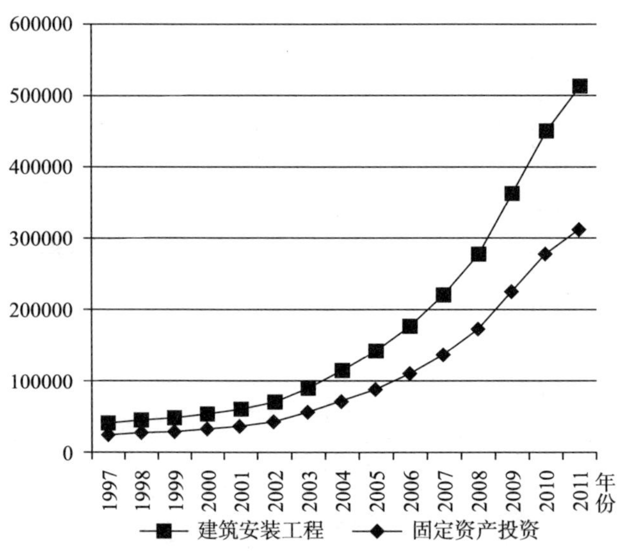

图 2-68 建筑安装工程与固定资产投资（单位：亿元）

2012 年 1 季度，固定资产投资额（不含农户）为 47865 亿元，同比增幅 21%。虽然固定资产投资额增速总体维持高位，但同比增幅较去年同期下滑 4 个百分点。固定资产投资额同比增幅在 2009 年 7 月达到 33.6% 的高位后持续下滑，至 2012 年 1 季度达到近十年的最低点。

铁路建设方面，2012 年 1 季度铁路基本建设投资实际完成 426 亿元，同比下滑幅度高达61%，相较于去年同期，同比39.8%的增幅形成鲜明反差；同时对比2011年1季度完成基建投资额占计划投资23.6%，今年首季度仅完成计划的10.6%。两组数据，足以说明去年同期基建投资的热火朝天与今年铁路建设的萧条之象。

交通建设方面，2012年首季度公路水路交通行业发展完成固定资产投资额1853.9亿元，同比下降7.7%，其中公路基建投资额占比85%，达到1547.6亿元，同比降幅为10%。水运基础设施（内河与沿海）建设完成投资额246亿元，同比投资额小幅增长3.6%。分区域看，东部、中部、西部地区完成交通固定资产投资分别为646亿元、382亿元和826亿元，分别下降10.2%、12.9%和2.9%。

水利建设方面，2012年首季度水利建设固定资产投资增幅仅为10%，但2011年中央大型水利项目南水北调东中西线的全面展开，地方大型水利项目批复加快，2012年将全面进入执行年。“两会”期间，水利部副部长矫勇表示，2012年水利建设投资力争达到4000亿元。若按此计算，1季度的440亿投资额仅完成计划额度的11%，预计未来三个季度平均投资额将达到1200亿元，水利建设投资将呈现爆发式增长。

房屋建设方面，2012年1季度房地产固定资产投资力度较2010和2011年同期，明显增长乏力。2012年1季度，房地产开发完成投资额10927亿元，同比增长23.5%，而2010年、2011年同期增幅分别为35.1%，34.1%。2012年首季度较2011年同比增幅下滑将近11个百分点。

2012年1季度，国家发改委连续批复了三大区域规划。西部大开发“十二五”规划新增铁路营业里程1.5万公里，城镇化率超过45%；东北振兴规划2015年实现城镇化率60%，新建保障性住房310万套等；陕、甘、宁革命老区振兴规划目标，力争到2015年，基础设施建设取得重大进展，城镇化率达到43%以上。

铁路建设投资方面，2月下旬，铁道部公开招标发行150亿元中期票据，亦有铁道部官员表示2012年铁路投资所需资金已全部落实。

交通运输建设投资方面，《苏州市城市轨道交通近期建设规划》获批，至此至少30个城轨交通运输项目规划获批。根据规划至2015年前后，全国规划建设的轨道交通线路有96条，建设线路总长将达2500多公里，总投资超过1万亿元。

水利建设投资方面，七大部委联合发布支持水利改革金融服务的意见，将全力保障2012年水利投资资金的落实；电力工业“十二五”规划研究报告指出，西南金沙江等五江干支流水电开发进度提前，2015 年规划目标将增加 1500 万千瓦；5 个水电站通过核准，总装机容量达到 580 万千瓦。

房屋建设投资方面，将加大工作力度做好保障性安居工程建设。3 月国务院常务会议中，将“坚定不移贯彻房地产市场调控政策”列入 2012 年完成的七大任务之一。

建筑企业战略调整方面，上海建工与中工国际收购海外矿产，主营业务多元化的同时提升海外市场竞争力；广厦集团则选择了入驻原油中转储运项目促转型；深陷铁路资金困局的中铁建，以进军水工市场求发展；中国建筑、宁波建工、中交建等都通过收购合并等方式，增强主业核心竞争力。[①]

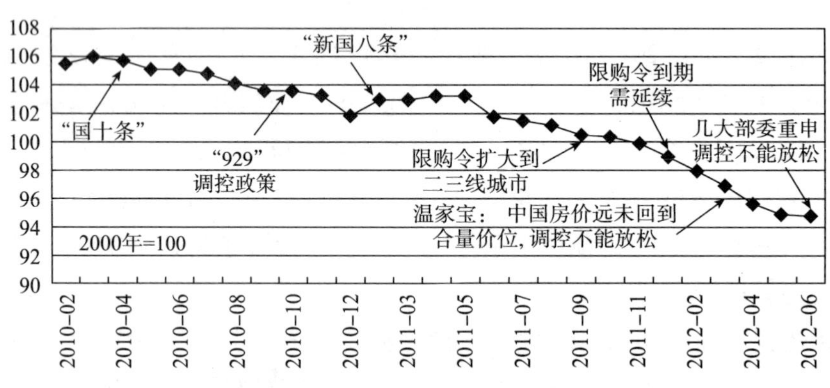

图 2－69　2010 年以来中国住房市场景气指数

资料来源：中经网

2011 年以来，受限贷、货币政策从紧等因素影响，房地产开发企业融资难度加大。尤其是9 月份以来，随着限购范围的扩大，商品房成交量陷入低谷，银行对房地产开发商贷款和购房按揭贷款依然偏紧，导致房地产开发投资资金来源增速持续放缓，房地产企业频现资金链断裂危机，尤其是中小企业。4 季度，房地产开发投资资金来源累计 21298. 75 亿元，同比下降 3. 14%，2011 年来首次出现融资规模同比下降的局面。全年来看，房地产开发投资资金来源合计 8. 32 万亿元，同比增长 14. 1%，增速较上年同期下降 11. 3 个百分点。

2012 年 2 月、5 月，央行两次下调存款准备金率；6 月、7 月，央行两次下调存贷款利率，房地产行业融资环境逐步改善。根据央行的数据，上半年房地产贷款增速回升，保障房贷款增长较快。其中，地产开发贷款余额 8037 亿元，

① 资料来源：《建筑时报》。

同比增长 0.8%，增速较上季度末提高 8.8 个百分点；房产开发贷款余额 2.92 万亿元，同比增长 11.3%，增速较上季度末提高 0.3 个百分点；保障房开发贷款余额 4787 亿元，同比增长 62.7%，上半年增加 869 亿元，占同期房产开发贷款增量的 49.7%。

2012 年第 2 季度，受益于融资环境的继续改善，以及刚需加速释放下定金及预付款和个人按揭贷款恢复增长，房地产企业资金压力略有缓解。上半年，房地产开发投资资金来源累计 43329.02 亿元，同比增长 5.7%，同比增速连续两个月止跌。下半年，银监会将支持中低价位、中小套型普通商品房建设，优先办理居民家庭首套真实自住购房按揭贷款，预计刚需购房款将成为房地产开发资金来源的重要保障。

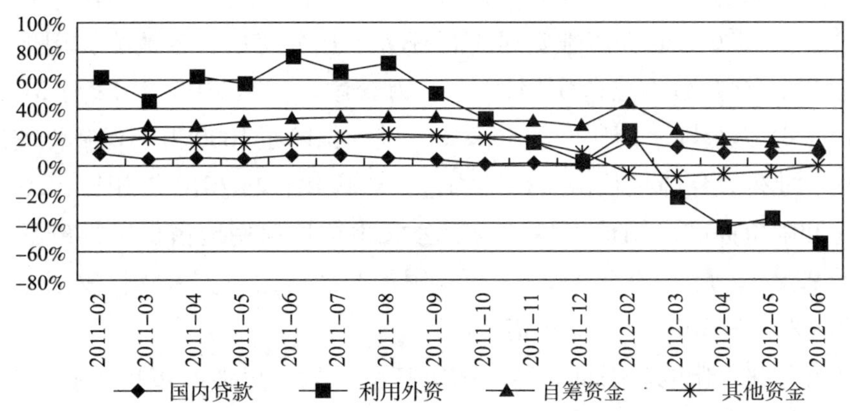

图 2－70　2011 年以来房地产开发投资主要资金来源累计同比增速

资料来源：中经网

存款准备金政策，实际就是暂时冻结商业银行的钱，抑制商业银行放贷，减少市场的流动性。这个工具的使用，较之加息工具的使用，最大好处是不致引起热钱涌入、物价上涨。但央行使用存款准备金工具，必然导致银行紧缩信贷，会对融资数额巨大的建筑业产生负面影响。一是融资困难，冲击房市和建筑市场；二是资金紧张，融资成本增大。建筑企业对存款准备金政策实施可能导致的负面影响，应当提前研究，采取相应对策。

公开市场操作可以达到控制市场上货币数量的目的。其对建筑业的影响在于两个方面：一方面可以控制市场上的货币数量，有效抑制通货膨胀，遏制物价上涨，这有利于减轻建筑企业成本上升压力；另一方面，却也会增加建筑企业融资的困难，可能引起资金紧张。人民币升值，本不是坏事。本币升值，意味着相同的单位货币可购买更多数量的商品。人民币升值后，作为基础原材料的初级产品进口成本相应降低，可缓解中国现阶段的通胀压力，也可促进国内产业结构的升级。这对建筑企业是好事。但人民币升值，也会引起境外“热钱”涌入，不但冲击股市和楼市，而且可能引发金融危机。不过，从总体上看，人民币升值的影响无论正面的还是负面的，各行各业都将面对，建筑业在生产经营中可以不特别考虑。①

在土地市场方面，截至2011年底，全国住房用地供应13.59万公顷，同比增长7.6%，住房用地总量的增加为住房市场的平稳健康发展奠定了基础。其中，商品住房用地计划落实10.5万公顷，超过前2年年均实际供应量（8.17万公顷）28.5%。上海、天津、福建、云南、贵州、广西等省（区、市）住房用地计划落实率均超过90%。其中，保障性安居工程用地需求提前两个月完成供地。2011年，1000万套保障性安居工程任务下达分解后，各地测算用地需求约4.18万公顷，10月各地已落实用地4.26万公顷。截至2011年12月31日，共落实用地4.81万公顷，同比增长46.2%，全面保障了1000万套保障性安居工程用地需求。此外，保障性住房用地结构进一步优化，与2010年相比，2011年落实公租房和限价商品房用地大幅增长。公共租赁住房用地占保障性安居工程用地总量的9.4%，是2010年的23.7倍；限价商品房用地占保障性安居工程用地总量的7.9%，是2010年的2.6倍。

2011年以来，限购、限贷等调控政策持续从紧，房地产市场不确定性加大，企业拿地日趋谨慎，6月开始单月房地产土地购置面积就呈现同比下滑的态势。随着3季度限购范围扩大到二三线城市，房地产市场下行的态势逐步确定，部分房地产企业开始停止拿地或者大幅缩减拿地规模，土地市场成交异常低迷。第3季度、4季度房地产企业土地购置面积分别为9274.22万平方米和9788.93万平方米，同比分别下降12.36%和17.64%。其中，10月、12月土地购置面积同比分别下降30.61%和21.88%。全年来看，房地产企业土地购置面积累计40972.95万平方米，同比增长2.6%，增速较上年同期下降25.8个百分点；房地产企业土地购置费累计11412.82亿元，同比增长14.1%，较上年同期下降51.8个百分点。

截至2011年底，全国未竣工房地产项目用地约为前三年房地产用地平均供应量的3.4倍，未竣工土地总体能够满足持续开发需要。市场上地价涨幅回落，土地市场趋于理性。第4季度，由于房地产市场一蹶不振，全国各用途平均地价

① 资料来源：中国工程建设网。

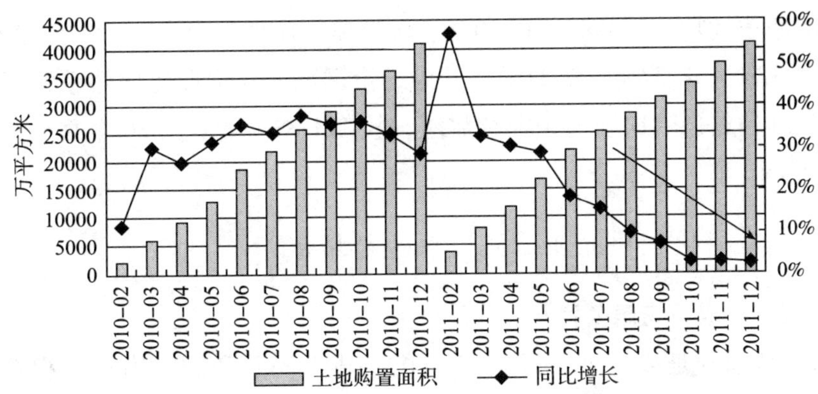

图2-71　2010—2011年房地产土地购置面积及同比增速

资料来源：中经网

增速持续放缓，商业、居住、工业地价环比增速连续三个季度回调，同比增速连续两个季度回调，地价总体水平呈现深度回调趋势。

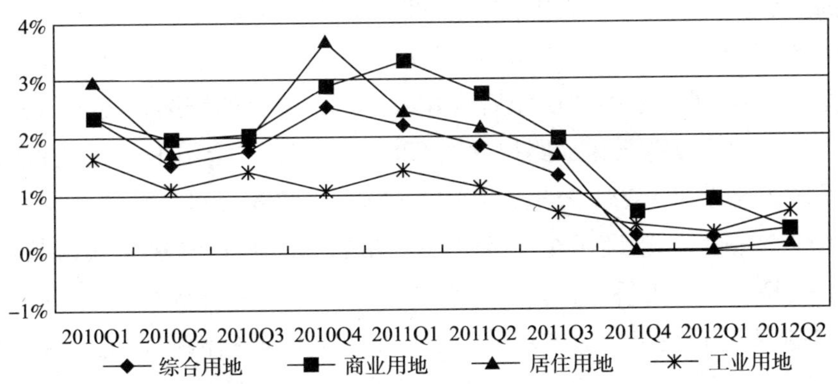

图2-72　2010—2012年土地价格环比增速

资料来源：中经网

2011年第4季度，全国主要监测城市地价总体水平为3049元/平方米，商业、居住、工业分别为5654元/平方米、4518元/平方米和652元/平方米；环比增长率分别为0.29%、0.69%、0.00%、0.44%，较上1季度分别下降1.04、1.29、1.21、0.15个百分点；同比增长率分别为5.94%、9.02%、6.58%、3.88%，较上1季度分别下降2.43、2.52、3.90、0.73个百分点，地价环比、同比增幅全面回落。

2012年第2季度，全国主要监测城市地价总体水平为3069元/平方米，商服、住宅、工业地价分别为5728元/平方米、4522元/平方米和659元/平方米；

环比增长率分别为 0.39%、0.40%、0.13%、0.69%；同比增长率分别为 2.33%、3.93%、1.77%、2.27%。其中，全国综合地价环比增幅较第 1 季度微升 0.13 个百分点；同比增速则继续放缓，较第 1 季度下降 1.20 个百分点，连续 4 个季度回调。

（三）建筑业中央企业 2011 年运行情况

1. 中国中铁股份有限公司①

中国中铁前身是成立于 1950 年 3 月的中华人民共和国铁道部工程总局和设计总局，1958 年合并为铁道部基本建设总局，1989 年 7 月 1 日，组建为中国铁路工程总公司，2003 年 5 月起隶属国务院国资委管理，为中央特大型骨干企业。2007 年 9 月，整体重组创立中国中铁股份有限公司，于当年 12 月 3 日和 7 日分别在上海、香港两地上市。中国中铁是集勘察设计、施工安装、工业制造、房地产开发及其他业务于一体的国际化特大综合型企业集团，全球最大的建筑工程承包商，在世界企业 500 强中排名第 95 位，在中国企业 500 强中排名第 6 位，公司总资产 4687 亿元，净资产 813.5 亿元。

成立 60 多年来，中国中铁先后修建了 77925 公里的铁路，占全国铁路总里程的 2/3 以上；建成电气化铁路接触网 52894 公里，占全国电气化铁路的 95%；参与建设的公路超过 13781 公里，其中高速公路 7708 公里，约占全国高速公路总里程的 1/10；参与建设了全国 3/5 的城市轨道工程；修建了武汉长江大桥、南京长江大桥、东海大桥、杭州湾跨海特大桥、苏通大桥等 9000 余座大桥，总长达 9297 公里；建成秦岭隧道、太行山隧道、厦门翔安海底隧道、武汉长江隧道等长大隧道，共计 6886 公里。9 次远征南极，承担了我国中山站、长城站、昆仑站建设和维护任务。成为基础设施建设和经济社会发展的脊梁，先后参加了国内外 5000 余项公路、机场、码头、水电、地铁、高层建筑、市政等大型工程的设计与施工，经营范围覆盖到土木建筑的各个领域，工程项目遍布全国各省市自治区和全球 60 多个国家和地区。

目前，中铁现拥有 46 家二级公司，其中特大型施工企业 16 家，大型特大型勘察设计咨询企业 6 家，大型工业制造和科研开发企业 4 家，以及多家国际业务、房地产开发、矿产资源开发、投资建设管理、信托投资公司。现有职工 294761 人，拥有生产人员 142663 人，销售人员 21681 人，工程技术人员 99285

① 资料来源：中国中铁网站；中铁 2011 年 A 股年报。

人，财务人员 14036 人，行政人员 17096 人。其中高级专业技术职务人员 12000 余人，高层次技术专家 700 余人，中国工程院院士 3 名、国家级突出贡献专家 6 名、国家勘测设计大师 7 名。

2011 年，中铁完成新签合同额 5708 亿元，同比减少 22.4%；营业总收入 4607.20 亿元，同比减少 2.75%；实现归属母公司净利润 66.90 亿元，同比减少 9.55%；截至 2011 年 12 月 31 日，未完成合同额 10580.79 亿元，同比增长 9.5%。其中，基建建设 8985.65 亿元，勘察设计与咨询服务 144.60 亿元，工程设备和零部件制造业务 112.53 亿元。

表 2－39　中国中铁 2011 年总体业绩

公司业务	营业总收入（千元）	增长率（%）	毛利率（%）	毛利率增长率（%）
基建建设	385202197	－6.44	8.59	4.89
勘察设计与咨询服务	8357202	0.33	35.61	1.51
工程设备和零部件制造	9120785	－12.27	20.12	8.48
房地产开发	16954051	44.72	29.14	77.73
其他	41085990	30.15	14.23	63.63
合计	460720225	－2.75	10.57	14.50

资料来源：中铁 2011 年 A 股年报

中铁的主营业务为基建建设、勘察设计与咨询服务、工程设备和零部件制造、房地产开发以及其他业务。2011 年度，实现营业总收入 4607.20 亿元，同比减少 2.75%；新签合同额为 5708 亿元，同比减少 22.4%。截至 2011 年 12 月 31 日，公司未完成合同额 10580.79 亿元，同比增长 9.5%。

基建建设方面，2011 年，国家宏观经济持续调控，铁路建设规模和部分项目标准进行了调整，建设进度、安全质量的压力前所未有。铁路新招标项目大幅减少、在建项目资金一度十分紧张、项目缓建停工。2011 年，基建建设业务营业收入 3852.02 亿元，同比减少 6.44%；在铁路市场新签合同额同比减少 76% 的情况下，实现新签合同额 4125.6 亿元。截至 2011 年 12 月 31 日，基建建设业务的未完成合同额为 8985.7 亿元，同比增长 3.4%。

2011 年，中铁共完成铁路建设新签合同额 975.6 亿元，同比减少 76%，约占铁路市场份额的 50.6%。共完成铁路正线铺轨（新线、复线）5697 公里，完成电气化铁路接触网正线 6847 公里。承建的京沪高铁、青藏线西宁至格尔木增建二线电气化工程、广深港高铁客专广深段、太中银铁路相继开通运营，承建的石武、杭甬、成绵乐客专和兰新、兰渝、南广铁路、印尼煤矿铁路专用线等项目顺利推进。

2011 年，在公路建设方面取得良好业绩，新签合同额达 939.3 亿元，同比增长 22.9%，约占高速公路市场份额的 12.6%，共完成公路建设 1125 公里，其中包括 748 公里的高速公路。公司 2011 年承建的西铜高速公路、吉林吉草高速公路、绥芬河至牡丹江高速公路，青岛胶州湾大桥和胶州湾海底隧道等公路项目顺利实现通车。

中铁在 2011 年继续加大市政工程建设项目开发力度，并取得良好经济效益。2011 年，公司共完成市政工程和其他建设新签合同额 2210.7 亿元，同比增长 62.4%，其中城市轨道交通市场占有率约为 53.4%。2011 年，共承建城市轻轨、地铁线路土建工程 161.1 公里，铺轨工程 188 公里。承建的深圳地铁 4 号线和 5 号线、北京地铁 5 号线和 15 号线、西安地铁 2 号线正式开通，先后实施的郑州地铁 2 号线、沈阳四环快速干道、昆明地铁、武汉鹦鹉洲大桥、贵州龙里体育文化度假中心、江门江顺大桥等总承包和 BT 项目有序推进。

勘察设计与咨询服务方面，中铁在该领域的行业龙头地位进一步巩固。2011 年，勘察设计与咨询服务业务营业收入 83.57 亿元，同比增长 0.33%；新签合同额为 103.5 亿元，同比增长 10.3%。截至 2011 年 12 月 31 日，勘察设计与咨询服务业务的未完成合同额为 144.6 亿元，同比增长 18.3%。2011 年，公司为以下项目提供了勘察设计与咨询服务：云桂、贵广、南广、京张、大瑞、渝利、山西中南部通道等高速铁路、客运专线、复杂山区铁路项目；北京、上海、广州、深圳、成都、郑州、南京、长沙等城市轨道交通项目；黄冈公铁两用长江大桥、安庆长江大桥、马鞍山长江公路大桥、武汉二七长江大桥等桥梁工程项目；成都—自贡—泸州高速公路、成安渝高速公路等高速公路项目；委内瑞拉铁路、埃塞俄比亚铁路、中（国）—老（挝）—昆明至万象铁路等国际工程项目。

房地产开发方面，2011 年，公司房地产开发业务实现营业收入 169.54 亿元，同比增长 44.72%。上海中铁时代广场、贵阳中铁逸都国际、成都新界、西安缤纷南郡、武汉百瑞景中央商务区等房地产项目，均取得较好的销售业绩。截至 2011 年 12 月 31 日，公司处于开发阶段的项目占地面积 1645 万平方米、总建筑面积 2887 万平方米。

2. 中国建筑工程总公司[①]

中国建筑工程总公司（以下简称“中建总公司”）正式组建于1982年，其前身为原国家建工总局，是为数不多的不占有大量的国家投资，不占有国家的自然资源和经营专利，以从事完全竞争性的建筑业和地产业为核心业务而发展壮大起来的国有重要骨干企业。中建总公司曾经在全球一百多个国家和地区开展业务，目前经营区域主要分布于全球27个国家和地区，在国内除台湾省外均有经营业务开展。自1982年公司组建到2010年底，中建总公司共承接合约额3万亿元人民币（以下同），完成营业额1.8万亿元，2010年公司的资产总额超过3800亿元，是当之无愧的中国建筑业翘楚。中建总公司从1984年起连年跻身于世界225家最大国际承包商行列，2010年排名第22位。自2007年开始中建总公司成功进入世界500强企业行列，2010年排名第187位，2011年财富500强第147位。

2011年，新签合同额约9307亿元，增长16.1%。建筑业务新签合同额约8566亿元，增长15.3%。其中，房建业务7223亿元，增长14.2%；基建业务1207亿元，增长21.7%；设计勘察业务77亿元，增长31.4%。期末，待施合同额约9495亿元，同比（调整数）增长35.9%。

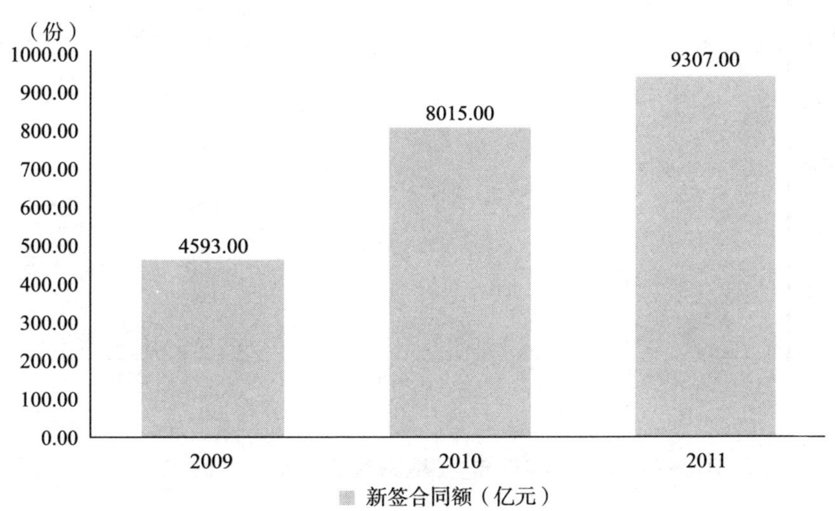

图2－73　2009—2011年中国建筑新签合同额

其中，房地产销售额达891亿元（中海地产739亿元，中建地产152亿元），增长33.2%；销售面积700万平方米（中海地产558万平方米，中建地产142万

① 资料来源：中国建筑官网；中国建筑2011年度报告。

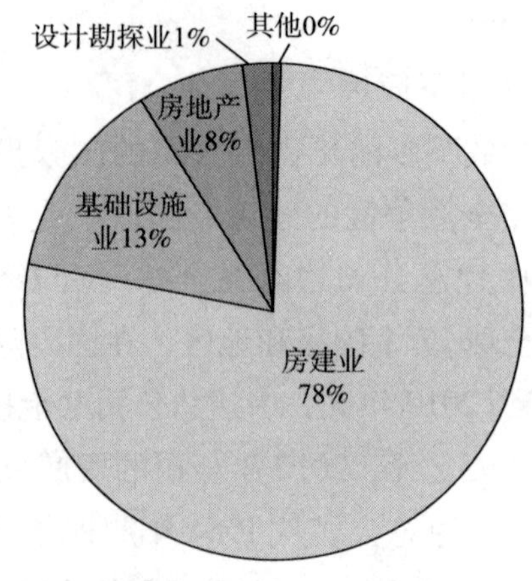

图 2-74　新签合同额比重

平方米)，增长 7.5%。全年新增土地储备约 2167 万平方米，期末拥有土地储备约 6194 万平方米。

实现营业收入 4828 亿元，增长 30.3%。

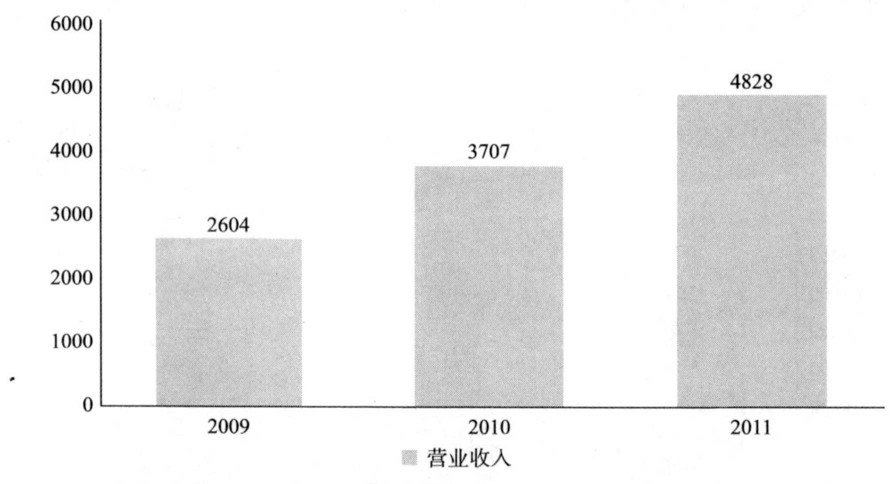

图 2-75　2009—2011 年中国建筑营业收入（单位：亿元）

2011 年，公司实现营业收入 4828 亿元，同比增长 30.3%；实现毛利润 581.3 亿元，同比增长 29.8%；毛利率为 12.0%，同比下降 0.1 个百分点，主要系房建占比提高所致。公司前 5 名客户实现营业收入合计 77 亿元，占营业收入的 1.6%；前 5 名供应商采购金额占营业成本的比例小于 1%。公司业务结构决定了客户较为广泛，不存在对单一客户的依赖。

公司主营业务包括房建、基建、地产和设计勘察等四大板块。

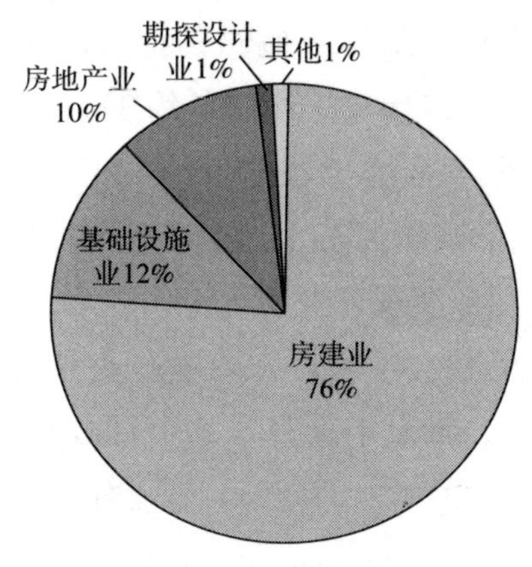

图2－76　2011年中国建筑分部门收入比重

中国建筑致力于成为我国规模最大、赢利能力最强的房屋承建商，按照产业链一体化的经营方针，积极引导各经营主体实施“区域化”策略，大力发展技术含量高、赢利能力强、规模效应明显的产业。2011年，公司房建业务新签合同额7223亿元，增长14.2%。报告期末，房建业务待施合同额7819亿元，增长41.6%。公司全年房建业务累计施工面积49788万平方米，增长29.3%，占全国累计施工面积的5.9%。公司全年新开工面积18163万平方米，增长12.8%；累计竣工面积为6316万平方米，增长8.5%。公司房建业务实现营业收入3679亿元，增长38.5%。实现毛利281.4亿元，增长47.6%。毛利率为7.6%，较上年提高0.4个百分点。房建业务营业利润增长67.3%至101.9亿元，营业利润率为2.8%，较上年提高0.5个百分点，规模、效益进一步提升。

基建方面，2011年，公司基建业务规模效应显著，基础设施品牌持续提升，新签合同额1207亿元，增长21.7%。年末，基建业务待施合同额1670亿元，增长71.5%。公司基建业务实现营业收入581亿元，增长14.2%。实现毛利62.5亿元，增长27.1%。毛利率为10.8%，较上年提高1.1个百分点。基建业务营业利润增长43.5%至36.2亿元，营业利润率为6.2%，较上年提高1.3个百分点，规模、效益稳步提升。

地产方面，2011年，公司地产业务销售额再创历史新高，达到891亿元（中海地产739亿元，中建地产152亿元），增长33.2%；销售面积达700万平方米（中海地产558万平方米，中建地产142万平方米），增长7.5%。公司地产业务销售额和销售面积分别占全国商品房销售额和销售面积的1.5%和0.6%。公司新增土地储备约2167万平方米，期末在国内49个城市及港澳地区拥有土地储备约6194

万平方米。其中，中海地产全年新增土地储备约906万平方米，实际权益面积约864万平方米；期末在25个城市拥有土地储备约3445万平方米，实际权益面积为3018万平方米。中建地产全年新增土地储备约1261万平方米，实际权益面积约1108万平方米；期末在36个城市拥有土地储备约2789万平方米，实际权益面积约为2441万平方米。地产业务实现营业收入483亿元，增长5.9%。其中，中海地产422亿元，中建地产61亿元。年内，公司地产业务实现毛利217.1亿元，增长14.1%。毛利率达到44.9%，较上年提高3.2个百分点。地产业务营业利润增长22.5%至138.7亿元，营业利润率为28.7%，较上年提高3.9个百分点。

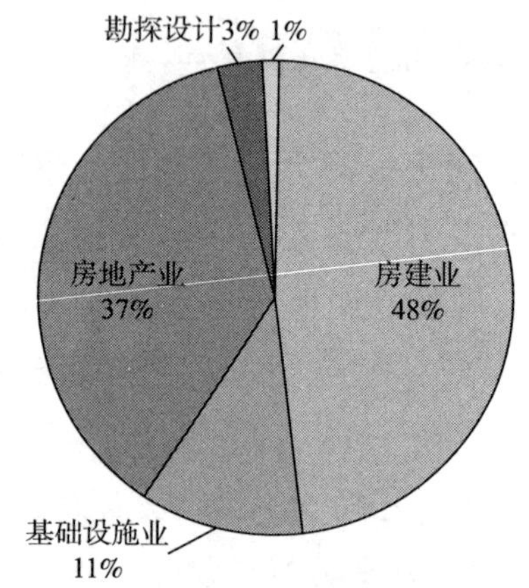

图2－77　2011年中国建筑营业利润比重

实现营业利润251.6亿元，增长33.9%。利润总额达到258.9亿元，增长31.8%。实现净利润192.4亿元，增长30.7%。

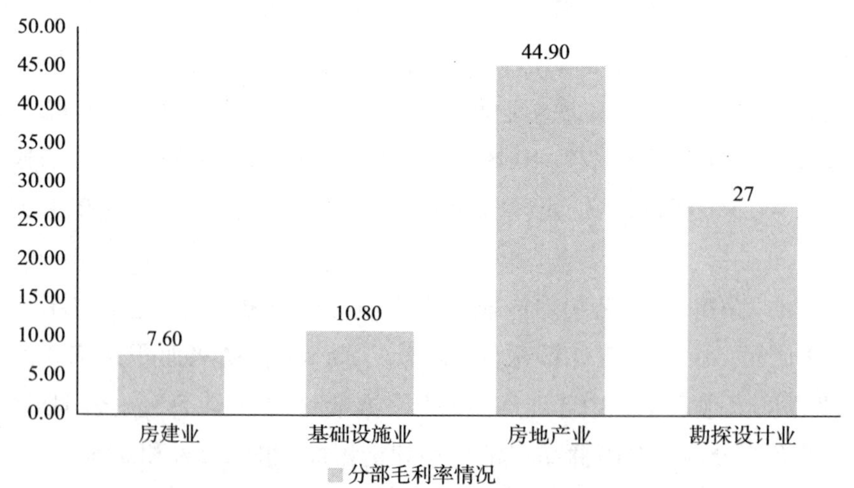

图2－78　2011年中国建筑毛利润分部门情况（单位:%）

2011 年，公司实现营业利润 251.6 亿元，同比增长 33.9%；利润总额 258.9 亿元，同比增长 31.8%；净利润 192.4 亿元，同比增长 30.7%，均高于营业收入增长比例。同期，公司实现归属母公司股东净利润 135.4 亿元，同比增长 46.5%。

在投资规模上，2011 年，公司在施投资项目及已批准待实施投资项目计划投资总额 5960 亿元。2011 年完成投资总额 1057 亿元，同比增长 6.9%。

表 2－40　2011 年中国建筑投资规模情况

	项目分类	2011 年完成投资额（亿元）	占比（%）	同比增长（%）
一	按项目时序分			
1	续投项目及 2011 年之前已决策批准项目	680.5	64.4	－2.4
2	2011 年新拓展项目	376.9	35.6	29
二	按项目类别分			
1	房地产开发项目	800.7	75.7	5.1
2	基础设施项目	125.8	11.9	31.9
3	房建工程项目	63.1	6	5.0
4	城市综合开发项目	41.3	3.9	—
5	其他投资项目	26.5	2.5	－72.85
	总计	1057.4	100	6.9

2011 年，公司续投项目完成投资 680.5 亿元，比上年下降 2.4%；新增项目完成投资 376.9 亿元，增长 29.0%。从项目类别看，房地产投资业务完成投资同比增长 5.1%；基础设施、房建工程投资业务整体进入投入期，同比增长分别为 31.9% 和 5.0%；城市综合开发业务属于近年来探索的新型投资业务。

房地产方面，公司在施房地产开发项目 188 个，计划投资总额 4128 亿元。报告期内，完成投资额 801 亿元，累计已完成投资额 2406 亿元。

公司基础设施及房建工程项目主要以 BT、BOT 及融投资带动总承包等三种模式实施。2011 年，公司在施基础设施及房建工程投资项目 59 个，其中 BT 项目 51 个、BOT 项目 2 个、融投资带动总承包项目 6 个，计划投资总额 630 亿元。在施的 51 个 BT 项目中，共计 26 个项目进入回购期或实现过程付款，累计已收到回购款及利息 37 亿元；此外，有 9 个在施的 BT 项目收到业主支付的建设期利息，合计 2946 万元。

城市综合开发业务主要是指以土地资源及土地相关权益为核心，涵盖规划设计、土地一级开发、房建和基础设施工程承包、融投资建造、房地产开发业务、招商和产业构建等全部或多种业务领域大型综合性开发建设项目。2011 年公司在施及已决策批准的城市综合开发项目 10 个，计划投资总额 386 亿元，其中 8 个项目已于 2011 年启动投资，2011 年当年完成投资额 41 亿元。

3. 招商局集团①

招商局地产控股股份有限公司于 1984 年在深圳成立，是香港招商局集团三大核心产业之一的地产业旗舰公司，是国资委重点扶持的 5 家国有房地产综合开发企业之一，也是具备综合开发能力、物业品类丰富、社区管理完善的大型房地产开发集团，当前已形成了以深圳为核心，以珠三角、长三角和环渤海经济带为重点经营区域的市场格局。

2011 年，招商局全年实现营业收入总额 151. 11 亿元，归属于上市公司股东的净利润 25. 92 亿元，较上年同期增长 29%。营业收入中：商品房销售收入 131. 43 亿元，结算面积 74. 77 万平米；投资性物业租赁收入 6. 28 亿元，累计租赁面积达 823 万平米；园区供电销售收入 6. 19 亿元，售电 81021 万度。

表 2 -41　2011 年招商地产概况

分行业	营业收入（万元）	毛利率（%）	毛利率增减（%）
房地产开发销售	1314277	56	14
出租物业经营	62818	48	2
房地产中介	6551	0	-28
园区供电	61940	29	0
物业管理	58226	14	-1
工程施工收入	15995	2	1

2011 年，公司新开工项目 28 个，新开工面积 292 万平方米；年内竣工项目 13 个，竣工面积 85 万平方米。年末在建面积 518 万平方米。继续加大投资性物业的开发力度，美伦公寓等新增物业的运营使投资性物业的出租面积进一步增加。而近年新增的花园城数码大厦、南海意库、科技大厦二期等多项投资性物业出租情况较开业前期有所提升，使得累计出租面积较上年同期增加 120 万平方

① 资料来源：招商地产 2011 年报；中经网。

米，增幅17%，出租率较上年同期提升7个百分点。

鉴于公司经营特点，供应商主要指供电业务的源电供应商香港中华电力公司。房地产业务直接采购金额比例较小，涉及的直接供应商也较少。2011年，招商供电销售前五位客户占公司电力销售总业务量的50%。

2012年1季度，招商地产签约销售金额50亿～70亿元，同比增长65%以上，签售金额已达到2011年全年的1/3左右，在一线龙头中保持领先。良好的销售表现一方面来自于加快周转目标下新开工率保持高位带来充足的可售量，在2011年新开工同比翻番的高基数上，公司2012年计划新开工与2011年基本持平；另一方面来自积极调整产品结构（“刚需+改善”）、加大营销力度，2月底至3月，公司加大推盘和促销力度，全国14个城市22个在售项目均采取优惠促销策略。

尽管公司取得优异的销售表现，但结算速度低于销售速度，公司营业总收入增速低于预期，第1季度实现营业总收入36.06亿元，同比增长27.30%。此外，由于合作项目结算占比较高，少数股东权益较大，公司净利润增速远低于营业利润增速，第1季度实现净利润5.70亿元，同比仅增长1.27%，低于营业利润增速9.41%。值得注意的是，在房地产企业大多放慢拿地节奏的形势下，招商地产拿地较为积极，凸显出逆市扩张的意图。第1季度，公司新增贵州毕节、北京来广营和天津团泊湖三项目，建筑面积合计96万平方米；4月再增天津滨海新区23万平方米项目。前4个月，公司拿地量是上年同期的5.4倍，是2011年全年的42%。根据销售简报，第2季度，公司实现签约销售面积68.93万平方米，实现签约销售金额103.15亿元；上半年，公司实现签约销售面积116.94万平方米，实现签约销售金额161.31亿元。

表2－42　招商地产的SWOT分析

公司战略分析	公司SWOT评价
优势	优势是招商局集团直属企业，是国资委重点支持的5家央企地产企业之一，综合实力强
劣势	（1）招商地产在深圳以外地区知名度有限 （2）由于过往两年商品房开工量大，全国商品住宅库存挤压，供大于求的风险仍然很大
机会	随着《深圳城市更新办法》的推出，蛇口工业区的地块未来可能有较大升值空间
威胁	公司和全国化步伐略显迟缓，竞争对手的快速扩张，珠江三角洲、长江三角洲和环渤海地区的市场空间受到挤压

资料来源：中经网

4. 中国铁建[①]

中国铁建的前身是铁道部的中国铁建股份有限公司，由中铁建总公司独家发起设立，于2007年11月5日在北京成立，为国务院国有资产监督管理委员会管理的特大型建筑企业。2008年3月10日和3月13日，公司人民币内资股（A股）和境外上市外资股（H股）分别在上海证券交易所和香港联交所上市。公司是中国乃至全球最具实力、最具规模的特大型综合建设集团之一。中国铁建连续入选美国《工程新闻记录》《ENR》杂志“全球225家最大承包商”，并在2011年继续保持第一位；连续入选《财富》“世界500强”，2011年排名第105位；连续入选“中国企业500强”，2011年排名第7位。

中国铁建的业务涵盖工程承包、勘察设计谘询、工业制造、房地产开发、物流与物资贸易等，具有科研、规划、勘探、设计、施工、监理、维护、运营和投融资完善的行业产业链。在高原铁路、高速铁路、高速公路、桥梁、隧道和城市轨道交通工程设计及建设领域，确立了行业领导地位。自20世纪80年代以来，公司在工程承包、勘察设计咨询等领域获得了426项国家级奖项。其中，国家科技进步奖61项，国家勘察设计“四优”奖83项，詹天佑土木工程大奖46项，国家优质工程奖155项，中国建筑工程鲁班奖81项。累计拥有专利1037项、获国家级工法179项。

中国铁建2011年全年新签合同额6811.786亿元，同比下降8.84%；营业收入4573.661亿元，同比下降2.72%；净利润78.820亿元，同比增长82.59%；每股收益0.64元，同比增长88.24%。2011年，公司在《ENR》“全球225家最大承包商”中继续保持第一位；在《财富》“世界500强”中排名第105位，上升了28位；在“中国企业500强”中排名第7位。在中国证券金紫荆奖评选活动中，公司荣获“海外最具品牌影响力的中国上市公司”及“‘十二五’期间最具投资价值的上市公司”奖项。

2011年，市场开发成效显著。新签合同额6811.8亿元，超额完成年度计划。其中新签路外合同额5438.2亿元，同比增长73.5%；新签海外合同额760.3亿元，同比增长193.4%。报告期末，本集团未完合同额达到11982.5亿元。

① 资料来源：中国铁建2011年度报告。

表 2－43　2010—2011 年中国铁建新签及待完工合同状况　　单位：亿元

项目	新签合同额		
	2011 年	2010 年	增长（%）
工程承包	5873. 211	6775. 918	－13. 32
勘探设计监理	75. 890	75. 790	0. 13
工业制造	119. 677	87. 361	36. 99
物流与物资贸易	577. 192	402. 469	43. 41
房地产	140. 771	114. 484	22. 96
其他	25. 045	15. 961	56. 91
总计	6811. 786	7471. 983	－8. 84

造成工程承包新签合同出现下降的主要原因是受国内铁路建设市场大幅萎缩的影响，本集团铁路工程新签合同大幅减少。2011 年本集团铁路新签合同 1373. 6 亿元，比去年减少了 68. 3%。除铁路工程外，其他工程类别新签合同均保持了不同程度的增长，为本集团保持经营规模稳定提供了有力支撑，其中：房建工程新签合同 1636. 3 亿元，同比增长 208. 4%；公路工程新签合同 1081. 8 亿元，同比增长 14. 9%；城市轨道工程新签合同 429. 7 亿元，同比增长 8. 4%；市政工程新签合同 563. 7 亿元，同比增长 77. 3%；水利电力工程新签合同 312. 7 亿元，同比增长 165. 6%。

2011 年，实现营业收入 4573. 661 亿元，比上年同期减少 2. 72%；实现净利润 78. 820 亿元，同比增长 82. 59%，效益水平再创历史新高，经济运行质量明显提升。

表 2－44　2010—2011 年中国铁建主要运营和财务状况（单位：百万元，%）

	2011 年	2010 年	增长（%）
营业收入	457366. 11	470158. 79	－2. 72
营业成本	409327. 41	428647. 12	－4. 51
营业利润	9929. 57	5839. 62	70. 04
营业利润率（%）	2. 17	1. 24	0. 93
净利润	7881. 96	4316. 64	82. 59

工程承包业务是中国铁建核心及传统业务领域，业务种类覆盖铁路、公路、房屋建筑、市政公用、城市轨道、水利水电、桥梁、隧道、机场建设等多个领域。本集团在中国 31 个省市、自治区以及香港和澳门提供服务，并在非洲、亚

洲、中东和欧洲的海外国家及地区参与基础设施建设工程项目。2011 年，工程承包业务营业收入与毛利分别较上一年度减少 4.89% 和增加 10.51%。

表 2－45　2011 年中国铁建工程承包业务状况　（单位：百万元）

项目	2011 年	2010 年	增长率（%）
营业收入	407540.76	428497.22	－4.89
毛利	38439.6	34782.81	10.51
毛利率（%）	9.43	8.12	1.31
销售费用	442.01	390.97	13.05
管理费用	17270.5	16877.53	2.33
利润总额	6089.07	3446.4	76.68

2011 年，中国铁建的铁路市场的营业收入占本集团工程承包业务收入的 52.93%，占工程承包业务收入的比重较 2010 年下降了 7.10 个百分点。

房地产业务是经国资委批准的本公司的主业，2011 分别在北京、重庆、武汉、西安、贵阳、济南、宁波、泰安、株洲、梧州等 10 个城市新获得 11 个房地产开发项目，新增建设用地面积 101 万平方米，规划总建筑面积 315 万平方米。截至 2011 年底，本集团分别在北京等 30 个城市开展房地产开发业务，项目建设用地总面积 724 万平方米，规划总建筑面积 2346 万平方米。2011 年，本集团有 36 个项目在 24 个城市进行销售，有 24 个项目单盘销售金额超过 1 亿元。2011 年房地产业务实现的营业收入较 2010 年增长 160.87%。未扣除分部间交易之前，房地产业务的毛利率为 30.56%，与 2010 年相比增长 0.61 个百分点。

表 2－46　2010—2011 年中国铁建房地产业务状况　（单位：百万元，%）

	2011 年	2010 年	增长率
营业收入	46459.15	32495.18	42.97
其中：房地产	13537.61	5189.33	160.87
物流与物资贸易	31186.18	25909.02	20.37
利润总额	2685.58	1398.04	92.1

5. 保利地产①

保利房地产（集团）股份有限公司是中国保利集团控股的大型国有房地产

① 资料来源：保利地产 2011 年度报告；中经网。

上市公司，也是中国保利集团房地产业务的主要运作平台，国家一级房地产开发资质企业，位居国有房地产企业综合实力榜首，并连续五年蝉联央企房地产第一名。2006 年 7 月，公司股票在上海证券交易所上市，并入选“2008 年度中国上市公司优秀管理团队”，2009 年，公司获评房地产上市公司综合价值第一名，截至 2010 年底，公司总资产达 1514.61 亿元，实现销售认购额过 661.68 亿元。

公司成立于 1992 年，2002 年完成股份制改造后，开始实施全国化战略，加强专业化运作，连续实现跨越式发展。目前公司已完成以广州、北京、上海为中心，覆盖 35 个城市的全国化战略布局，拥有 119 家控股子公司，业务拓展到包括房地产开发、建筑设计、工程施工、物业管理、销售代理以及商业会展、酒店经营等相关行业。

2011 年，保利地产的业绩如下：

①以中小户型普通住宅迎合市场，实现销售业绩稳步增长。2011 年，公司商品房销售中住宅占比达 78%，其中 144 平方米以下的普通住宅成交套数占比达 90%。公司产品锁定主流刚性需求、适销对路，获得了市场的高度认可，全年实现销售签约金额 732.42 亿元，同比增长 10.69%，销售签约面积达 650.29 万平方米，年销售去化率超 68%。

同时，公司规模化经营效益持续显现，市场份额稳步提升。2011 年，公司在广州地区销售额首次突破百亿元，在成都、佛山、北京、上海、天津等 5 个城市的销售额均超过 50 亿元；公司已进驻城市的市场占有率为 4.7%，其中当地市场占有率进入前三名的城市达 15 个。

②降本增效，持续提升赢利水平。2011 年，公司深入推进降本增效，继续保持良好的成本费用控制能力，将管理费用和销售费用占营业收入的比例控制在 1.6% 和 2.7% 的较低水平；房地产结算收入 451.32 亿元，同比增长 30.06%，结算毛利率 36.17%，同比回升 2.95 个百分点；全年实现营业收入 470.36 亿元，实现净利润 65.31 亿元，同比分别增长 31.04% 和 32.74%。

③等量拓展，稳步扩大经营规模。2011 年，公司坚持等量拓展原则，进一步完善区域布局，适时补充公司发展所必需的项目资源。全年新进入合肥、郑州、石家庄、慈溪、德阳、通化等 6 个城市，新项目拓展 23 个，新增规划容积率面积 933 万平方米，新增权益容积率面积 677 万平方米，新拓展项目平均楼面地价 2582 元/平方米。

④资金收支平衡，财务状况稳健。2011 年，公司完成房地产直接投资 647

亿元，实现销售回笼660亿元，新增借款369亿元，期末货币资金余额181.5亿元，资金收支实现良好平衡。报告期末，公司资产负债率为78.43%，较2010年下降了0.55个百分点；期末负债总额1529.50亿元，其中预收账款709.28亿元，扣除预收账款后，其他负债占总资产的比例为42.06%，较2010年降低了3.08个百分点。同时，公司负债结构合理，一年内到期的有息负债仅为139.25亿元，占有息负债的20.42%，财务稳健，短期偿债压力较小。

⑤商业地产租售并举，助力公司业绩提升。2011年，公司抓住商业地产在市场调控中的销售机遇，实现商业物业销售签约额逾150亿元；同时公司商业物业经营初具规模，全年共实现物业租赁、展览服务、商场和酒店经营等收入超8亿元。截至报告期末，公司已拥有广州保利中心、广州保利中环广场、佛山保利水城、佛山保利洲际酒店、成都保利皇冠酒店、广州保利世贸中心等大型商业体投入运营，实际运营面积超50万平方米，为实现公司住宅开发与商业地产运营双轮驱动奠定了坚实的基础。

⑥品牌价值持续提升，巩固行业龙头地位。2011年，公司积极投身保障房建设，注重同客户、股东、员工、合作伙伴等利益相关方共同成长，切实履行央企社会责任，赢得了社会的好评，“保利地产”品牌价值大幅提升至184.59亿元，较上年度增长34.85%，蝉联房地产行业领导公司品牌。同时，公司再度蝉联沪、深房地产上市公司综合实力、财富创造能力、投资价值TOP10第二名，荣获“2011中国主板上市公司最佳董事会（50强）”等荣誉，进一步巩固行业龙头地位。

⑦建立长效激励机制，完善治理结构。报告期内，公司启动了股票期权激励计划，通过向部分董事、高级管理人员和核心管理、技术人才授予股票期权，进一步完善公司法人治理结构，建立健全公司长效激励机制，帮助公司管理层平衡公司发展过程中的短期目标与长期目标，吸引和保留优秀人才，激励持续价值的创造，促进公司长期健康发展。

（四）建筑类中央企业的地位和作用

1. 基础设施建设

由于建筑业的行业壁垒、市场集中度、规模经济等因素，建筑类央企在我国整体建筑市场上仍然发挥着非常重要的作用。

基础设施建设对于经济增长而言至关重要。我国交通基建类的核心和重点工程都是由央企带动完成的。中国中铁建设先后修建了77925公里的铁路，占中国铁路总里程的2/3以上；建成电气化铁路接触网52894公里，占中国电气化铁路的95%；参与建设的公路超过13781公里，其中高速公路超过7708公里，约占中国高速公路总里程的1/10；参与建设了中国3/5的城市轨道工程；修建了武汉长江大桥、南京长江大桥、东海大桥、杭州湾跨海特大桥等9000多座大桥，总长达9297公里；建成秦岭隧道、太行山隧道、厦门翔安海底隧道、武汉长江隧道等长大隧道共计6886公里。公司建设者9次远征南极，承担了中山站、长城站、昆仑站建设和维护任务。公司还先后参加了国内近5000项公路、机场、码头、水电、地铁、高层建筑、市政等大型工程的设计与施工，经营范围覆盖到土木建筑的各个领域，工程项目遍布中国各省市自治区和全球近60个国家和地区。

中国中铁努力成为国民经济发展的支柱。2011年，中国中铁通过完成全球市场，特别是中国市场的铁路、公路、轨道交通、港口、市政、机场等基础建设，拉动了全球和地方经济增长，促进了经济发展和社会进步，为发展低碳经济作出了巨大贡献。近年来，公司营业收入连年实现跨越式增长，连续八年进入世界企业500强行列，在全球建筑企业排名第一，不断为社会创造和积累着优质的物质财富。

再以中交为例，2011年，公司在国务院国资委监管的中央企业中，营业收入位列第16位，净利润位列第15位，归属母公司所有者的净利润居中央建筑企业第1位，连续6年获评国务院国资委经营业绩考核A级企业。港珠澳大桥是我国继三峡工程、青藏铁路、京沪高铁之后又一项世界级基础设施建设工程，具有重大政治、经济和社会意义。其中大桥岛隧工程最为艰巨复杂。中交充分发挥勘察、设计、施工、疏浚、钢结构制造、远洋运输等产业链一体化优势，经过一年努力，于2011年12月7日，完成了东西人工岛所有围护钢圆筒打设，实现了“当年动工、当年成岛”目标，完成了业界认为“不可能”的任务，创造了工程建设奇迹。中交积极优化施工组织设计和生产要素配置，围绕重点工程，强化项目管理，精心施工，履约能力不断提升，京沪高速铁路（无锡东）、青岛海湾大桥、赛果高速公路、长江口深水航道治理三期工程等一批重点项目相继建成。

2. 保障房建设

2011年，国资委通知16家以房地产为主业的央企加快保障房的建设。在住房市场领域，全面推进保障性住房建设，加快解决城镇中低收入家庭的住房困难问题，促进实现“住有所居”的目标，是党中央、国务院作出的重大决策。

加快建设保障性住房是保障和改善民生、促进社会和谐稳定的必然要求，是调整住房供应结构、促进房地产市场健康发展的重要途径。《国民经济和社会发展第十二个五年规划纲要》明确提出，“十二五”时期要“建设城镇保障性住房和棚户区改造住房3600万套”。中央企业要深刻认识国家推进保障性住房开发建设的重要意义，把积极参与保障性住房开发建设作为企业履行社会责任的重要途径，进一步加大对保障性住房开发建设的投入力度，发挥中央企业的骨干和带头作用。

根据住建部的统计，要想完成2012年1000万套的保障房建设目标，需要的资金高达1.3万亿至1.4万亿元。其中，5000多亿元将由中央政府和地方各级政府筹集，剩下的8000亿元将由企业、银行以及各种社会机构筹措。但距“两会”已经过去了5个月，保障房建设资金筹集仍然困难重重。资金实力雄厚的央企自然被寄予更多希望。

16家以房地产为主业的央企中，已经有11家企业参与了保障房建设，其中中国冶金科工集团有限公司与中国建筑工程总公司在保障房领域的动作最大。中国中冶年报显示，公司保障性住房项目24个，总投资为257亿元，总建筑面积564万平米。2011年，中国中冶房地产业务将会集中在参与建设保障性住房，预计建设总规模将不低于2000万平方米。

以中交为例，2011年，公司在国务院国资委监管的中央企业中，营业收入位列第16位，净利润位列第15位，归属母公司所有者的净利润居中央建筑企业第1位，连续6年获评国务院国资委经营业绩考核A级企业。

3. 其他社会责任

在社会责任方面，中国中铁完善了社会责任的评估体系。2008年，中国中铁在行业率先披露了公司每股社会贡献值。2011年，中国中铁继续完善评估体系，采用自我统计、估算与专家评审相结合的方法研究测算了中国中铁2011年度企业社会贡献值和每股社会贡献值。

在吸纳就业方面，建筑类央企的贡献巨大。2011年，中国中铁在国内基建投资大幅紧缩、铁路工程项目调整和资金压力较大的情况下，充分展示央企的社会责任，为150万农民工提供了就业机会，启动预防和解决拖欠农民工工资工作的长效机制，通过各种渠道积极筹措32亿元资金，全力解决因政策等因素引起的农民工工资拖欠问题，取得了良好的效果。同时，公司还在南美洲、东南亚、非洲、中东等国外地区，为当地劳动力提供了约2.5万就业岗位。公司每年还通过接收大中专毕业生、接收转业军人、通过人才市场引进人才等形式，为社会创造和提供着大量新的岗位。2011 年，新接收大中专毕业生 13991 人，军转干部在京安置工作也得到国务院军转办肯定。

中国建筑在 2011 年也积极促进大学生就业。2011 年，共接收 19000 多名应届高校毕业生，同比增长 55%，其中本科及以上学历占 95%。农民工是公司生产一线的主要力量，也是公司重点关注、关爱的群体。公司保障农民工健康权、劳动报酬权等权益，做到人格上尊重、生活上关心、感情上贴近、思想上疏导。2011 年，公司为农民工提供了 150 万个岗位。公司海外业务带动农民工就业 15221 人，出国培训 11746 人次，人均培训 3 小时。

七、航空航运行业中央企业经济运行

(一) 航空航运业一般特征

本章所指的航空航运产业指的是航空运输业和水上运输业。

1. 航空航运行业定义

航空运输业包括航空客货运输、通用航空服务和航空运输辅助活动。其中航空客货运输又包括旅客运输和货物运输。航空运输辅助活动又包括机场、空中交管和其他运输辅助相关活动。航空旅客运输指以旅客为主的航空运输活动，航空货物运输指以货物和邮件为主的航空运输活动。通用航空服务指使用民用航空器从事除公共航空运输以外的民用航空活动。

表 2-47 国民经济行业分类代码表（GB/T4754—2011）

大类	中类	小类	类别名称	说明
56			航空运输业	
	561		航空客货运输	
		5611	航空旅客运输	指以旅客运输为主的航空运输活动
		5612	航空货物运输	指以货物或邮件为主的航空运输活动
	562	5620	通用航空服务	指使用民用航空器从事除公共航空运输以外的民用航空活动
	563		航空运输辅助活动	
		5631	机场	
		5632	空中交通管理	
		5639	其他航空运输辅助活动	指其他未列明的航空运输辅助活动

水上运输业包括水上旅客运输、货物运输和运输辅助活动。其中水上旅客运输包括海洋旅客运输、内河旅客运输和客运轮渡运输。内河旅客运输指江、河、湖泊、水库的水上旅客运输活动，客运轮渡运输指城市及其他水域旅客轮渡运输活动。水上货物运输包括远洋、沿海和内河货运。水上运输辅助包括客运港口、货运港口和其他水上运输辅助活动。

表 2-48 国民经济行业分类代码表（GB/T4754—2011）

55			水上运输业	
	551		水上旅客运输	
		5511	海洋旅客运输	
		5512	内河旅客运输	指江、河、湖泊、水库的水上旅客运输活动
		5513	客运轮渡运输	指城市及其他水域旅客轮渡运输活动
	552		水上货物运输	
		5521	远洋货物运输	
		5522	沿海货物运输	
		5523	内河货物运输	指江、河、湖泊、水库的水上货物运输活动
	553		水上运输辅助活动	
		5531	客运港口	
		5532	货运港口	
		5539	其他水上运输辅助活动	指其他未列明的水上运输辅助活动

2. 航空航运行业特征及影响因素

（1）航空业①②

航空运输具有规模经济性，突出表现为，在规模经济点前，随着企业运营规模的扩大，单位运营成本会相应降低。航材储备就是很好的例子。与公共运输相同，通用航空也有显著的规模经济性，其中的专业飞行公司尤为如此。因此，投资通用航空，应尽可能达到最优运营规模，以获取最佳的经济效益。

航空运输业具有很强的周期性，这是其所处的成长阶段、大众消费特性、替代性强以及准金融性所导致的。整体上讲，通用航空专业性强，替代性弱，并且正处于成长阶段，因此，与公共运输相比，其周期波动较小。中国的通用航空业表现尤为明显。国内民航业总体利润水平在 -280 亿 ~430 亿元之间剧烈波动。通用航空行业周期波动小，有助于管理控制经营风险，有利于规划投资活动，在多元投资组合中，可以有效对冲其他行业的波动风险，是比较理想的投资标的。

---

① 周宇静，何艳斌. 通用航空行业特征初探. 中小企业管理与科技（上旬刊），2011（11）.

② 范幸丽，刘向欣. 当前国际政治经济形势对中国民航业影响及对策建议. 中国民用航空，2011（125）.

在公共航空运输业领域，先发优势已越来越不明显。一方面航空自由化日益深入，市场壁垒逐渐减少，资本进出更加方便；另一方面航空消费趋于大众化，品牌忠诚度逐渐下降，客户关系更难维系。而通用航空因其运营专业化、竞争区域化、消费小众化（相对于公共运输航空和大容量交通）等特点，市场维护相对容易，先发优势比较明显。在通用航空领域，对于专业公司而言，更是早入市早得益，客户资源更多，市场影响力更大。中国尤为如此。当前，国内的通用航空市场壁垒还有待破解，市场先入者占据着明显优势。对于已先行进入的投资者来说，在国内市场井喷前，适时加大投资力度、扩大运营规模、抢占市场制高点、巩固先发优势，无疑是明智之举。

通用航空是国民经济基础性产业，运用非常广泛，在工业、农业、林业、渔业、建筑业以及医疗卫生、抢险救灾、气象探测、海洋监测、科学实验、教育培训、文化体育等方面都扮演着重要角色，尤其是在海洋石油开采业，直升机运输已发挥出无可替代的作用。对于通用航空企业来说，这些都是可以参与的细分市场。细分市场众多，既为企业实施差异化战略打下了基础，也为减少市场无序竞争创造了条件，同时为投资者提供了更多的投资机会。因此，相对于公共运输航空而言，通用航空市场更为有序、更具活力、有更多机遇，是投资创业的理想选择。

进入 2011 年，中国宏观经济继续保持平稳较快增长，中国制造业经济总体保持增长态势，增速加快。国家统计局网站数据显示，3 月份，中国制造业采购经理指数（PMI）为 53.4%，这是自 2009 年 3 月以来，该指数已连续二十五个月位于临界点（50%）以上的扩张区间。在宏观基本面积极向好带动下，国内航空运输需求保持平稳增长，1 季度国内运量同比累计增长 7.9%。预期伴随国家紧缩性货币政策见效，通货膨胀风险将降低，中国经济将步入新一轮增长周期。与此适应的国内航空运输需求将保持稳定增长，并继续成为支撑民航经济增长的核心力量。同期，世界经济仍处于缓慢复苏阶段。进入 2011 年，受自然灾害、国际金融形势不稳定、地区战乱等因素影响，国际政治经济形势动荡加剧。具体看，当前的国际政治经济的变化主要从航空市场需求与运输成本两方面影响航空运输企业经营的稳健性。

当前，世界不稳定因素增多，国际政治经济形势更趋复杂，直接导致国际航空运输需求下降，国际运量增长受限。据国际航空运输协会统计，2 月份国际旅客周转量同比增长 6.0%，国际货邮周转量同比仅增长 2.3%，相比 1 月份增速分别下降 2.4 和 6.4 个百分点。

（2）水运方面[①]

经济的发展对贸易产生本源性需求，也为贸易开辟新的领域。航运业是贸易运输的主要形式，经济贸易活动形成的货流需求构成了对海上运输发展的主要推动。我国经济和对外贸易的快速发展，也使得航运业面临诸多的“利好”机遇。随着加工业向亚洲国家转移，中国作为世界加工厂的地位进一步巩固，也推动着我国集装箱运输的迅速发展。最近10年，相对全球集装箱贸易年均增长9.6%的速度，中国的增长速度高达30%，居世界首位。

造船市场是航运市场船舶的供给方，造船市场的兴衰直接影响到航运市场船舶的数量、运力水平，进而影响运价。目前，全球造船业市场集中度较高，韩国、日本、中国三国新船完工量占世界总量的一半以上。而基于中国的人力成本优势和“国油国运”、“国船国造”等因素，全球造船订单又大量向中国转移。有预测认为，我国造船总量到2015年将达到2400万载重吨，占世界市场份额的35%，在吨位方面达到世界第一。我国船舶工业市场潜力巨大，前景乐观。而造船业的迅猛发展给予我国航运业未来发展以有力的运力支撑和硬件保障。

航运业是中国较早对外资放开与世界对接的行业。根据中国加入WTO对航运运输服务领域的承诺，外资航运企业在中国的竞争有了一些新的趋势，表现在如下几个方面。第一，在中国建立枢纽港口，将投资领域延伸到港口码头业。港口的功能已经变成了各种运输方式集结、换装、转接的集疏运枢纽，一些港口更是成为物流中心枢纽。第二，外资船公司物流业务不断深化。由于航运的高风险性和低回报率，迫使经营者依靠其在航运、港口经营等诸多环节上的优势，拓展现代物流服务业务，沿供应链上下游进行整合。另外由于跨国航运企业在资金、技术、管理、成本以及服务上都比较先进，国内航运企业较跨国航运企业在这些方面有很大差距。

国际竞争力的核心是企业竞争力。航运企业作为航运市场中的微观个体，参与航运市场的活动，其竞争力高低决定我国航运业竞争力的大小。近五十年来我国航运业迅猛发展，形成了中远集团、中海集团、长航集团、中外运集团和招商轮船五大航运主干企业。同时，从整体上来看，我国航运企业相对于发达国家航运企业仍显得“小、弱、散”，这与现在兴起的全球企业并购联盟的航运格局相悖，无法形成规模经济和企业规模扩大后的协同效应。

港口是国民经济的重要基础设施，在综合运输体系中发挥着枢纽的作用，

---

① 周罡．影响我国航运业发展的因素分析．海洋开发与管理，2008（1）．

是国家经济发展和参与全球经济一体化进程的重要战略资源。港口状况直接影响到装卸速度、船东船舶的停靠与否等，船公司会选择最省时、最经济的港口停靠，争取成本的降低与效率的提高。中国港口行业在“十一五”期间还得到了国家重点的投资，拥有一个良好的发展环境，加之持续扩大的吞吐能力和外贸的结构性调整，这将加剧港口之间的竞争，有力地推动未来我国港口资源的整合。港口建设的加速发展，既是我国经济贸易提升的硬件基础设施建设的需要，也为航运业未来发展提供了有力支撑。港口资源的充分利用，扩展了我国航运业在世界航运市场上竞争的舞台，与其他因素一起，构筑了我国航运业向世界航运强国迈进的阶梯。

3. 航空航运对国民经济的意义

（1）航空业

航空运输是航空业的基础与生产经营的核心。保持航空运输企业的健康可持续发展是实现民航强国战略的现实基础。需要科学、客观地研判当前国际政治经济形势对中国航空运输业的影响，并有针对性地提出前瞻性的对策建议，利用产业政策，扶持和引导航空运输企业走稳健发展道路，最终实现由民航大国向民航强国的历史性跨越。

通用航空产业群庞大，产业链长，涉及制造、运营、维护、航油、培训、保险等多个业务领域，对经济的投资拉动力很强。国际经验表明，通用航空的拉动力大约为1∶10，汽车约1∶4；就业拉动比为1∶12。以美国为例，美国通用航空发达，其年产值1500亿美元左右，提供了约1200万个就业岗位，对美国的经济贡献超过GDP的1%。鉴于此，欧美发达国家对通用航空历来很重视，并为其发展创造有利条件。目前，中国政府已把通用航空初步确定为成长带动性产业，相继出台政策以促其发展。因此，投资通用航空是符合国家产业政策、顺应经济发展大势的正确选择。

航空业经济作为一种较新兴的现代经济发展服务模式，正在成为未来主要城市经济发展的重点之一。一些发达国家和地区的实践证明，依托空港，发展航空枢纽经济及航空制造经济，对于拉动区域经济发展，增加就业都具有重要意义。航空业在区域经济发展中的“新动力”和“增长极”作用，有利于提高城市的中心地位，更好地发挥中心城市的辐射带动作用。

航空业是经济发展的发动机之一。2009年牛津经济研究所在伦敦发布了题为《航空业：连接现实世界的全球网络》的研究报告，该报告就航空业对未来经济和社会发展的影响进行了深入的研究。牛津的研究报告称，如果将航空业的增长速度在当前水平上降低1%的话，全球将会损失600万个就业机会，其中亚太地区将损失200万个，欧洲和北美地区将损失约150万个，非洲和拉丁美洲各损失约40万~50万个，中东地区将损失20多万个。牛津经济研究所董事总经理库伯表示："我们对航空业在世界不同行业和地区的影响的分析越深入，就越能够理解航空业的重要性。无论是发达国家还是发展中国家，每个行业的增长都与航空业的增长密不可分。报告表明，全球经济的增长离不开航空业的增长，并在某种程度上取决于航空业的增长。"

（二）我国航空航运业的发展状况

1. 基本状况

（1）航空业[①]

1949年11月2日，中国民用航空局成立，揭开了我国民航事业发展的新篇章。从这一天开始，新中国民航迎着共和国的朝阳起飞，从无到有，由小到大，由弱到强，经历了不平凡的发展历程。特别是十一届三中全会以来，我国民航事业无论在航空运输、通用航空、机群更新、机场建设、航线布局、航行保障、飞行安全、人才培训等方面都持续快速发展，取得了举世瞩目的成就。民航事业的发展与国家的经济发展，与党中央、国务院的直接领导和支持密不可分，是几代民航干部、职工励精图治、团结奋斗的结果，为祖国蓝天事业书写了壮丽的篇章。

中国民航发展至今主要历经四个阶段：

第一阶段（1949—1978年）：1949年11月2日，中共中央政治局会议决定，在人民革命军事委员会下设民用航空局，受空军指导。11月9日，中国航空公司、中央航空公司总经理刘敬宜、陈卓林率两公司员工在香港光荣起义，并率领12架飞机回到北京、天津，为新中国民航建设提供了一定的物质和技术力量。1950年，新中国民航初创时，仅有30多架小型飞机，年旅客运输量仅1万人，运输总周转量仅157万吨公里。1958年2月27日，国务院通知：中国民用航空局自本日起划归交通部领导。1958年3月19日，国务院通知：全国人大常委会第95次会议批准国务院将中国民用航空局改为交通部的部属局。1960年11月17日，经国务院编制委员会讨论原则通过，决定中国民用航空局改称"交通部民用航空总局"。为部属一级管理全国民用航空事业的综合性总局，负责经营管

① 资料来源：中国民用航空局。

理运输航空和专业航空，直接领导地区民用航空管理局的工作。1962 年 4 月 13 日，第二届全国人民代表大会常务委员会第五十三次会议决定民航局名称改为“中国民用航空总局”。1962 年 4 月 15 日，中央决定将民用航空总局由交通部属改为国务院直属局，其业务工作、党政工作、干部人事工作等均直归空军负责管理。这一时期，民航由于领导体制几经改变，航空运输发展受政治、经济影响较大，1978 年，航空旅客运输量仅为 231 万人，运输总周转量3 亿吨公里。

第二阶段（1978—1987 年）：1978 年 10 月 9 日，邓小平同志指示民航要用经济观点管理。1980 年 2 月 14 日，邓小平同志指出：“民航一定要企业化”。同年 3 月 5 日，中国政府决定让民航脱离军队建制，把中国民航局从隶属于空军改为国务院直属机构，实行企业化管理。这期间中国民航局是政企合一，既是主管民航事务的政府部门，又是以“中国民航（CAAC）”名义直接经营航空运输、通用航空业务的全国性企业。下设北京、上海、广州、成都、兰州（后迁至西安）、沈阳 6 个地区管理局。1980 年全民航只有 140 架运输飞机，且多数是 20 世纪 50 年代或 40 年代生产制造的苏式伊尔 14 里二型飞机，载客量仅 20 多人或 40 人，载客量 100 人以上的中大型飞机只有 17 架；机场只有 79 个。1980 年，我国民航全年旅客运输量仅 343 万人；全年运输总周转量 4. 29 亿吨公里，居新加坡、印度、菲律宾、印尼等国之后，列世界民航第 35 位。

第三阶段（1987—2002 年）：1987 年，中国政府决定对民航业进行以航空公司与机场分设为特征的体制改革。主要内容是将原民航北京、上海、广州、西安、成都、沈阳 6 个地区管理局的航空运输和通用航空相关业务、资产和人员分离出来，组建了 6 个国家骨干航空公司，实行自主经营、自负盈亏、平等竞争。这 6 个国家骨干航空公司是：中国国际航空公司、中国东方航空公司、中国南方航空公司、中国西南航空公司、中国西北航空公司、中国北方航空公司。此外，以经营通用航空业务为主并兼营航空运输业务的中国通用航空公司也于 1989 年 7 月成立。在组建骨干航空公司的同时，在原民航北京管理局、上海管理局、广州管理局、成都管理局、西安管理局和沈阳管理局所在地的机场部分基础上，组建了民航华北、华东、中南、西南、西北和东北六个地区管理局以及北京首都机场、上海虹桥机场、广州白云机场、成都双流机场、西安西关机场（现已迁至咸阳，改为西安咸阳机场）和沈阳桃仙机场。六个地区管理局既是管理地区民航事务的政府部门，又是企业，领导管理各民航省（区、市）局和机场。航空运输服务保障系统也按专业化分工的要求相应进行了改革。1990 年，在原民航各级供油部门的基础上组建了专门从事航空油料供应保障业务的中国航空油料总公司，该公司通过设在各机场的分支机构为航空公司提供油料供应。属于这类性质的单位还有从事航空器材（飞机、发动机等）进出口业务的中国航空器材公司；从事全国计算机订票销售系统管理与开发的计算机信息中心；为各航空公司提供航空运输国际结算服务的航空结算中心；以及飞机维修公司、航空食品公司等。1993 年 4 月 19 日，中国民用航空局改称中国民用航空总局，属国务院直属机构。12 月 20 日，中国民用航空总局的机构规格由副部级调整为正部级。20 多年中，我国民航运输总周转量、旅客运输量和货物运输量年均增长分别达 18%、16% 和 16%，高出世界平均水平两倍多。2002 年，民航行业完成运输总周转量 165 亿吨公里、旅客运输量 8594 万人、货邮运输量 202 万吨，国际排位进一步上升，成为令人瞩目的民航大国。

第四阶段（2002 年至目前）：2002 年 3 月，中国政府决定对中国民航业再次进行重组。主要内容有：

1. 航空公司与服务保障企业的联合重组，民航总局直属航空公司及服务保障企业合并后于 2002 年 10 月 11 日正式挂牌成立，组成为六大集团公司，分别是：中国航空集团公司、东方航空集团公司、南方航空集团公司、中国民航信息集团公司、中国航空油料集团公司、中国航空器材进出口集团公司。成立后的集团公司与民航总局脱钩，交由中央管理。

2. 民航政府监管机构改革民航总局下属 7 个地区管理局（华北地区管理局、东北地区管理局、华东地区管理局、中南地区管理局、西南地区管理局、西北地区管理局、新疆管理局）和 26 个省级安全监督管理办公室（天津、河北、山西、内蒙古、大连、吉林、黑龙江、江苏、浙江、安徽、福建、江西、山东、青岛、河南、湖北、湖南、海南、广西、深圳、重庆、贵州、云南、甘肃、青海、宁夏），对民航事务实施监管。

3. 机场实行属地管理按照政企分开、属地管理的原则，对 90 个机场进行了属地化管理改革，民航总局将直接管理的机场下放到所在省（区、市）管理，相关资产、负债和人员一并划转；民航总局与地方政府联合管理的民用机场和军民合用机场，属民航总局管理的资产、负债及相关人员一并划转所在省（区、市）管理。首都机场、西藏自治区区内的民用机场继续由民航总局管理。2004 年 7 月 8 日，随着甘肃机场移交地方，机场属地化管理改革全面完成，也标志着民航体制改革全面完成。

（2）航运（水运）业

航运服务业是航运主业的重要支撑，是一国由海运大国走向海运强国的保证。经过改革开放逾30年的发展，我国港口基础设施和船队总体规模均达到世界领先水平；但我国的航运服务业发展相对滞后，阻碍我国向海运强国的全面转型。

我国有18000多公里的海岸线和12.3万公里的内河航运线，得天独厚的自然条件为我国航运业的发展奠定了良好的基础。我国经济的蓬勃发展，特别是实施改革开放以来国民经济持续、快速、稳定的发展，为我国航运事业的兴起与发展提供了难得的机遇和动力。中国外贸出口货物的89%由航运完成。中国国际海运船舶占世界商船队总量的10.3%，集装箱位占世界总量的20.0%，船队总运力在世界商船队中排名第五位，成为世界航运大国之一。航运在国民经济发展中发挥了巨大的作用。

我国航运业取得了巨大的发展，这体现在三个方面：一是船舶结构逐步优化。二是建设了一批沿海港口。三是我国集装箱运输成为后起之秀，未来我国集装箱港口布局将更趋合理，将形成北、东、南三大集装箱主枢纽港群。

北部集装箱主枢纽港群——以大连港、天津港和青岛港为主。大连港是东北地区出海门户，随着振兴老工业基地的深入，拥有中央首批610亿元投资将使得东北地区经济和外贸得到发展，港口集装箱发展趋势较好。青岛港水深条件好、腹地货源足，越来越受到航运界青睐，中远、马士基和青岛港三国四方合资经营青岛港前湾二、三期集装箱码头以及马士基欧洲线正式首航青岛港便是最好例证。天津港位于渤海湾最里端，由于地处京、津、唐经济区有利位置，货源较丰富。

东部主枢纽港群——东部主枢纽港群以上海港、宁波港为主。依托我国经济最发达和最具潜力的长江三角洲经济圈，集装箱箱源极为充足，发展后劲足，持续性好。宁波港是我国自然条件最为优良的港口之一，其集装箱吞吐量增长速度连续多年位列全国前茅。上海更是随着长三角经济圈的发展和大小洋山港区一至四期的建成运营，近一两年上海港的国际竞争力不仅强劲有力，而且对环球航线的超大型集装箱班轮更是产生巨大而无法比拟的吸引力。

南部主枢纽港群——南部主枢纽港群则以香港港、深圳港和广州港为主。珠江三角洲地区便为香港、深圳、广州港提供了丰富的箱源。

三大集装箱主枢纽港群的形成和鼎立，不仅借鉴了国外的经验，既作干线港、又互作支线港，走优势互补、港航联合之路，这也是我国海运运输业在竞争中体现各自优势，整合资源的发展趋势。

2. 2011 年我国航空航运业经济运行状况

（1）2011 年航空业经济运行[①]

2011 年，全行业完成运输总周转量 577. 44 亿吨公里，比上年增加 38. 99 亿吨公里，增长 7. 2%，其中旅客周转量 403. 53 亿吨公里，比上年增加 43. 98 亿吨公里，增长 12. 2%；货邮周转量 173. 91 亿吨公里，比上年减少 4. 99 亿吨公里，减少 2. 8%。2011 年，国内航线完成运输周转量 380. 61 亿吨公里，比上年增加 35. 13 亿吨公里，增长 10. 2%，其中港澳台航线完成 12. 64 亿吨公里，比上年增加 1. 05 亿吨公里，增长 9. 1%；国际航线完成运输周转量 196. 84 亿吨公里，比上年增加 3. 87 亿吨公里，增长 2. 0%。

但 2012 年 1 季度，受国内经济形势和国际经济复苏低迷、高铁分流、燃油价格上涨的影响，民航周转量和运量均表现不佳，增速较低。1—3 月，我国民航总周转量、旅客运输量和货邮运输量分别为 140. 38 亿吨公里、7422. 1 万人和 120. 03 万吨，同比分别增长 4. 9%、10. 2% 和 -7. 4%，比 2011 年同期增速分别降低了 3. 1 个、增长了 0. 9 个、降低了 8. 6 个百分点。

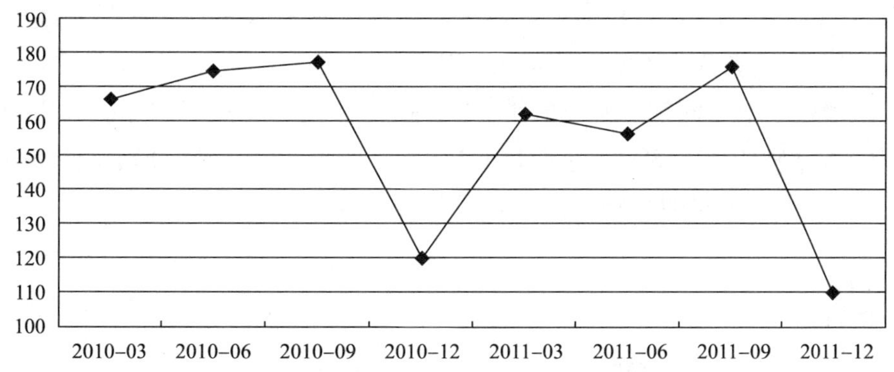

图 2-79　2011 年中国航空业企业景气指数

资料来源：国家统计局，中经网数据

2011 年 1—12 月，我国民航总周转量、旅客运输量和货邮运输量分别为 573. 2 亿吨公里、2. 92 亿人和 552. 75 万吨，同比分别增长 6. 5%、9. 2% 和 -1. 8%，较 2010 年同期增速分别降低了 9. 6、5. 6 和 16. 7 个百分点。其中国内航线整体需求良好，各指标在 2010 年较高基数的基础上稳步增长，其中客运表现优于货运。1—12 月，国内航线旅客运输量和周转量分别为 2. 7 亿人、3648. 8

---

① 资料来源：中国民航局统计公报；中经网。

亿人/公里，同比分别增长 9.2% 和 11.2%；货邮运输量和周转量分别为 376.37 万吨和 547198.5 万吨/公里，同比分别增长 1.6% 和 2.1%。

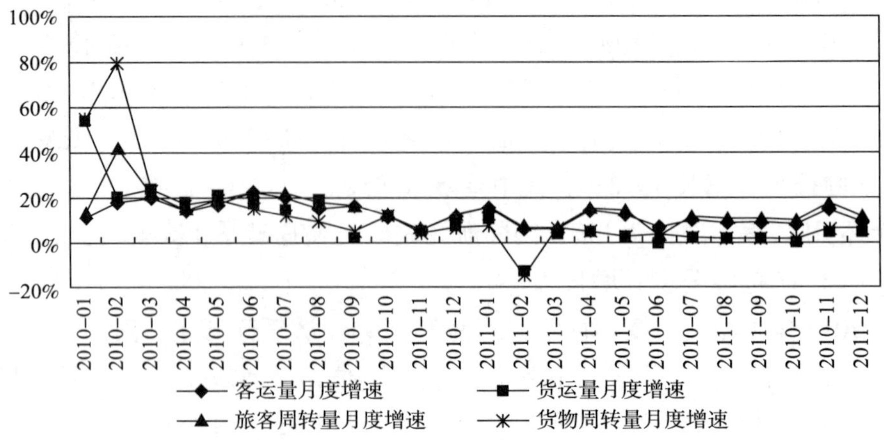

图 2–80　2010—2011 年中国航空业月度指标

资料来源：民航局；中经网

但 2011 年 1～12 月，我国民航业国际航线整体表现不佳，国际航线旅客运输量和周转量分别为 2100.7 万人和 867.9 亿人公里，同比分别增长 8.8% 和 14.4%，增速较上年同期分别下降了 22.1 和 18.8 个百分点；国际航线货物运输量和周转量分别为 176.38 万吨和 1169434.8 万吨公里，同比分别下降 8.4% 和 6.6%，增速较上年同期分别大幅下降了 59.5 和 61.8 个百分点。

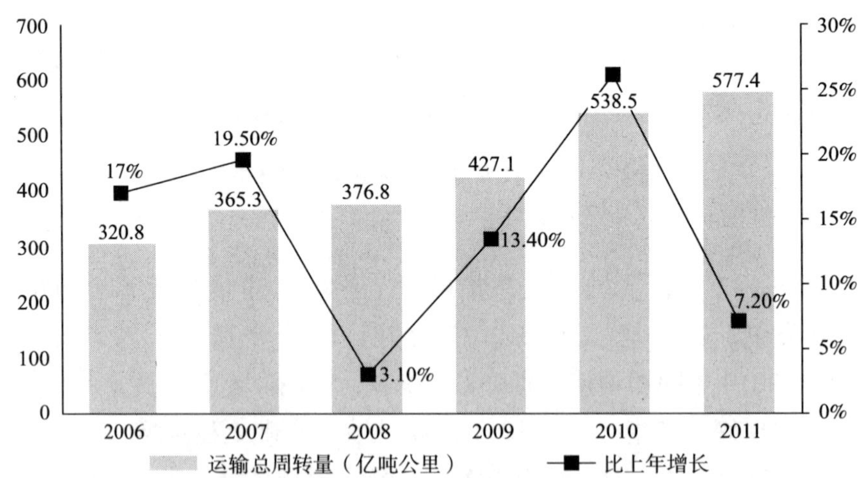

图 2–81　2006—2011 年中国民航运输总周转量

资料来源：中国民用航空局

2011 年，全行业完成旅客运输量 29317 万人次，比上年增加 2548 万人次，增长 9.5%。国内航线完成旅客运输量 27199 万人次，比上年增加 2361 万人次，增长 9.5%，其中港澳台航线完成 760 万人次，比上年增加 88 万人次，增长 13.1%；国际航线完成旅客运输量 2118 万人次，比上年增加 187 万人次，增长 9.7%。

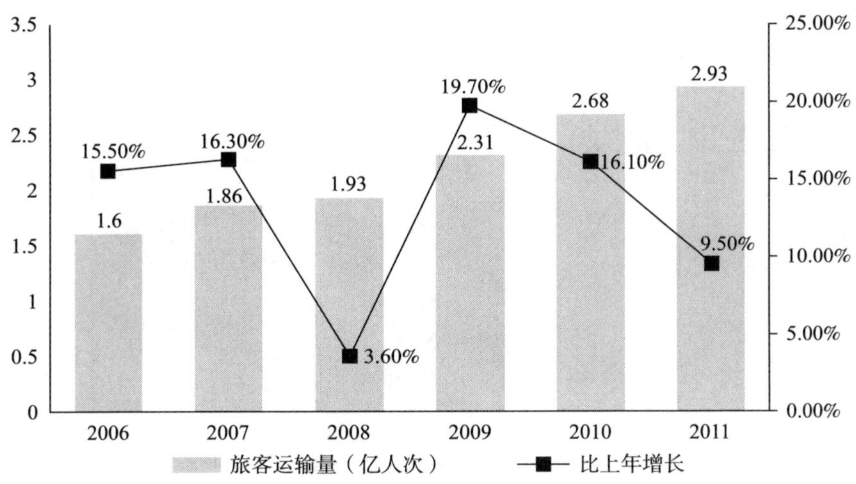

图 2－82　2006—2011 年民航旅客运输量

2011 年，全行业完成货邮运输量 557.5 万吨，比上年降低 1.0%。国内航线完成货邮运输量 379.4 万吨，比上年增长 2.4%，其中港澳台航线完成 21 万吨，比上年降低 3.0%；国际航线完成货邮运输量 178.0 万吨，比上年降低 7.6%。

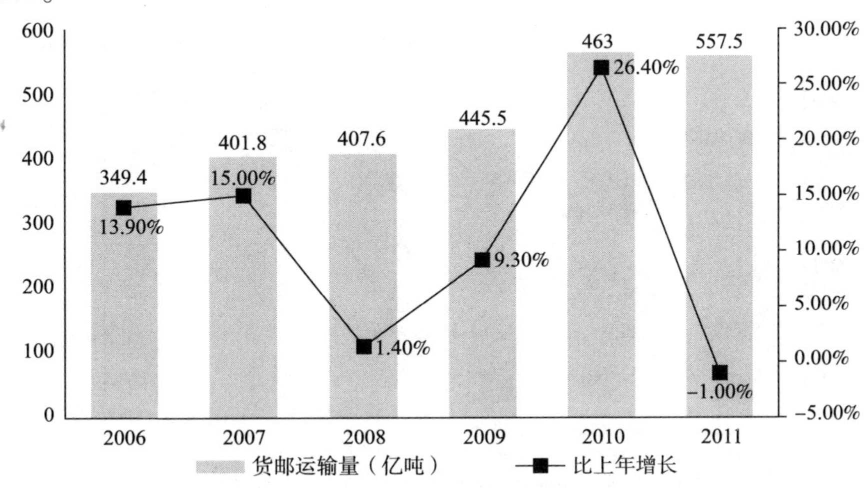

图 2－83　2006—2011 年民航货邮运输量

2011 年，全国民航运输机场完成旅客吞吐量 6. 21 亿人次，比上年增长 10. 0%。其中：2011 年东部地区完成旅客吞吐量 3. 65 亿人次，东北地区完成旅客吞吐量 0. 38 亿人次，中部地区完成旅客吞吐量 0. 59 亿人次，西部地区完成旅客吞吐量 1. 59 亿人次。

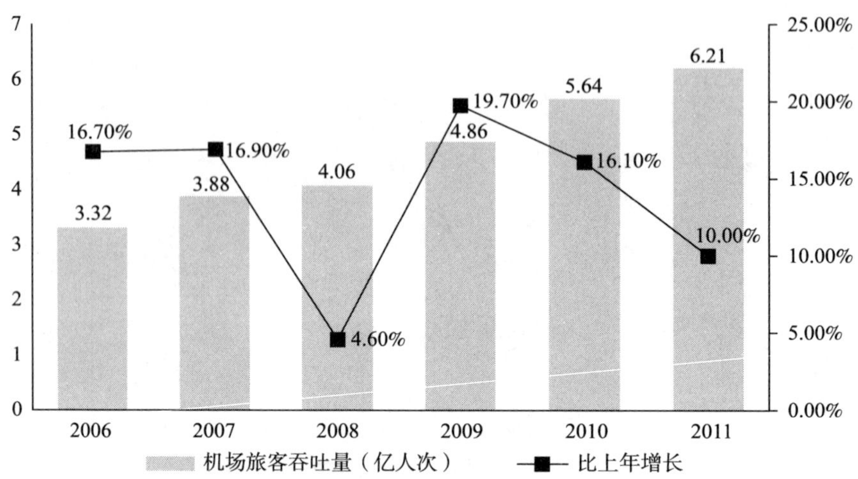

图 2－84　2006—2011 年民航运输机场旅客吞吐量

2011 年全国运输机场完成货邮吞吐量 1157. 8 万吨，比上年增长 2. 5%。其中：2011 年东部地区完成货邮吞吐量 905. 98 万吨，东北地区完成货邮吞吐量 42. 28 万吨，中部地区完成货邮吞吐量 47. 47 万吨，西部地区完成货邮吞吐量 162. 04 万吨。

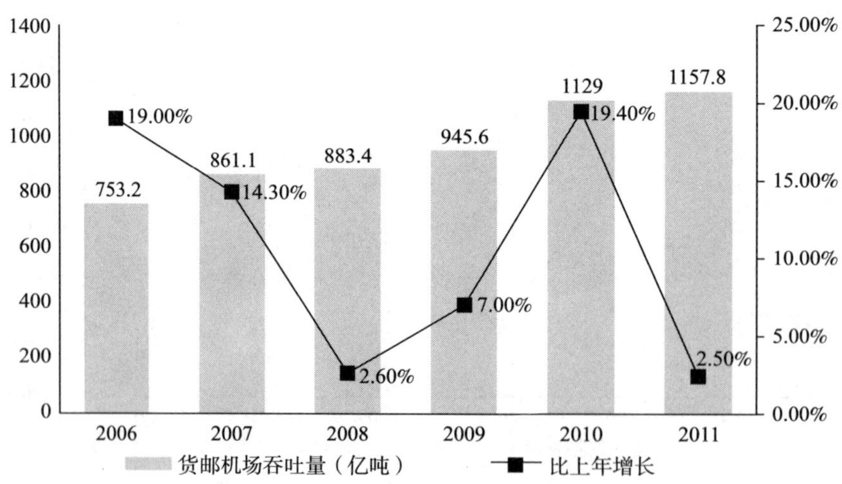

图 2－85　2006—2011 年中国民航运输机场货邮吞吐量

2011 年，全国运输机场完成起降架次 597.97 万架次，比上年增长 8.1%。

截至 2011 年底，我国共有民航运输飞机 1759 架，同比和环比分别增长 10.63% 和 0.8%，2011 年民航飞机日利用率为 9.2 个小时，同比下降 1.08%，增速较 1—9 月提高了 1.03 个百分点。

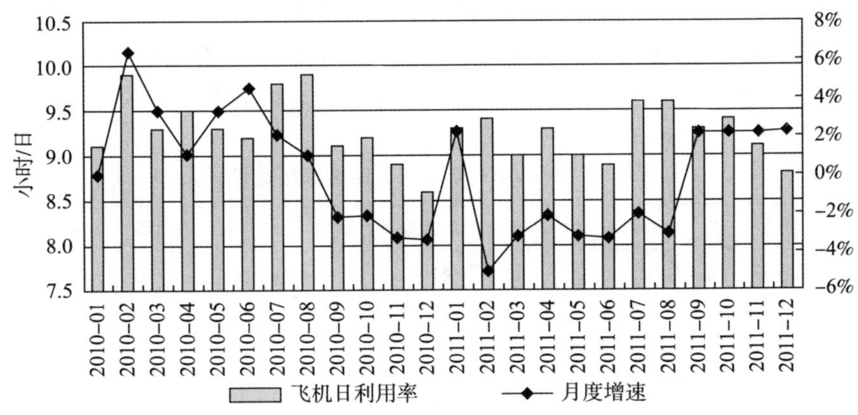

图 2－86　2010—2011 年中国民航飞机利用率及月增速

资料来源：民航局，中经网

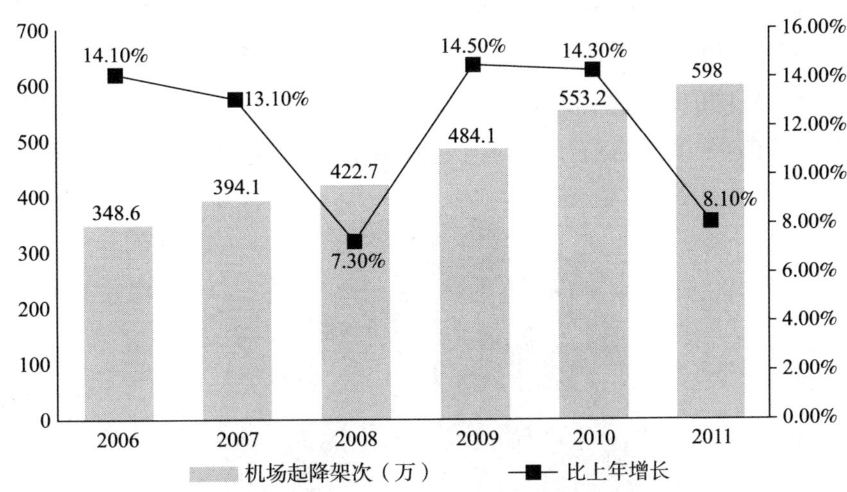

图 2－87　2006—2011 年中国民航运输机场起降架次

2011 年，年旅客吞吐量 100 万人次以上的运输机场 53 个，其中北京、上海和广州三大城市机场旅客吞吐量占全部机场旅客吞吐量的 31.9%。2011 年，年货邮吞吐量 1 万吨以上的运输机场 47 个，其中北京、上海和广州三大城市机场货邮吞吐量占全部机场货邮吞吐量的 54.9%。

2011年，北京首都机场完成旅客吞吐量0.79亿人次，位列亚洲第一，世界第二；上海浦东机场完成货邮吞吐量308.5万吨，位列世界第三。

截至2011年底，民航全行业运输飞机期末在册架数1764架，比上年增加167架。截至2011年底，我国共有颁证运输机场180个，比上年增加5个。2011年新增机场分别为西藏日喀则机场、内蒙古阿尔山伊尔施机场和巴彦淖尔天吉泰机场、甘肃金昌金川机场和张掖甘州机场。另外，迁建完成了库车龟兹机场和揭阳潮汕机场，原库车老机场、汕头外砂机场停止使用。

表2-49　2011年中国各地区机场数量

地区	运输机场数量（个）	占全国比例（%）
全国	180	100
东北地区	19	10.6
东部地区	46	25.6
西部地区	90	50
中部地区	25	13.9

截至2011年底，我国共有定期航班航线2290条，按重复距离计算的航线里程为512.77万公里，按不重复距离计算的航线里程为349.06万公里。截至2011年底，定期航班国内通航城市175个（不含香港、澳门、台湾），定期航班通航香港的内地城市45个，通航澳门的内地城市14个，通航台湾的大陆城市37个。

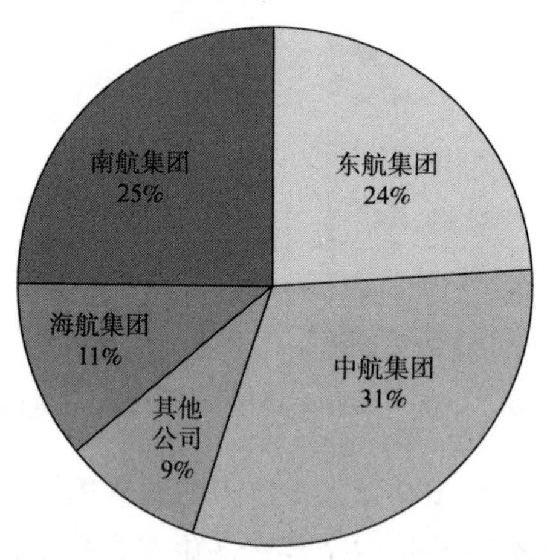

图2-88　2011年中国各航空公司运输总周转量比重

2011年，中航集团完成飞行小时154.9万小时，完成运输总周转量181.8

亿吨公里，比上年增加3.7%，完成旅客运输量0.78亿人次，比上年增加8.1%，完成货邮运输量174.7万吨，比上年降低3.0%。

2011年，东航集团完成飞行小时130.1万小时，完成运输总周转量137.7亿吨公里，比上年增加1.2%，完成旅客运输量0.69亿人次，比上年增加5.9%，完成货邮运输量149.7万吨，比上年降低9.2%。

2011年，南航集团完成飞行小时150.7万小时，完成运输总周转量144.7亿吨公里，比上年增加10.4%，完成旅客运输量0.81亿人次，比上年增加5.5%，完成货邮运输量113.5万吨，比上年增加1.6%。

2011年，海航集团完成飞行小时68.5万小时，完成运输总周转量63.7亿吨公里，比上年增加11.6%，完成旅客运输量0.36亿人次，比上年增加16.6%，完成货邮运输量55.3万吨，比上年增加5.9%。

其他航空公司共完成飞行小时55.3万小时，完成运输总周转量49.5亿吨公里，比上年增加26.9%，完成旅客运输量0.30亿人次，比上年增加28%，完成货邮运输量64.4万吨，比上年增加18.8%。

2011年，全行业完成通用航空生产作业飞行50.27万小时，比上年增长28.5%。其中：工业航空作业完成5.67万小时，比上年减少13.4%；农林业航空作业完成3.32万小时，比上年增长11.9%；其他通用航空作业完成41.29万小时，比上年增长39.4%。

截至2011年底，获得通用航空经营许可证的通用航空企业123家，其中，华北地区33家，中南地区23家，华东地区22家，东北地区15家，西南地区13家，西北地区11家，新疆地区6家。截至2011年底，通用航空企业期末在册航空器总数达到1124架，其中教学训练用飞机303架。

2011年，全行业累计实现营业收入5001亿元，比上年增长21.2%，利润总额363亿元，同比下降13.9%。其中，航空公司实现营业收入3532亿元，比上年增长17.9%，利润总额278亿元，同比下降17.7%；机场实现营业收入498亿元，同比增长15.7%，利润总额43亿元，同比下降16.8%；保障企业实现营业收入971亿元，同比增长39%，利润总额42亿元，同比增长31.2%。

2011年，全行业运输收入水平为5.83元/吨公里，同比增加0.56元/吨公里。其中国内航线（不含港澳台航线）6.91元/吨公里，同比增加0.69元/吨公里；港澳台航线7.58元/吨公里，同比增加0.08元/吨公里；国际航线3.68元/吨公里，同比增加0.21元/吨公里。

国内航线（不含港澳台航线）客运收入水平为7.74元/吨公里，同比增加

0.72 元/吨公里；港澳台航线客运收入水平为 8.37 元/吨公里，同比减少 0.06 元/吨公里；国际航线客运收入水平为 6.59 元/吨公里，同比增加 0.08 元/吨公里。

国内航线（不含港澳台航线）货邮收入水平为 1.93 元/吨公里，同比增加 0.22 元/吨公里；港澳台航线货邮收入水平为 4.56 元/吨公里，同比减少 0.1 元/吨公里；国际航线货邮收入水平为 1.77 元/吨公里，同比减少 0.08 元/吨公里。

全行业客公里收入水平为 0.68 元/客公里，同比增加 0.05 元/客公里。其中，国内航线（不含港澳台航线）0.70 元/客公里，同比增加 0.07 元/客公里；港澳台航线 0.75 元/客公里，同比减少 0.01 元/客公里；国际航线 0.59 元/客公里，与上年基本持平。

2011 年，民航基本建设和技术改造投资 687.7 亿元，比上年增长 6.4%。

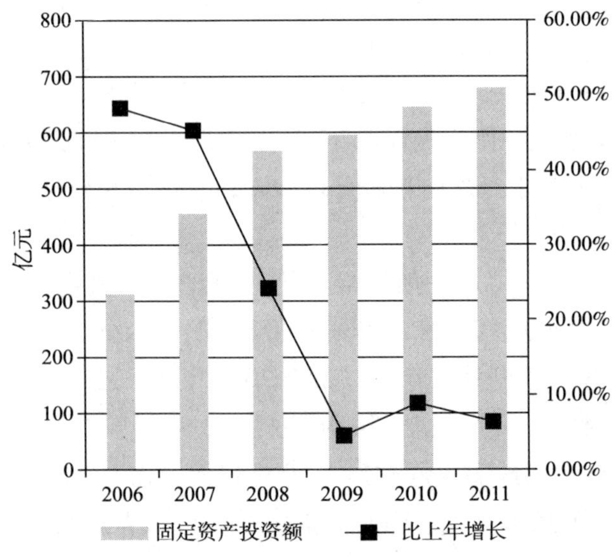

图 2-89　2006—2011 年中国民航基本建设和技术改造投资额

2011 年，机场系统完成固定资产投资总额 495.4 亿元，比上年增长 12.2%。重点建设项目 19 个，其中：竣工项目有南昌昌北机场扩建工程、长沙黄花机场扩建工程、昆明新机场等工程；续建项目有合肥新机场、杭州萧山机场扩建工程、深圳宝安机场扩建工程、成都双流机场扩建工程、贵阳龙洞堡机场扩建工程、拉萨贡嘎机场扩建工程、西安咸阳机场扩建工程、西宁曹家堡机场扩建工程等；新开工项目有沈阳桃仙机场航站区扩建工程、浦东机场飞行区扩建工程、南京禄口机场扩建工程、南宁机场扩建工程等。

月度数据方面，2011 年 1—12 月，航空运输业固定资产投资完成额约 832.35 亿元，同比增长 0.3%，增速较 1—9 月下降 7.9 个百分点。增速下降主要是由于 4 季度为传统航空运输淡季。其中，空管建设投资 18 亿元；机场建设投资 460 亿元，19 个机场重点建设项目分别是：南昌、长沙、昆明、合肥、杭州、深圳、成都、贵阳、拉萨、咸阳、西宁、北京新机场、沈阳、哈尔滨、上海浦东、南京、广州、武汉、南宁。

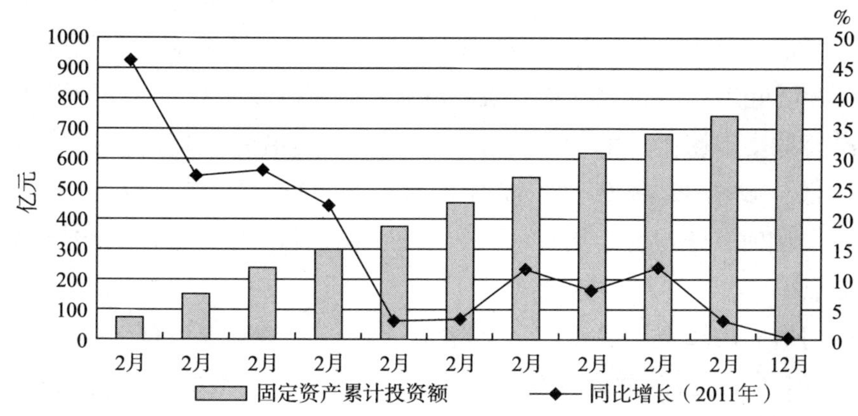

图 2－90　2011 年 2—12 月中国航空运输业累计完成固定资产投资及增速

2011 年，空管系统完成固定资产投资 18 亿元，比上年减少 5.3%。重点建设项目 6 个，其中：续建项目有成都区域管制中心、西安区域管制中心等；新开工项目有乌鲁木齐区域管制中心等。

2011 年，民航其他系统完成固定资产投资总额 174.3 亿元，比上年减少 6.3%。其中：民航信息系统建设投资 7.5 亿元，民航科研、教育系统投资 24.3 亿元，民航安全保卫系统投资 2.2 亿元，民航油料系统投资 9.3 亿元，民航机务维修系统投资 9 亿元，运输服务系统投资 56.2 亿元，公共设施系统投资 13.3 亿元，其他系统投资 52.5 亿元。

（2）水运航运①

受世界经济增长趋缓、航运运输需求恢复乏力、航运企业竞争加剧、货主企业不断进入运输市场等因素影响，4 季度，尽管新船交付量有所缩减，但世界航运供需比例依然进一步拉大，航运运价跌入冰点，市场整体进入“严寒期”。

① 资料来源：交通运输部 2011 年统计公报；中经网数据库。

第4季度，我国航运业面对严峻挑战，航运企业经营状况持续低迷：4季度中国航运景气指数为89.95点，处于相对不景气区间，较3季度下降了12.88点。可以说，我国航运市场正经历探底的考验。

在水运运量上，伴随着我国经济增长出现“软着陆”迹象，我国水路客货运量增速逐渐放缓。1—12月，我国水路客运量同比增长8.62%，增速较前3季度回落0.98个百分点；货运量同比增长11.69%，增速较前3季度回落4.11个百分点。

在港口运行上，我国港口生产经营形势基本稳定，货物、外贸与集装箱吞吐量等主要指标保持平稳增长，但前11个月，全国规模以上港口完成货物吞吐量、集装箱吞吐量的增长速度均放缓，增速同比下降2.9和8.0个百分点。

在沿海散货市场上，由于行情萎靡不振，中国沿海散货运价指数持续下跌至年内最低。截至12月9日，综合指数收于1137.41点，较3季度末下降264.99点。同时，煤炭、金属矿石以及粮食等各种沿海散货指数均持续下调至年内最低点。

在内河航运市场上，受沿江经济增速放缓，运输需求下降，供需矛盾凸显等因素，2011年长江航运景气指数和信心指数分别较上期回落6.86和12.41点。

表2-50　2011年中国航运业景气指数状况

项目（景气指数）	2011-Q1	2011-Q2	2011-Q3	2011-Q4
中国航运	102.02	103.81	102.83	89.95
船舶运输企业	87.47	96.83	89.96	78.46
干散货企业	Na	Na	88.97	86.4
集装箱企业	Na	Na	82.14	58.93
港口企业	117.16	120.92	114.95	114.33
航运服务企业	106.28	96.02	107.87	80.88

资料来源：上海国际航运研究中心，中经网

2011年底，全国内河航道通航里程12.46万公里，比上年末增加370公里。等级航道6.26万公里，占总里程的50.3%，比上年末提高0.2个百分点。其中，三级及以上航道9460公里，五级及以上航道2.60万公里，分别占总里程的7.6%和20.8%，比上年末分别提高0.1个和0.5个百分点。各等级内河航道通航里程分别为：一级航道1392公里，二级航道3021公里，三级航道5047公里，四级航道 8291 公里，五级航道 8201 公里，六级航道 18506 公里，七级航道 18190 公里。各水系内河航道通航里程分别为：长江水系 64052 公里，珠江水系 15995 公里，黄河水系 3488 公里，黑龙江水系 8211 公里，京杭运河 1439 公里，闽江水系 1973 公里，淮河水系 17264 公里。

2011 年底，全国内河航道通航里程 12.46 万公里，比上年末增加 370 公里。等级航道 6.26 万公里，占总里程的 50.3%，比上年末提高 0.2 个百分点。其中，三级及以上航道 9460 公里，五级及以上航道 2.60 万公里，分别占总里程的 7.6% 和 20.8%，比上年末分别提高 0.1 个和 0.5 个百分点。各等级内河航道通航里程分别为：一级航道 1392 公里，二级航道 3021 公里，三级航道 5047 公里，四级航道 8291 公里，五级航道 8201 公里，六级航道 18506 公里，七级航道 18190 公里。各水系内河航道通航里程分别为：长江水系 64052 公里，珠江水系 15995 公里，黄河水系 3488 公里，黑龙江水系 8211 公里，京杭运河 1439 公里，闽江水系 1973 公里，淮河水系 17264 公里。

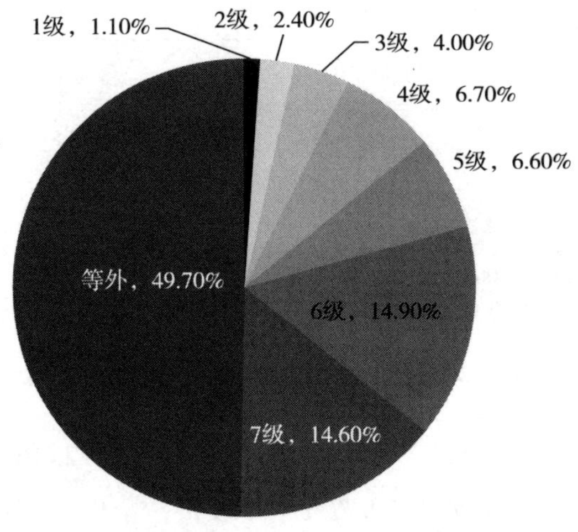

图 2-91　2011 年全国内河航道通航里程构成

全国内河航道共有 4186 处枢纽，其中具有通航功能的枢纽 2359 处。通航建筑物中，有船闸 865 座、升船机 44 座。

2011 年底，全国港口拥有生产用码头泊位 31968 个，比上年末增加 334 个。其中，沿海港口生产用码头泊位 5532 个，比上年末增加 79 个；内河港口生产用码头泊位 26436 个，比上年末增加 255 个。

全国港口拥有万吨级及以上泊位 1762 个，比上年末增加 101 个。其中，沿海港口万吨级及以上泊位1422个，比上年末增加79个；内河港口万吨级及以上泊位340个，比上年末增加22个。

全国万吨级及以上泊位中，专业化泊位942个，通用散货泊位338个，通用件杂货泊位322个，比上年末分别增加39个、39个和12个。

2011年底，全国拥有水上运输船舶17.92万艘，比上年末增长0.5%；净载重量21264.32万吨，增长17.9%；平均净载重量1186.35吨/艘，增长17.3%；载客量100.84万客位，增长0.5%；集装箱箱位147.52万TEU，增长11.4%；船舶功率5949.66万千瓦，增长11.6%。

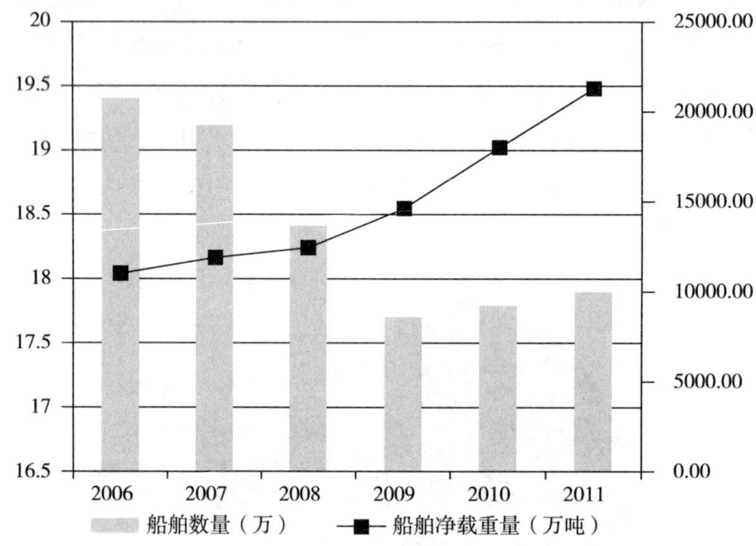

图2-92 2006—2011年中国船舶数量和净载重状况

在运输服务方面，2011年全国完成水路客运量2.46亿人、旅客周转量74.53亿人公里，比上年分别增长9.7%和3.1%。全国完成水路货运量42.60亿吨、货物周转量75423.84亿吨公里，比上年分别增长12.4%和10.2%，平均运距1770.65公里，比上年减少35.07公里。

在客运方面，2011年我国水路运输完成客运量2.43亿人次，同比增长8.62%，增速较前3季度（9.6%）回落0.98个百分点，但同比提升9.29个百分点，总体形势好于2010年。其中1—10月、1—11月和1—12月分别完成旅客运输量2.03亿、2.24亿和2.43亿，同比分别增长8.4%、8.2%、8.62%，是2011年以来的较低增幅。同期完成旅客周转量74.16亿人公里，同比增长2.62%，为2011年以来的最低增速，低于前3季度累计增速1.78个百分点，低于上年同期0.49个百分点。

在货运方面，1—12月，全国水路累计货运量42.33亿吨，较前3季度增加11.11亿吨，较上年增加5.96亿吨，同比增长11.69%；货物周转量累计75196.21亿吨公里，较前3季度增加19688亿吨公里，较上年同期增加10890.93亿吨公里，实现同比增长9.89%，增速较前3季度和上年依次回落6.61个和1.84个百分点。

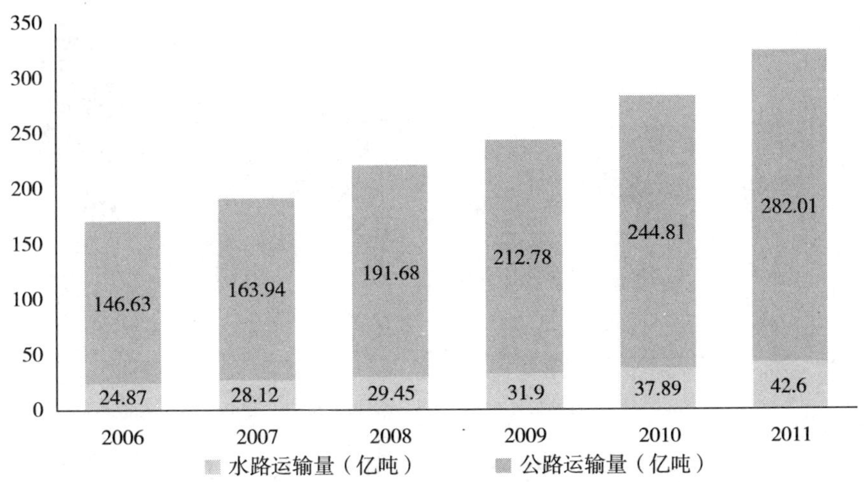

图2-93 2006—2011年全国公路水路货运量情况

在全国水路货运中，内河运输完成货运量21.03亿吨、货物周转量6564.88亿吨公里，比上年分别增长11.5%和18.6%；沿海运输完成货运量15.22亿吨、货物周转量19503.56亿吨公里，比上年分别增长15.0%和15.5%；远洋运输完成货运量6.35亿吨、货物周转量49355.40亿吨公里，比上年分别增长9.5%和7.3%。

长江干线货物承载量达17.01亿吨，比上年增长12.5%。其中煤炭、金属矿石、钢铁和矿物性建筑材料占总承载量的66.8%。长江干线到干线货运量3.86亿吨，比上年增长30.7%，海上到干线运量7.51亿吨，比上年增长10.0%。

西江航运干线（思贤滘以上航段）货物承载量达1.75亿吨，比上年增长15.6%。其中矿物性建筑材料占总承载量的58.7%。西江航运干线到干线货运量4142万吨，比上年增长10.6%，干线到珠江三角洲货运量9502万吨，比上年增长11.7%。

2011 年，两岸间海上运输完成客运量 160 万人，货运量 6000 万吨，集装箱运量 174 万 TEU，比上年分别增长 6. 7% 、 -2. 1% 和 6. 7% 。

港口方面，2011 年，全国港口完成货物吞吐量 100. 41 亿吨，比上年增长 12. 4% 。其中，沿海港口完成 63. 60 亿吨，内河港口完成 36. 81 亿吨，比上年分别增长 12. 7% 和 12. 0% 。

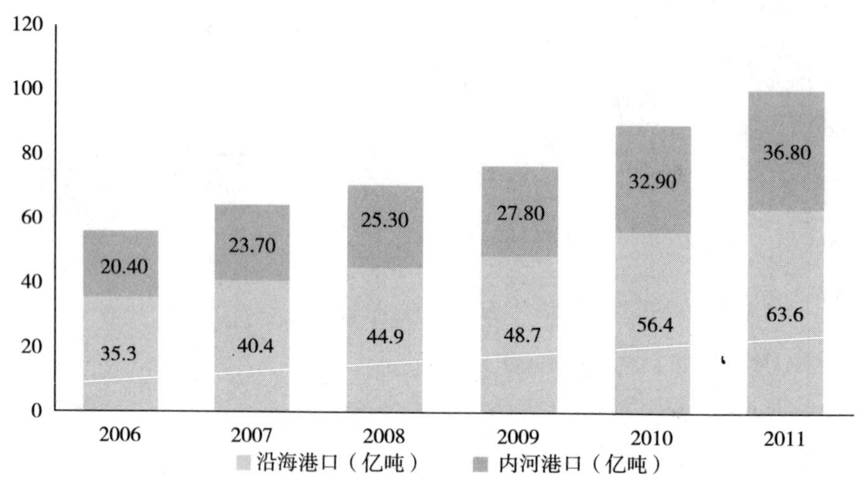

图 2 - 94　2006—2011 年全国港口货物吞吐量

全国港口完成旅客吞吐量 1. 94 亿人，比上年增长 9. 8% 。其中，沿海港口完成 0. 80 亿人，内河港口完成 1. 14 亿人，比上年分别增长 9. 1% 和 10. 3% 。

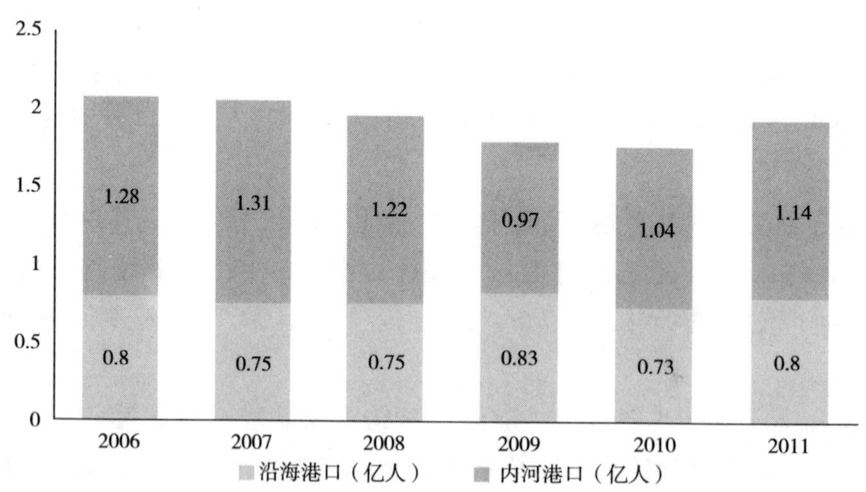

图 2 - 95　2006—2011 年全国港口旅客吞吐量

全国港口完成外贸货物吞吐量 27.86 亿吨，比上年增长 11.4%。其中，沿海港口完成 25.44 亿吨，内河港口完成 2.42 亿吨，比上年分别增长 11.2%和 13.8%。

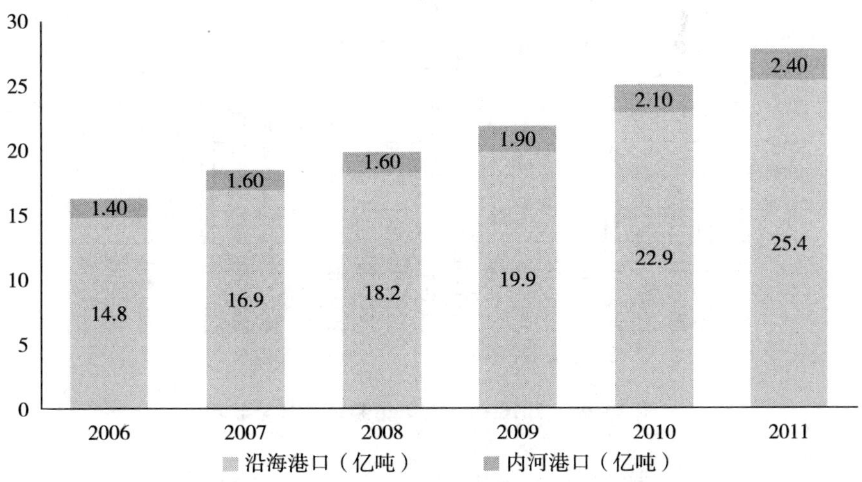

图 2－96　2006—2011 年全国港口外贸货物吞吐量

货物吞吐量超过亿吨的港口由上年的 22 个增加到 26 个。其中，沿海亿吨港口 17 个，内河亿吨港口 9 个。

全国港口完成集装箱吞吐量 1.64 亿 TEU，比上年增长 12.0%。其中，沿海港口完成 1.46 亿 TEU，内河港口完成 1736 万 TEU，比上年分别增长 11.3%和 18.3%。

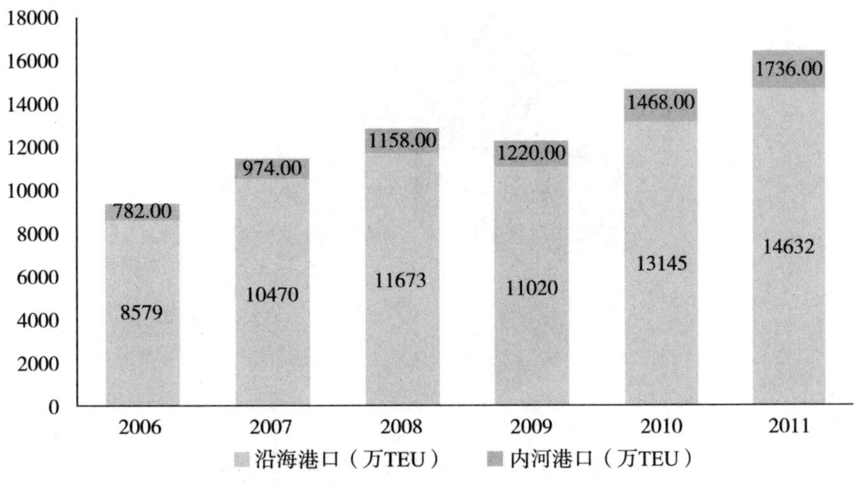

图 2－97　全国港口集装箱吞吐量

集装箱吞吐量超过 100 万 TEU 的港口由上年的 18 个增加到 19 个。其中，沿海港口 15 个，内河港口 4 个。

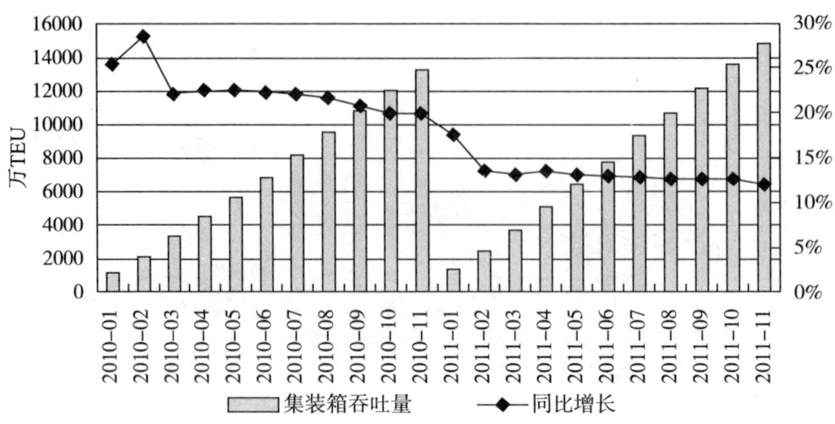

图 2－98　2010—2011 年集装箱吞吐量状况

全国港口完成液体散货吞吐量 9.11 亿吨，比上年增长 6.7%；干散货吞吐量 58.55 亿吨，比上年增长 13.6%；件杂货吞吐量 10.18 亿吨，比上年增长 6.6%；集装箱吞吐量（按重量计算）17.75 亿吨，比上年增长 15.8%；滚装汽车吞吐量（按重量计算）4.83 亿吨，比上年增长 10.2%。液体散货、干散货、件杂货、集装箱和滚装汽车在港口货物吞吐量中所占比重分别为 9.1%、58.3%、10.1%、17.7%和 4.8%。

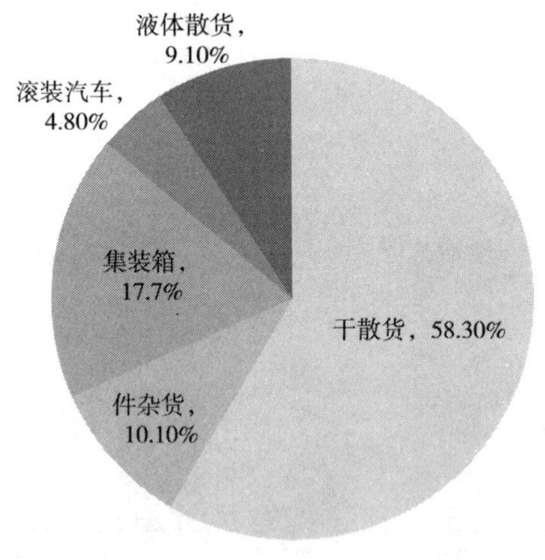

图 2－99　2011 年各形态货种吞吐量构成

全国规模以上港口完成货物吞吐量 91.18 亿吨，比上年增长 12.5%。其中，完成煤炭及制品吞吐量 19.43 亿吨，石油、天然气及制品吞吐量 7.48 亿吨，金属矿石吞吐量 13.85 亿吨，比上年分别增长 18.1%、5.0%、10.0%。

2011 年下半年，沿海散货运输市场开始萎靡不振，中国沿海散货运价指数持续下跌，尤其进入 4 季度，我国沿海散货运价继续震荡下行，截至 12 月 9 日，综合指数收于 1137.41 点，为年内最低点，较 3 季度末（9 月 28 日）下降 264.99 点，跌幅超过 18%。各种沿海散货指数均持续下调至年内最低点，其中，煤炭运价指数由 9 月 28 日的 1622.57 点降至由 12 月 9 日的 1233.29 点，降幅为 24.00%；金属矿石运价指数由 9 月 28 日的 1082.26 点降至由 12 月 9 日的 995.7 点，已跌破 1000 点，降幅为 8.00%；粮食运价指数由 9 月 28 日的 1046.69 点降至由 12 月 9 日的 762.98 点，已跌破 800 点，降幅为 27.11%。

在水运建设方面，2011 年内河及沿海建设完成投资 1404.88 亿元，比上年增长 19.9%。其中，内河建设完成投资 397.89 亿元，增长 18.9%。内河港口新建及改（扩）建码头泊位 209 个，新增吞吐能力 8418 万吨，其中万吨级及以上泊位新增吞吐能力 3986 万吨。全年新增及改善内河航道里程 843 公里。沿海建设完成投资 1006.99 亿元，增长 20.3%。沿海港口新建及改（扩）建码头泊位 440 个，新增吞吐能力 24585 万吨，其中万吨级及以上泊位新增吞吐能力 22714 万吨。

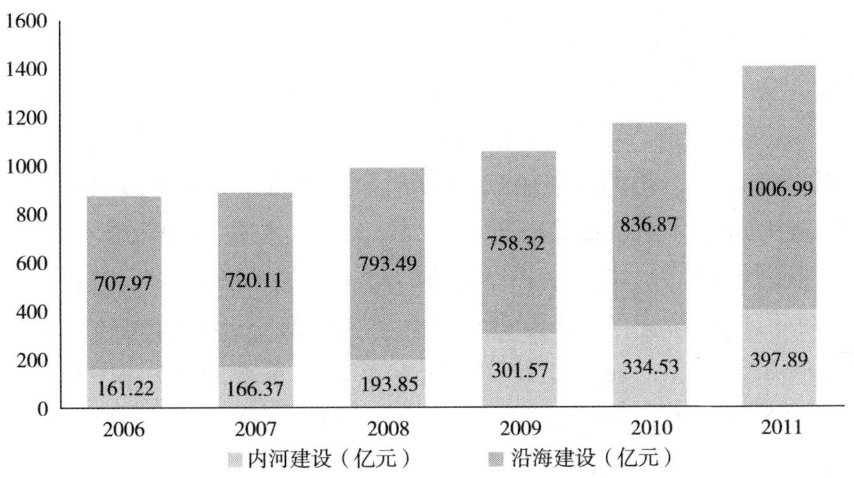

图 2－100　2006—2011 年水运建设投资额

2011 年第 4 季度，受航运业运力严重过剩、需求减速，国际航运市场海运运费萎靡不振等因素影响，我国水运市场景气指数回落至相对不景气区间，各种客货运量增速均放缓，我国水运行业投资增速在季度内也持续下行。具体来看，1—10月、1—11月、1—12月我国水运固定资产投资分别为1444.75亿、1591.88亿、1927.11亿元，同比增速一路下跌：自7.7%降至5.1%，再进一步下探至0.8%的负增长。其中，1—12月累计投资数额较上年同期减少151.94亿元，增速同比大幅减少25.2个百分点，无论是投资增加值还是增速同比提升幅度均为年度最低线。

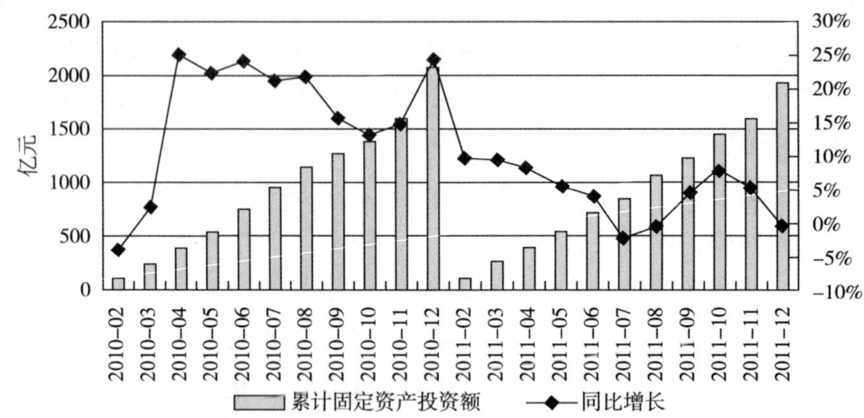

图2-101　2010—2011年中国水运业累计固定资产投资额及同比增速

资料来源：国家统计局，中经网数据库

2011年，全国共发生运输船舶水上交通事故298件，死亡失踪291人，沉没（全损）船175艘，比上年分别下降10.0%、11.6%和10.3%，直接经济损失3.9亿元，同比上升20.4%。全国各级海上搜救中心全年共组织、协调搜救行动2177次，出动、协调各类船艇8600艘次、飞机402架次，出动、协调的各类船艇和飞机同比分别增加505艘次和57架次；在我国搜救责任区遇险船舶2150艘，获救船舶1721艘，遇险人员19352名，成功搜救18711名，搜救成功率达96.7%，同比增长0.6个百分点。公路、水路交通运输建设领域全年共发生生产安全事故70起、死亡120人，比上年分别增加34.6%和23.7%。其中，死亡3~9人的较大事故15起、死亡58人，比上年分别增加4起和16人。未发生死亡10人以上重特大事故。

（三）航空航运业中央企业的运行概况

截至2011年底，我国共有运输航空公司47家，按不同类别划分：国有控股公司38家，民营和民营控股公司9家；全货运航空公司11家；中外合资航空公司16家；上市公司5家。

1. 航空代表性央企2011年经济运行

（1）中国航空集团公司①

中国航空集团公司是以中国国际航空公司为主体，联合中国航空总公司和中国西南航空公司等企业，组建的特大型国有航空运输集团公司，是经国务院批准，国家授权的投资机构和国家控股公司，2002年10月11日正式成立。

中国航空集团公司的发展目标是建设具有国际竞争力的航空运输产业集团。目前，中国航空集团公司共有包括国家唯一载旗航空公司——中国国际航空股份有限公司在内的直属企业7家，三级以上企业136家。经过不断的深化改革发展，集团已初步形成以核心产业为主导、以高相关产业和延伸产业为协同的综合性产业集团。其经营业务涵盖航空客运、航空货运及物流两大核心产业，涉及飞机维修、航空配餐、航空货站、地面服务、机场服务、航空传媒六大高相关产业，以及金融服务、航空旅游、工程建设、信息网络四大延伸服务产业。

截至2011年底，员工总数6.8万人，总资产1833.2亿元人民币。中国航空集团公司的中文简称为：中航集团公司；英文全称China National Aviation Holding Company。总部设在中国首都北京。法定住所：北京市朝阳区霄云路36号国航大厦。

2011年，航空运输业面临的市场环境十分复杂，呈现出国内客运较快增长、国际客运持续低迷、航空货运大幅回落等特点，同时，燃油价格高、企业内外竞争加剧给经营带来了更大压力。实现营业收入971.39亿元，同比增长19.98%。其中，主营业务收入为949.20亿元，同比增长20.14%，主要是客运收入的增加；其他业务收入为22.19亿元，同比增长13.62%，主要是国航及深航其他收入增加所致。每收入客公里收益0.70元，同比增长6.06%；每收入货运吨公里收益1.76元，同比下降3.83%。

表2-51　2011年中国航空集团公司主要财务和运营状况

主要财务指标	2011年	同比（%）
营业收入（百万元）	97139	19.98
营业成本（百万元）	76692	25.71

① 资料来源：中国航空2011年年报。

续表

主要财务指标	2011 年	同比（%）
营业利润（百万元）	9150	-35.85
归属母公司所有者的净利润（百万元）	7477	-38.75
每股收益（元/股）	0.61	-41.9

国内市场方面，2011 年，集团国内市场地位进一步巩固。抓住国内客运市场增长的有利时机，适时调整运力投放结构，收益品质明显提升，市场地位得到巩固，国内航线投入可用座公里 994.02 亿，同比增加 17.82%；实现收入客公里 826.76 亿，同比增长 21.87%；运送旅客 5939.15 万人次，同比增长 18.34%；客座率达到 83.17%，同比提升 2.77 个百分点；收益水平同比提高 7.25% 至 0.74 元。

表 2-52　2011 年中国航空集团公司国内航线运营状况

国内航线	2011 年	同比（%）
客运收入（百万元）	42454.7	16.32
可用座公里（百万）	66265.2	3.44
收入客公里	55290.5	7.54
客座率（%）	83.44	3.18pts
收益（元/客公里）	0.77	8.16

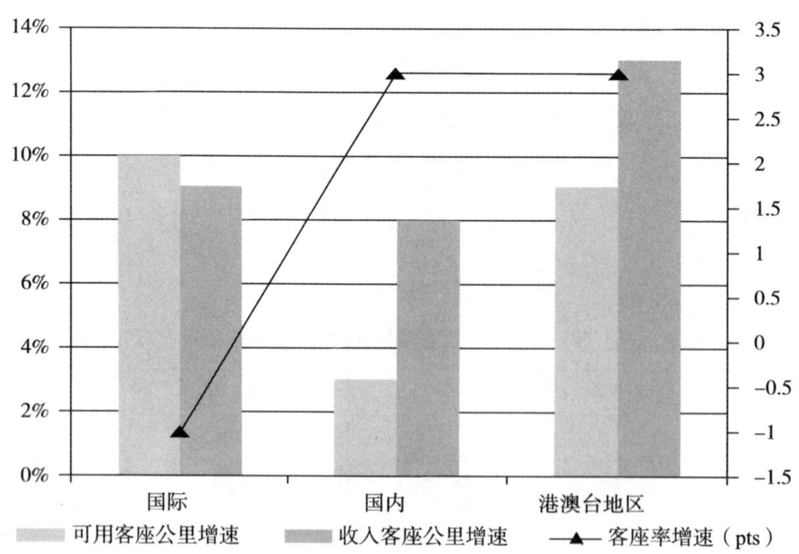

图 2-102　2011 年中国航空集团公司客运产投同比变化

国际市场方面，2011 年，集团国际客运经营进一步加强。国际航线投入可用座公里 452.99 亿，同比增加 9.21%；实现收入客公里 357.24 亿，同比增长 7.58%。客座率同比小幅下降 1.2 个百分点，收益水平为 0.59 元，与上年持平。

表 2－53　2011 年中国航空集团公司国际市场运行状况

国际航线	2011 年	同比（%）
客运收入（百万元）	20344.3	8.77
可用座公里（百万）	32591.8	10.17
收入客公里（百万）	34621.2	8.54
客座率（%）	79.42	－1.2
收益（元/客公里）	0.59	0.21

（2）中国东方航空[①]

中国东方航空集团公司（简称“东航集团”）成立于 2002 年 10 月，总部设在上海。英文全称：China Eastern Air Holding Company，英文缩写：CEAH。东航集团以原东方航空集团公司为主体，兼并中国西北航空公司、联合云南航空公司组建而成，是我国三大航空运输集团之一，是隶属国务院国有资产监督管理委员会管理的中央企业。

东航集团经营业务包括：公共航空运输、通用航空业务及与航空运输相关产品的生产和销售（含免税品）；航空器材及设备的维修、航空客货及地面代理、飞机租赁、航空培训与咨询等业务以及国家批准经营的其他业务。东航集团旗下共有 20 家控股投资公司，经过几年来的调整优化和资源整合，基本形成以航空运输核心主业为支撑，以航空食品、进出口、金融期货、传媒广告、旅游票务、酒店管理、机场投资等业务为辅助的航空运输服务体系。

截至 2011 年 12 月 31 日，本公司在全球共拥有 59872 名员工，运营 377 架大中型运输飞机。本公司构建了以上海为核心枢纽、以西安和昆明为区域枢纽，覆盖整个中国并辐射亚洲、欧洲、北美洲和大洋洲的航空运输网络。加入天合联盟后，东航的航线网络通达全球 173 个国家超过 926 个目的地。本公司的“东方万里行”常旅客会员目前已经超过 1500 万人。

2011 年，东航实现营业收入为 839.75 亿元，同比增长 12.03%。其中运输

① 资料来源：中国东方航空官网。

收入为786.82亿元，同比增长14.1%。客运收入为698.86亿元，同比增长16.45%，占公司2011年运输收入的88.8%。货邮运输收入为81.25亿元，同比减少3.92%，占公司2011年运输收入的10.3%。其他业务收入为52.93亿元，同比减少11.75%。运营成本为704.48亿元，同比增长16%，主要原因是油价上升，航空油料成本相应提高。共计耗油量为389.63万吨，同比增长6.2%，航空油料支出达292.29亿元，同比增长35.3%，主要是由于耗油量增加以及平均油价同比增长27.4%所致。航油支出占本公司营运成本的41.49%。飞机起降费及民航建设基金为96.72亿元，同比增长10.53%，主要是由于公司加大了运力投入导致起降架次增加。餐食及供应品费用为20.22亿元，同比增长26.67%。主要是餐食标准提高，尤其是两舱餐食标准提升所致。销售费用为54.06亿元，同比增长1.53%。管理费用为人民币25.76亿元，同比减少3.0%。财务费用为-4.41亿元，同比减少202.27%，主要是由于人民币汇率大幅升值，使汇兑净收益增加7.98亿元。发生资产减值损失7.99亿元，同比增长87.2%，主要是由于本年度公司决定处置某陈旧机型飞机，因此根据出售协议计提了减值准备。公允价值变动净收益约为0.87亿元，公允价值变动净收益为8.33亿元，主要是由于未交割原油期权敞口量下降，使得航油套期保值期权合约产生的公允价值变动收益减少，截至2011年底，原油期权合约全部到期交割完毕，2011年，公司原油期权合约公允价值变动净收益约为0.67亿元，原油期权合约实际交割现金流入约为0.38亿元。

2011年，东航营业外收支净额为15.70亿元，较去年同期增加6.11亿元，主要原因是收到政府补助收入有所增加。实现的归属于母公司所有者净利润为48.87亿元，比去年同期减少9.18%。

截至2011年12月31日，东航总资产为1122.15亿元，比年初增长11.3%，其中，流动资产为137.12亿元，比年初增长17.0%，占总资产的12.2%；非流动资产为985.03亿元，比年初增长10.6%，占总资产的87.8%。总负债为900.70亿元，比年初增长6.93%，其中，流动负债为436.65亿元，比年初增长11.48%，占总负债的48.48%，非流动负债为464.05亿元，比年初增加2.97%，占总负债的51.52%。归属于母公司股东权益为204.37亿元，比年初增长31.2%，股东权益合计为221.45亿元，比年初增长33.6%。资产负债率为80.27%，比年初下降3.29个百分点。

2011年东航向最大供应商和前5名供应商的采购金额分别占年度采购总额的11%和25.7%，公司向前5名客户销售的收入总额约为70.64亿元，占公司营业收入的8.41%。

2011年，东航每周经营定期航班约11216班次，实现客运量1008.95亿客公里，同比增长8.31%；运输旅客6872.5万人次，同比增长5.84%，客座率为78.89%，同比增长0.91个百分点，飞机平均日利用率为9.8小时，同比增长0.1个小时。2011年，本公司货邮周转量44.21亿吨公里，同比增长2.60%；运输货邮14.43亿公斤，同比减少1.49%；载运率为61.81%，同比增长1.44个百分点。

2011年，东航新开了上海至罗马、汉堡、夏威夷、迪拜，昆明至马累等多条国际航线，上海至湛江、西安至沈阳、昆明至银川等9条国内航线；加密了上海至悉尼、墨尔本、沈阳、重庆，西安至新加坡、深圳、万象，西安至昆明等多条国际国内航线的航班密度。

2011年，以航班班次占有率统计，东航在虹桥机场与浦东机场的市场份额分别为52.38%与39.01%，以旅客吞吐量统计，本公司在虹桥机场与浦东机场的市场份额分别为50.08%与37.58%。

2011年，东航坚持“安全是根”的理念，以安全管理体系（SMS）建设为抓手，不断加强安全文化建设，深入细化安全绩效考核，持续提升SMS运行质量，努力夯实安全系统管理水平，确保了本公司2011年度内的飞行安全、空防安全和地面安全。2011年，本公司获得民航局颁发的“飞行安全五星奖”。

2011年，一是东航灵活调整运力布局，加大在上海、西安和昆明等核心市场、重点市场的运力投放，在日本地震后，本公司及时将日本航线运力转投国内热门航线，避免了在日本航线上的进一步损失；二是通过丰富国际航线销售产品，推进国际旅游产品的业务合作，培养直销团队客源，努力提升国际航线经营能力；三是努力推动“长三角”市场一体化，重点发展空铁联运产品；四是继续深化东上联（本公司、上海航空有限公司、中国联合航空有限公司）一体化运作，推进营销业务整合，实现优势资源互补；五是通过新开和加密国际航线，增加平均航距以及加强淡旺季运力调配，努力提高飞机日利用率。

2011年，东航完成了三家货运航空公司（中国货运航空有限公司、上海国际货运航空有限公司、长城航空有限公司）的重组，成立了新中货航。新中货航通过整合客户资源，优化运力投放，调整航线布局，加强销售管控等一系列措施，加强了业务整合。同时，新中货航大力推进货物产品结构调整，广泛开展战略合作，开辟沪港货运快线，启动国内早航班快件项目，通过开发特货运输产品等手段来增加货运收入来源。但是，由于欧美经济不景气、全球货运市场持续低迷等多重因素影响，2011 年本公司货运业务出现了亏损。

2011 年，通过增加运力投放，优化航线结构，新开通航点，增加航班密度等方式，稳步推进上海、西安、昆明三大枢纽建设，上海浦东机场已形成了相对完整的早、中、晚“三进三出”的航班波，在 25 个以上国内城市实现双向衔接国际航线；西安枢纽已经初步构建了“三进三出”的航班波；昆明枢纽规划已经完成，中转衔接机会同比大幅度提高。同时，本公司正在筹建上海、西安和昆明的枢纽保障中心，以进一步提升在三大枢纽市场的保障能力。

2011 年东航通过出售、退租老旧飞机，引进新飞机，进一步优化公司的机队结构。完成了：一是购买及融资性租赁飞机共 24 架，包括 17 架 A320 型飞机、2 架 A321 型飞机、2 架 A332、2 架 B737—700 型飞机、1 架 B737—800 型飞机；二是经营性租赁飞机共 4 架，包括 2 架 B737 - 800 型飞机、2 架 B777F 型飞机；三是处置飞机 9 架，包括退租 4 架 MD11F 型飞机、2 架 CRJ200 和出售 3 架 B767 飞机；四是中货航购买长城航资产，新增 3 架 B747 型经营型租赁飞机。截止 2011 年 12 月 31 日，本公司共拥有和运营 377 架飞机，客机 358 架，货机 19 架。

（3）中国南方航空①

中国南方航空集团公司成立于 2002 年 10 月 11 日，是以中国南方航空（集团）公司为主体，联合新疆航空公司、中国北方航空公司组建而成的大型国有航空运输集团，是国务院国资委直接管理的三大骨干航空集团之一，主营航空运输业务，兼营航空客货代理、进出口贸易、金融理财、建设开发、传媒广告等相关产业。南航集团现有员工 7 万多人，运营总资产达 1500 多亿元。2011 年，南航集团共完成旅客运输量 8067.7 万人次，位居亚洲第一、全球第三。实现营业收入 932.5 亿元，实现 EVA 增加值 18 亿元。

南航集团是中国运输飞机最多、航线网络最发达、年客运量最大的航空公司。目前，南航经营包括波音 777、747、757、737，空客 A380（3 架）、330、321、320、319 在内的客货运输机、直升机 460 余架，机队规模跃居亚洲第一、世界第三。2011 年 9 月，世界最大的飞机空客 A380 加盟南航机队。航线网络以广州、北京为中心枢纽，密集覆盖国内 150 多个通航点，全面辐射亚洲 40 多个通航点，链接欧美澳非洲的发达航线网络，航线数量 660 多条，每天有接近 2000 个航班穿梭于世界各地。通过与天合联盟成员密切合作，航线网络通达全球 958 个目的地，连接 173 个国家和地区，到达全球各主要城市。

① 资料来源：中国南方航空 2011 年报。

2011 年，南航旅客运输量达到 8067.7 万人次，位列亚洲第一、全球第三，已连续 33 年居国内各航空公司之首，是亚洲唯一进入世界航空客运前三甲的航空公司。截至 2012 年 6 月，南航已累计安全飞行 965 万小时，连续保证了 217 个月的空防安全，安全运输旅客已累计超过 6 亿人次，安全管理水平在国内、国际均处于领先地位。

2011 年，南航共完成运输总周转量 144.61 亿吨公里，同比增长 10.4%；实现旅客运输量 8067.7 万人次，同比增长 5.5%；实现货邮运输量 113.51 万吨，同比增长 1.6%；平均客座率为 81%，同比提高 1.8 个百分点，平均载运率为 69.5%，同比上升 1.0 个百分点。

2011 年营业利润为 55.46 亿元，2010 年同期为 68.69 亿元，同比减少 13.23 亿元。2011 年本集团归属于上市公司股东的净利润为 50.75 亿元，2010 年同期为 58.05 亿元，同比下降 7.30 亿元。

客运方面，2011 年营业收入为 927.07 亿元，较 2010 年上升 19.2%，其中，旅客运输收入为 838.54 亿元，较 2010 年上升 19.0%，占本集团营业收入的 90.5%，旅客周转量为 1223.44 亿客公里，较 2010 年增加 9.9%，每收费客公里收入较 2010 年上升 9.5% 至 0.69 元。

货运方面，货邮运输收入为 58.32 亿元，较 2010 年增加 6.1%，占营业收入的 6.3%；货邮运输周转量为 35.87 亿吨公里，较 2010 年上升 12.2%，每吨公里收入为 1.63 元，较 2010 年下降 5.2%。

表 2-54　2011 年南航主营业务状况　　（单位：百万元）

主营业务分产品情况						
分产品	营业收入	营业成本	营业利润率（%）	营业收入比上年增减（%）	营业成本比上年增减（%）	营业利润比上年增减（%）
客运	83854	75799	16.38	18.95	22.18	-2.78
货运及邮运	5832			6.13		
其他	965			28.15		
合计	90651			18.12		

运营成本方面，2011 年，营业成本为 769.54 亿元，较 2010 年增加 23.0%，本集团主营业务成本为 757.99 亿元，较 2010 年增加 137.62 亿元，同比增长 22.2%，营业成本增加较多的主要原因为航油成本的增加。2011 年航油成本为 326.75 亿元，占主营业务成本的 43.1%，航油成本较 2010 年增

加39.1%，主要由于航油耗油量的增加及平均航油价格较2010年上升所致。销售费用为66.40亿元，比2010年增长16.6%，主要由于运输收入增加带来的业务代理手续费等支出增加所致。报告期内，本集团管理费用为25.74亿元，较2010年增加18.0%。报告期内，本集团财务净收益为16.35亿元，比2010年增加11.79亿元，主要由于本年对美元汇率持续快速上升带来的汇兑收益增加所致。

财务方面，截止2011年12月31日，资产总额为1292.60亿元，比2011年初增长16.2%，其中流动资产为194.85亿元，占资产总额的15.1%，比2011年初增加36.26亿元；非流动资产为1097.75亿元，占资产总额的84.9%，比2011年初增加144.05亿元，主要是年内新引进飞机使固定资产增加所致。负债总额为916.21亿元，比年初增加13.1%，其中流动负债为435.06亿元，占负债总额的47.5%；非流动负债为481.15亿元，占负债总额的52.5%，比年初减少10.94亿元。于2011年12月31日，本公司归属于上市公司股东应占权益为320.78亿元，较2011年初的267.55亿元增加了53.23亿元，主要为2011年实现赢利所致。于2011年12月31日，股东权益总额为376.39亿元，较2011年初的302.19亿元增加74.20亿元。资产负债率为70.9%，比年初下降1.9个百分点，主要为2011年内本集团实现赢利所致。报告期内本集团实现的经营活动产生的现金净流入约为134.85亿元，与2010年相比增加4.9%；投资活动产生的现金净流出约为216.50亿元，较2010年增加101.4亿元，同比增长88.1%，主要是由于报告期内支付购买飞机款较2010年增加所致；筹资活动产生的现金净流入为76.24亿元。

2011年，南航取得了不凡的业绩。2011年，南航严格进行规范化管理，加强安全管理体系建设，充分发挥安全管理体系的预警功能，及时有效地规避安全风险，取得了历史上最好的安全业绩，安全品质显著提升。共完成运输飞行150.7万小时，同比增加115.78万小时，连续保证了146个月的飞行安全和210个月的空防安全，继续保持中国航空公司最好的安全纪录，并首次实现零公司责任事故征候、零人为原因事故征候的“双零”佳绩。

面对民航市场增速放缓以及货运市场低迷等不利因素，南航积极加强营销与合作，通过抢抓市场机遇，加强高端营销，发展常客会员，提升渠道管控等方式，持续提升客运经营品质，2011年公司客座率、座公里收入以及平均票价等指标均持续增长。面对严峻的货运整体形势，南航积极开拓货运市场，有效减少货运亏损。此外，报2011年公司成功引进并运营A380飞机，成为中国航空业唯一运营 A380 飞机的航空公司，有效提升了公司的市场品位、社会影响力和品牌知名度；加快机队结构调整，通过处置老旧飞机，进一步优化机队结构。2011 年，公司的主要生产经营指标稳中有升并再创新高。

2011 年，大力推进枢纽建设，枢纽集中度不断上升，枢纽效应逐步显现，特别是广州枢纽的知名度和竞争力明显提升。报告期内，本公司中转保障和销售能力有效提升，中转的旅客人数和中转销售收入大幅提升。2011 年，公司的国际化进程明显加快，先后开通广州直飞奥克兰、温哥华、珀斯等国际航线，加密广州至悉尼、墨尔本、洛杉矶等国际航线，国际和地区航班数量快速增加，国际航线座公里投入比例大幅提高，向着建设国际化规模网络型航空公司的目标不断迈进。

2011 年，开展“品牌服务创新年”活动，并以推行 SKYTRAX 四星认证为契机，全面开展对标，加快推进服务的标准化、精准化和国际化；改进服务流程，加大服务方面的投入，重点改善了头等舱和商务舱的休息环境；严格整治航班延误，与各相关单位通力合作，有效提高本公司的航班正常率。报告期内本公司荣膺“SKYTRAX 四星航空公司”，并荣获 SKYTRAX 年度“全球最大进步航空公司奖”。此外，公司利用澳大利亚旅交会、世界旅游大会等活动加大品牌推广力度，荣获亚洲品牌榜“中国品牌 100 强”第六名和“亚洲航空品牌年度最受关注奖”。

2. 水运行业典型中央企业 2011 年经济运行

（1）中远集团①

中国远洋运输集团（以下简称中远或中远集团）成立于 1961 年 4 月 27 日，成立之初是一个仅有 4 艘船舶、2. 26 万载重吨的小型船公司。经过五十年的发展，中远集团已经成为以航运、物流码头、修造船为主业的跨国企业集团，已经确立起在国际航运、物流码头和修造船领域的领先地位，稳居《财富》世界 500 强。

目前，中远集团拥有和控制各类现代化商船近 800 艘，5600 多万载重吨，年货运量超 4 亿吨，远洋航线覆盖全球 160 多个国家和地区的 1600 多个港口，船队规模位居中国第一、世界第二。其中集装箱船队规模在国内排名第一、世界排名第五；干散货船队世界排名第一；专业杂货、多用途和特种运输船队综合实力居世界前列；油轮船队是当今世界超级油轮船队之一。中远集团在全球

---

① 资料来源：以下以中远控股为例，参考中远控股 A 股的 2011 年报。

范围内投资经营着32个码头，总泊位达157个，根据Drewry最新统计，中远集团所属中远太平洋的集装箱码头吞吐量继续保持全球第五。

中远集团拥有丰富的物流设施资源，控制各种物流车辆超过4000台，包括具有289个轴线、最大承载能力达8000吨的大件运输车，堆场249万平方米，拥有和控制仓库297万平方米，在家电、化工、电力、融资等领域为客户提供高附加值服务，为青藏铁路、天津空客、印度电站等国内外多个重大项目提供物流服务，创造多项业界记录。

中远集团在国内的多家船舶修造基地，拥有含30万吨级、50万吨级的各类型船坞16座，业务涉及大型船舶和海洋工程建造、改装及修理，生产设备装配水平、生产管理水平国内领先，技术能力、生产效率及生产成本等指标居世界前列。年修理改造大型船舶500余艘，年造船能力840万吨，是中国最大的修船企业及技术最先进的造船企业。

中远集团已形成以中国北京为中心，以中国香港、美洲、欧洲、新加坡、日本、澳洲、韩国、西亚、非洲等九大区域公司为辐射点的全球架构，在50多个国家和地区拥有千余家企业和分支机构，员工总数约13万人，其中驻外人员400多人，外籍员工4000多人，资产总额超过3000亿元，海外资产和收入已超过总量的半数以上，正在形成完整的航运、物流、码头、船舶修造的全球业务链。

中远集团是最早进入国际资本市场的中国企业之一，早在1993年中远投资就在新加坡借壳上市，目前在境内外拥有中国远洋、中远太平洋、中远国际、中远投资、中远航运等上市公司。2011年，《财富》发布了最新的全球500强企业排行榜，中国远洋位列第398位。

中远集团持有中远控股的约52%的股份，中远集团是国务院国资委直接管辖的中央企业。2011年，集团实现营业收入68908178866.62元，与2010年同比减少14.5%。实现利润总额－7807392113.23元，归属于母公司所有者的净利润－10448856161.20元。

2011年，受全球经济复苏放缓影响，国际集装箱干线需求增速大幅放缓。据克拉克森2月份的预测，2011年全球集装箱航运需求增长7.9%，但主干航线需求增速持续低迷，太平洋航线仅增长2.4%，亚欧航线仅增长3.3%。而另一方面，受2010年全线赢利的鼓舞，班轮公司运力调控意愿不强，加上新船交付压力持续，市场总体呈现供过于求的局面。尤其是亚欧航线新船交付高度集中，导致市场供需结构性失衡，市场出现非理性无序竞争，拖累总体运价持续下滑。

中国出口集装箱运价指数（CCFI）全年均值为990.66点，同比下跌了12.4%。其中，欧洲线下跌32.7%，地中海线下跌29.3%，美西线下跌11.4%，美东线下跌8.1%。而与此同时，燃油、港口等成本增加，班轮公司面临较大经营压力，普遍出现亏损。根据统计，2011年新加坡380CST燃料油平均价格为639.1美元/吨，比2010年的462.2美元/吨上涨了38.3%。

表2-55　中远2010—2011年收入及构成

收入（百万元）	2011年	增幅（%）	收入构成（%）
集装箱航运	36461	-11.8	52
干散货航运	23366	-28.7	33
物流	6396	46.1	9
码头	2187	57.7	3
集装箱租赁	1789	4.4	3
其他业务	12	-36.3	
分部间抵消	1302		
合计	68908	-14.5	

（2）中国海运①

中国海运（集团）总公司（简称“中国海运”）成立于1997年7月1日，总部设在上海市。中国海运是中央直接领导和管理的重要国有骨干企业之一，是以航运为主业的跨国经营、跨行业、跨地区、跨所有制的特大型综合性企业集团。

中国海运主营业务设有集装箱、油运、货运、客运、汽车船运输、特种运输等专业化船队；正在开展LNG业务。相关业务有码头经营、综合物流、船舶代理、环球空运、船舶修造、船员管理、集装箱制造、供应贸易、金融投资、信息技术等产业体系。

中国海运在全球90个国家和地区，设有香港、北美、欧洲、东南亚、西亚五个控股公司；境外产业下属90多家公司、代理、代表处，营销网点总计超过300多个。

中国海运现有资产总额1700亿元，拥有各类船舶500余艘，2800万载重吨，集装箱载箱位60万标准箱；集团年货物运输完成量4.35亿吨、1100万标

① 资料来源：中国海运官网；中经网。

准箱，在国家能源和进出口贸易中发挥了重要的运输支持和保障作用。

其中，中海集装箱运输股份有限公司是中国海运集团所属主要从事集装箱运输及相关业务的多元化经营企业。经营范围涉及集装箱运输、船舶租赁、揽货订舱、运输报关、仓储、集装箱堆场、集装箱制造、修理、销售、买卖等领域。2004年6月和2007年12月，中海集运分别在香港联合交易所和上海证券交易所成功上市。

截至2011年6月，中海集运拥有150多艘船舶，整体运载能力超过56万标箱，位居世界前10大班轮公司之列。80余条国际、国内集装箱航线遍布全球100多个国家。近年来，成功打造的一系列精品航线使中海集运更具市场竞争力。此外，中海集运已拥有300多个全球代理网点，全面实现了“营销网络化、服务一体化”。

2011年前3季度，由于市场运价的低迷造成了公司收入的下滑，中海集运财务状况有所恶化。1—9月，公司营业收入211.72亿元，同比下降22.64%；归属母公司所有者的净利润亏损15.47亿元，同比大幅下跌146.18%。2012年，由于油价高企，中海集运1季度经营业绩大幅度亏损。营业利润同比增亏14.26亿元，利润总额增亏12.93亿元，净利润增亏13.03亿元。1季度产生14.54亿元净亏损，超过2011年全年亏损额27.43亿的一半。

中海发展股份有限公司是一家跨地区、跨国界经营的大型航运企业，是国内最大的沿海原油和煤炭运输商。中海公司已由地区性航运公司，成长为以油运、煤运为核心业务的远东地区最大航运公司之一，在中国及远东地区航运市场占据了重要地位。公司的前身是上海海兴轮船股份有限公司（下称“海兴轮船”），海兴轮船是国务院证券委员会确定的第二批境外上市试点企业，海兴轮船于1994年11月1日公开发行108000万股H股，并于1994年11月11日在香港联交所上市。

2011年前3季度，中海发展营业收入仍保持稳定增长。1—9月，公司完成营业收入93.05亿元，同比增长9.73%；实现归属于母公司所有者净利润8.36亿元，同比下降42.86%，每股收益0.24元；成本方面，受新加坡380CST燃油价格增长影响，公司燃油成本大幅上升，导致营业成本大幅增长23.51%。

2012年1季度，由于航运市场总体低迷导致运费收入下降，而燃油价格及其他经营成本上涨，导致公司营业利润出现亏损。1—3月，公司利润总额亏损3.13亿元，同比减165.32%；净利润亏损3.05亿元，同比减少177.88%。

（四）航空航运业中央企业的地位和作用

1. 航空运输业中央企业

（1）经济效益

2012年7月26日，交通运输部新闻发言人何建中在例行发布会上表示，受宏观经济影响，上半年，中国航运、港口仍然处于低迷状态，且仍将持续。总体仍表现为“需求放缓，运力增加，成本上涨，运价下降，亏损扩大”的态势，大批中小航运企业存在破产倒闭的风险。

2012年中期，国航、南航及东航三大央企航空公司受国际油价上涨等因素影响，三家企业净利均大幅下滑。三大航企均表示利润降幅均超过了50%。

目前国内航空公司资产负债率高，人民币的贬值导致航空公司的利润下滑，航空公司因购买飞机而背负的债务几乎全部是以外币计价的，其中美元负债占大部分。但是近段时间以来，受全球经济下行的影响，全球风险资产普遍下跌，人民币对美元也一改以往单一升值状态，接连走低。人民币的贬值增加了航空公司的偿付成本，也降低了兑换收益。美元兑人民币汇率下跌曾使国内航空公司的能源成本下降，据悉，人民币兑美元每上升1%，航空公司就减少23亿元的负债。其中仅三大航空公司就可减少13亿元的负债。而近段时间以来，受全球经济下行的影响，全球风险资产普遍下跌，人民币对美元也接连走低。无疑，航空公司能源成本压力骤然加大。

为了减小汇率波动给公司利润带来的风险，航空公司一方面可以积极开拓国际航线，获取外币收入；另一方面可以进行汇率期货对冲或套期保值，降低汇率波动风险。

（2）鼓励民营资本进入民航业

近年来，民间投资在民用航空领域增长迅速，已经进入了除空管以外的所有领域。为鼓励和引导民间资本进入民航业，民航局陆续清理了限制民间资本进入民航业的各项规定，保证民间资本享有公平进入行业的机会。

2012年7月12日，国务院颁布《促进民航业发展的若干意见》，不仅明确要求“适度超前”加强基础设施建设，还要求完善对民航相关财税政策的扶持，并建议设立主体多元化的民航股权投资（基金）企业，拓展民航融资多元化。

在公共航空运输领域，我国具有独立法人资格的航空公司总计46家，其中民营及民营控股航空公司10家。相继引入民间资本共计724亿元。其中，“新

36条”发布后，新设民营航空公司吸引民间资本达15亿元。在通用航空领域，截至2012年7月底，全国持有通用航空经营许可证的企业共有140家，其中民营企业103家，占73.6%。在航空维修领域，民营企业在国内维修单位中占比达到24.1%。

中国民航从仅有的1家局属飞行学校，发展到现在的10家，其中一半是民营投资。全国约14000家航空运输销售代理企业中，民营企业占75%。截至目前，北京、上海、广州等21个旅客吞吐量1000万以上机场的航线，基本都有民营航空运输企业运营。

为落实好鼓励引导民间资本进入民航业的一系列政策措施，民航局还通过加强持续安全监管，引导民营企业完善安全管理体系，建立安全保障财务考核机制。在2011年各航空公司财务考核中，民营航空春秋航空公司获得考核第一名，打破了只有大型国有航空企业才重视安全投入的传统认识。

（3）航空业央企肩负着重大的社会责任

2011年初以来，发生多起需民航派飞机执行的重大紧急航空运输任务，包括紧急撤离我公民、抗震救灾、遣返嫌疑犯、俄罗斯中小学生来华、宗教活动等，中国民用航空局积极配合外交部、公安部、教育部、国家宗教局等部门，协调国航、东航、南航、海航等航空公司派飞机赴13个国家，执行紧急、特殊包机、加班共计252班，圆满完成了各项重大、特殊航空运输任务。

①应急保障方面。

赴海外紧急撤侨任务。2011年1月31日—2月3日，紧急协调国航、东航、南航、海航四家航空公司，共计派出8架飞机赴埃及执行紧急撤离我滞留旅客航空运输任务，共计接回我滞留旅客1796人，其中147名香港同胞。2011年2月23日—3月5日，紧急协调国航、东航、南航、海航四家航空公司，执行国家大规模从利比亚撤离我国公民紧急航空运输任务，共计执行包机91班（182架次），分别赴利比亚、希腊、突尼斯、马耳他、埃及、阿联酋6个国家，接回我国公民26240人。协助外交部、商务部、国资委、中铁建集团等单位，运送工作组4次，运送紧急物资10吨。协助做好外国航空公司运送我国公民保障任务，批复和保障外航包机16班。

抢险救灾任务。2011年3月11日，日本发生强烈地震后，为尽快将我受困公民运回国内，3月16日—3月21日，中国民航除执行300余班定期航班外，又执行加班56班，共计接回66500余人。另外国航派出包机2架运送我15名救援队人员，东航派出1架货运包机运送人道主义救援物资100余吨。

②重大运输任务方面。

2011 年，圆满完成“鑫诺五号”、“尼星 - 1R”和巴基斯坦通信卫星及设备航空运输，朝觐航空运输任务，第二批俄罗斯中小学生来华参加夏令营活动等航空运输保障工作；支持配合公安部执行遣返嫌疑犯任务等。

③上缴税金方面。

2011 年，民航全行业应缴税金 208 亿元，比 2010 年增长 31.7%。

④节能减排方面。

2011 年，航空公司使用临时航线超过 37 万架次，缩短飞行距离 1296 万公里，节约航油消耗 7 万吨，减少二氧化碳排放 22 万吨。全面启动“桥载设备替代飞机 APU”专项工作，三大机场全年节省航油 7.3 万吨，减少二氧化碳排放 23 万吨。

2. 水运业中央企业

（1）经济效益

据交通运输部的《2011 年国内沿海跨省运输干散货船运力和经营者情况分析报告》显示，包括中远、中海和中外运长航在内的几大水运央企在 2011 年的经济效益一般，在国内沿海干散货运输市场的运力投放增长较慢，其运力份额已由“十五”时期的 50% 以上降至去年的不足 20%。统计显示，截至 2011 年底，国内沿海运输万吨以上干散货船共计 1500 艘、4287 万载重吨，比 2010 年底净增 229 艘、834 万载重吨，运力净增长 24.2%。其中，三大航运央企合计拥有沿海万吨以上干散货船 194 艘、851 万载重吨。

除了央企运力份额下降外，报告指出，近年来我国国内沿海干散货运力呈现出新建船舶数量继续高位运行、万吨以上干散货船船龄年轻化趋势明显、地方中小民营航运企业和货主投资设立的航运企业运力大幅增长等特点。此外，由货主投资设立的航运企业在国内航运市场中的份额不断提升，目前货主投资企业拥有的万吨以上干散货船运力总和同样也远超三大央企沿海干散货船运力总和。

近年来，中远、中海、中外运长航等三大央企在国内沿海干散货运输市场的运力投放增长较慢，而地方航运企业，特别是货主投资设立的航运企业及以浙江为代表的地方中小民营航运企业新增运力较多。截至 2011 年底，三大央企合计拥有沿海万吨以上干散货船 194 艘/851 万载重吨，占国内沿海万吨以上干散货船总运力已不足 20%（注：“十五”期间央企在国内沿海干散货运输市场的运力份额在 50% 以上）。地方航运企业中，浙江省拥有沿海万吨以上干散货船运力 1008 万载重吨，超过三大央企的总和，成为第一个沿海干散货运力过千万载重吨的省份。在2009—2011年期间，浙江省航运企业新建万吨以上干散货船564万载重吨，超过中海集团在国内沿海投放的干散货船总运力，占同期全国新建万吨以上干散货船总运力的28.3%。广东省、上海市、江苏省和福建省分别拥有沿海干散货船运力500万载重吨、498万载重吨、410万载重吨和306万载重吨，分列第2~5位。

具体而言，以中远集团为例。2011年虽然世界航运市场不景气，但中远集团仍然为国民经济和社会做出了突出贡献。2011年度中远集团完成海运量44176.32万吨，货运周转量20817.48亿吨海里，集装箱运输市场占有率6.1%、散货市场占有率7.2%，油轮航运市场占有率约为2.1%；是全球第五大码头运营商、第三大租箱公司，泊位排名世界第四，物流业连续六年位居全国物流百强第一；修船业务在国内也处于领先地位。

2011年中远集团利润总额虽然为负，为-371703万元，但仍为政府纳税420351万元，且共实施了社会公益项目30多项，捐赠总额3900多万元，主要项目涉及助学、助医、赈灾、济困、环保等领域。

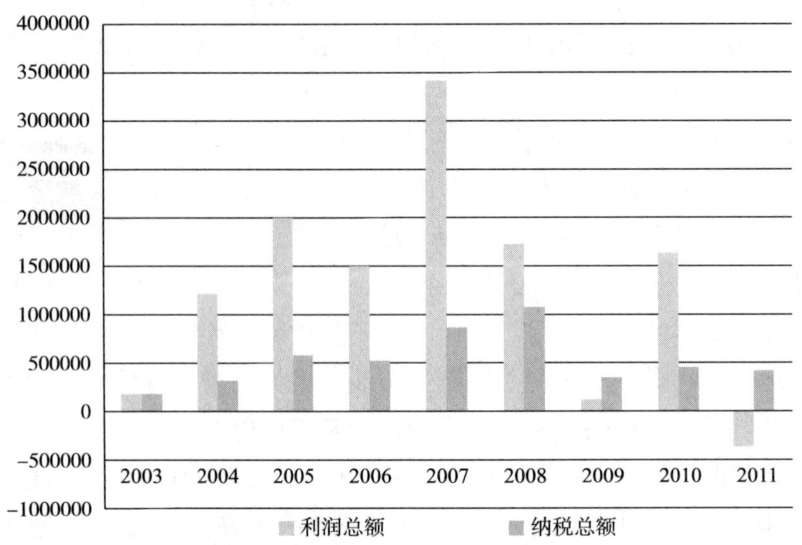

图2-103　中运集团对经民经济和社会的贡献（单位：万元）

（2）社会责任

与航空业类似，航运类央企也肩负着重大的社会责任。以中远为例，2011年初，利比亚局势发生重大变化，在利比亚的3万多中国公民的生命安全受到威胁。中远积极响应中国政府部署，成立了中远撤离海外受困中国公民应急领

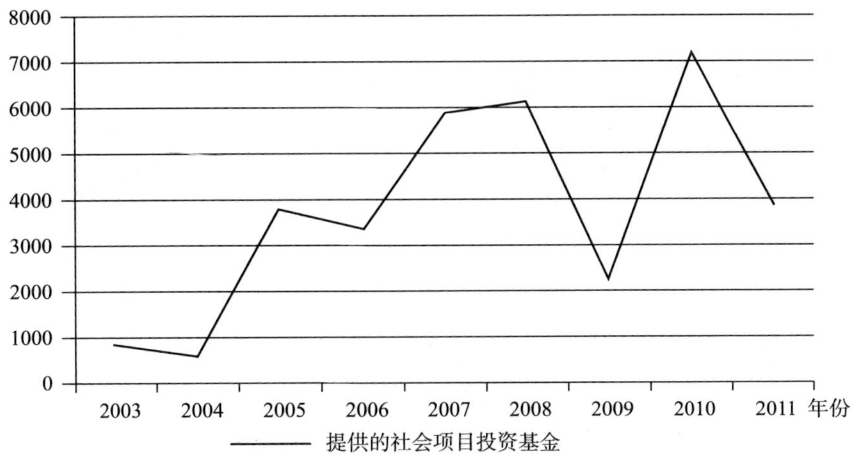

图 2-104 2003—2011 年中远集团的利润、上缴税额和社会项目投资基金趋势对比（单位：万元）

导小组，以中远调度室为中心，中远各相关单位、远洋船舶、部门和个人相继进入应急状态。中远调集在地中海区域航行的 10 余艘船舶，准备参加撤离海外受困中国公民的工作。其中，中远集运“中远上海”轮、“中远青岛”轮、“天福河”轮和香港航运“康诚”轮等四艘船舶驶往指定港口集结待命。中远欧洲公司、中远意大利公司、中远希腊公司也积极协调利比亚当地的代理，为船舶进港接人做好一切准备工作。2 月 25 日，中远集运“天福河”轮接到执行接运中国在利比亚人员任务后，船舶领导高度重视，全体船员上下一心，立即制订工作方案，2 月 27 日 07：45，中远集团所属“天福河”轮载着 559 名中国公民，由利比亚米苏拉塔港起航，经过 535 海里航程、近 42 小时的航行后，安全顺利抵达希腊克里特岛的伊拉克里翁港，圆满完成从利比亚撤离受困中国公民的任务。

2011 年 3 月 11 日，日本东北地方太平洋近海发生 9 级大地震，地震后的海啸引发福岛第一核电站发生核泄漏事故。三一重工应日本东京电力公司请求，决定捐助一台 62 米长臂混凝土高压泵车，用于参与福岛第一核电站的反应堆降温施工。中国远洋“苏州号”国际客货班轮承担并于 3 月 22 日完成该项设备的海上运输任务，本次泵车运输带来了约 20TEU 的集装箱舱位损失，舱位损失费 6 万美元左右，运输费用作为公司对日本受灾地区的捐助。

第三篇

关于中央企业经济运行的思考与展望

一、对中央企业发展相关问题的思考

（一）对“国进民退”的思考

“国进民退”是从2002年开始的中国经济增长周期中一个被频频提及的现象。而随着2008年9月全球金融危机的爆发，随着政府刺激经济计划的出台，它在瞬间被放大，成为社会热议的焦点。

2012年4月1日，中华民营企业联合会会长保育钧在“博鳌亚洲论坛2012年年会”上表示，金融危机冲击下，4万亿元的投资带来了很大的副作用，强化了权力配置资源，对民企不利。因此民企希望政府加快改革，不要“国退民进”。国际形势外需下降内需不足，需要中国启动民间资本。按照国家发改委要求，2012年的固定资产投资要增长16%，即投资36万亿元。而中央财政只能拿4020亿元，大量的钱靠地方政府。2012年的民间投资如果达不到20万亿元，中国GDP增长7.5%很难完成。所以，保育钧认为，在这种情况下，大量的投资机会涌现出来，“新36条”和这次“两会”上报告的进一步放宽民间投资这个领域，在铁路、市政、金融、能源、电信、教育、医疗几个方面要大力吸收民间投资。他希望金融业向民间资本开放，希望能源、电信、教育、医疗、市政项目进一步向民间资本开放。但同时，保育钧也称，要认真贯彻新36条，应当让民资进入垄断性产业。民营企业和国有企业公平竞争应当用市场的办法而非权力配置。

1. 何谓“国进民退”

要研究“国进民退”这一经济现象，首先要正本清源，界定“国进民退”的具体内涵。在这一基础能才能明晰研究的具体结论。否则建立在一个模糊概念的研究只能得出一个似是而非的结论。就目前来看，对“国进民退”尚无一个学界一致认可的定义。

从微观经济角度而言，有的把“国进民退”简单理解为国有企业兼并收购民营企业的行为，有的把“国进民退”理解为国有资本对民营资本在某些产业领域比重的相对扩大。从宏观角度而言，有的把“国进民退”认作是一种“国有化”趋势。有的把“国进民退”理解为政府对经济调控加强。这些概念大体上可以归纳为“国进民退”的狭义和广义理解。狭义的“国进民退”指国有经济在某一或某些产业领域市场份额的扩大，相应的民营企业在该领域市场份额的缩小甚至退出。广义的“国进民退”则不仅包括上述内容，还包括政府对经济调控力度的加强。狭义的定义仅是对“国进民退”这一经济现象的具体描述，而广义的“国进民退”定义则更为准确，明确了政府主导下的“国进民退”内涵，这一内涵才具有研究的意义和价值。不过笔者觉得对广义的定义适当调整，会让“国进民退”的内涵更加清晰。“国进民退”是一种在政府主导下旨在加强对经济宏观调控力度所导致的国有资本对民营资本在某一或某些产业领域比重相对扩大的一种现象。一旦将“国进民退”限制在这一定义框架内，目前有关“国进民退”的争论实在可以偃旗息鼓了。

2. 关于“国进民退”问题的争论

学者们对“国进民退”理解各异，学界有关“国进民退”分成了泾渭分明的两派，两派就中国是否存在“国进民退”展开了激烈的讨论。

（1）正方：现今中国存在“国进民退”

吴晓波认为①，所谓的“国进民退”其实具有三个特征，一是“资源垄断”，二是“楚河汉界”，三是“玻璃门现象”。他认为，中国国有资本在资源性、能源性领域中大规模跃进的景象是明显的，其表现有四个方面：第一，在钢铁、煤炭、航空、金融等资源性领域中，民营资本被挤出的现象很严重，比如山东日照钢铁案和山西煤矿整顿；第二，在4万亿振兴计划中，国有资本受到倾斜；第三，大量中央企业进入到地产领域，造就“地王现象”；第四，互联网领域的民资甚多，但也出现了国企设置准入门槛以及并购进入现象。所以“国进民退”并不发生在所有的行业中。比如，从2001年之后，国有资本几乎就没有进入到食品饮料、纺织服装、家用电器等行业中。当今中国的产业界，实际上已经出现了“楚河汉界”的景象：国有企业集团聚集在少数上游产业，并逐渐形成了寡头垄断的地位，其数量在逐渐减少，但是赢利能力则迅猛增加。这样的垄断程度和效率的提高不是市场竞争的结果而是行政、金融管制和微观干预的力量。大量民资被限制在下游产业，向上游挺进面临政策性限制。

（2）反方：现在中国不存在“国进民退”

2012年1—6月，民间固定资产投资93657亿元，同比增长25.8%，高于同

① 资料来源：《金融时报》中文网。

期固定资产投资（不含农户）增速5.4个百分点。民间固定资产投资占固定资产投资（不含农户）的比重为62.1%。国资委前主任李荣融认为，国有工业企业的市场比例正在下降：1998年到2010年间，国有企业的户数占比从39%下降到4.5%；主营业务收入占比从52%下降到27%；利润总额从36%降至27.8%；从业人数从60.5%下降到19.2%，贡献的税收从65.5%下降到37.2%。基于上述数据，李荣融还说，这些年，民进的步伐要比国退快，而同期，针对国企推出的相关政策几乎没有。事实上，从2006年开始，民企占据的资产总额比例已经过半，超过国企占据市场主力。针对国企与民企协调发展的关系，李荣融表示将国企比作科比。“湖人队能没有科比吗？光靠科比之外的其他人，能成为湖人队吗？”李荣融表示，国企在企业中的作用相当于明星，要在国际市场产生竞争力，光靠民企是不行的。事实上，除了一定程度的垄断性质外，国企的公司管理结构复杂，导致效率低下，这也被诟病为造成国有资产的浪费。对此，李荣融表示，“国企成在改革，要继续发展，就要继续深化改革”。他认为，深化国企改革，最要紧的一个方面在于国企的公司治理结构改革。其中，应当设立董事会，让董事会成为决策和讨论机构。他还强调，当前的国有资产管理体制还需进一步完善和强化。

3. 真的存在“国进民退”吗

有关是否存在“国进民退”，现在仍无定论。北京大学国家发展研究院院长周其仁表示，要慎下“国进民退”的结论，是否存在传统意义上的“国进民退”现象，要对具体的案例进行具体的研究剖析，到底这是双方自愿的市场化行为，还是由于政府的强迫。他认为，市场竞争之下，任何市场主体都有进或退的可能性；不管是“国进”还是“国退”，对于民营企业来说，寻求产品与商业模式的独特性与创新性，是任何年代、任何形势下不二的成功法则。

（1）官方观点

2011年3月14日，国务院总理温家宝表示，不存在“国进民退”的问题。他表示，我们的方针是要实现、巩固和发展公有制经济，同时支持、鼓励和引导非公经济的发展，两个毫不动摇。中国在2005年出台了支持、鼓励和引导非公经济的36条。去年又出台了鼓励和引导民营资本投资的36条。无论在法律层面，还是在政策层面，无论是在财税金融政策，还是在准入政策上，对不同所有制的企业都应该一视同仁，鼓励相互竞争，共同发展。“玻璃门”现象是落实不够的缘故。后一个36条其实是对第一个36条的补充，它在政策和准入的细节上都作了许多明确的规定。这两个文件将会进一步推进非公经济的发展。目前不存在所谓“国进民退”的问题，同样也不存在“民进国退”的问题。应该说，30 多年的改革开放，国有经济和个体私营经济都有了很大的发展。在全国的固定资产投资当中，民间投资已经超过 50%。在工业企业当中，无论从数量、产值、资产总量还是就业人数，都超过了国有企业，这是一个事实。①

国资委前主任李荣融认为，在垄断问题上央企背了黑锅。中国企业的垄断，是自然垄断多，不是企业自己用垄断去控制价格、控制市场，他认为，中石油、中石化等能源企业并无法垄断中国市场，因为价格是国家有关部门定的，不是他们自己定的。他认为给中石油、中石化这样的企业扣上一个企业垄断的帽子是不公平的。1998 年到 2010 年间，国有企业的户数占比从 39% 下降到 4.5%；主营业务收入占比从 52% 下降到 27%；利润总额从 36% 降至 27.8%；从业人数从 60.5% 下降到 19.2%，贡献的税收从 65.5% 下降到 37.2%。

国资委副主任邵宁认为，大型国企改革的方向是上市。邵宁解释道，“就是通过资本市场把现在的国有企业改造成为上市公司，让它成为市场竞争主体，独立承担民事责任，这就是公众化的方向”。他提及，现在中央企业 60% 以上的净资产都已经进入上市公司。美国曾提出中国政府给企业，尤其是大型国企很多补贴，这是不正当竞争。针对这一说法，邵宁强调两点：中国国有企业改革的一个重要方向是切断政府和国有企业的财务关系，切断补贴渠道。这个“切断”实际上在 20 世纪 90 年代就已实现，进行了财政体制改革，建立公共财政制度。正因为当时财政改革切断政府补贴，迫使 5000 户国有大中型困难企业破产，破产是非常难的事情。在谈到国企市场化时，邵宁称，中国国有企业改革的另外一个方面是使国有企业彻底市场化。20 世纪末，国有中小企业彻底民营化、市场化。所以，现在在中小企业层面已经没有国有企业。

“实际上欧洲的国有企业改革大概也是这么一个路子。若干年后，当这项任务完成之后，大家会发现中国国有大型企业都变成龙头公司了。目前我们在这个方向上进展还是比较大的，现在中央企业 60% 以上的净资产都已经进入上市公司了，所以这个方向可以看得非常清楚。”邵宁表示，“美方有时候会有一些想法，这可能是美国离中国太远了，有些中国发生的事，美方可能知道得并不是特别清楚。”

---

① 资料来源：新华网。

（2）民间观点

胡鞍钢认为，“国进民退”是一个伪命题①。所谓“伪命题”是指不真实的命题。所谓不真实，有两种情况：其一是不符合客观事实；其二是不符合一般事理逻辑和科学道理。“国进民退”就是一个典型的伪命题，它的不真实性源自不符合客观事实，并不能代表中国经济改革的基本趋势和基本事实。

“国进民退”的隐含前提是零和博弈，即国企和民企的同时存在意味着一方的收益由另一方的损失来承担。但事实上，国有经济与非国有经济都是中国社会主义市场经济体系的重要组成部分，两者的关系并非是相互对立、此消彼长，而是相互促进、协同发展。从中国经济的发展实绩上看，“国进民退”的描述不仅不准确，而且逻辑命题本身就是一个伪命题。国有经济和非国有经济共同发展、共同繁荣才是中国经济的基本特征，正是国有经济和非国有经济“两条腿”齐步并进才保证了中国经济的高速、稳定、健康增长，取得了比单纯依赖国有企业或非国有企业“一条腿”模式的经济体更好的发展绩效，特别是在近期的国际金融危机中，私营企业和国有企业的快速调整，带动中国率先走出经济危机的阴影。

如何界定“国进民退”，在理论界并没有明确的定义和普遍的共识，因为缺乏客观统计数据的支撑，也缺乏专业化的科学分析，不能把非专业的传说当做中国经济改革的负面效果。

从企业数量上看，不存在所谓的“国进民退”：规模以上国有工业单位在全部工业单位中的比重，从 1978 年的 1/4（为 24.0%）下降至 1997 年的 1/5（18.7%）。从 1998 年以后按新口径计算，在 1998—2010 年间，全国国有及国有控股工业企业户数从 6.47 万家减少至 2.03 万家，只相当于 1957 年（4.96 万家）的 40% 左右，占全国工业企业数的比重从 39.22% 下降到 4.47%（见图 1）。与此同时，规模以上私营工业企业户数从 1998 年的 1.07 万家增加到 2010 年的 27.23 万家，占全国工业企业数的比重从 6.46% 上升到 60.34%，私营企业的扩张速度十分惊人。从企业数量上看，不仅不是“国（上）升民（下）降”，反而是“国（下）降民（上）升”。

从就业人数上看，不存在所谓的“国进民退”：规模以上国有工业企业职工数占工业就业人数的比重在 1978 年为 76.2%，而后绝对数上升，由 3319 万人上升至 1991 年的最高峰 4472 万人，而后开始下降到 1997 年为 4040 万人，但占工

① 资料来源：国资委网站，《国家行政学院学报》。

业企业就业人数比重开始下降，到1997年时已下降至65.0%。按新口径计算，1998年以后国有及国有控股工业企业从业人员从3748万人下降到2010年的1886万人，总量减少了一半，其占规模以上工业企业从业人员比重也从57.2%下降到2010年的19.2%。与此同时，私营企业就业人数从1998年的161万人增加到2010年的3312万人，扩大了20倍，其占规模以上工业企业从业人员比重也从2.5%增长到2010年的34.7%，展现了私营企业极强的就业创造能力，其就业创造增长率显著高于其产值增长率和利润增长率。从就业规模上看，不仅不是“国增（加）民减（少）”，反而是“国减（少）民增（加）”。

从企业产值上看，不存在所谓的“国进民退”：规模以上国有工业企业的总产值占全部规模以上工业企业总产值的比重从1978年的77.63%下降到1997年的31.62%；按国有及国有控股工业企业占大规模以上工业企业的总产值比重口径计算，国有及国有控股工业企业总产值占全部规模以上工业企业总产值的比重从1998年的49.6%下降到2010年的26.6%；而同期的私营规模以上工业企业的总产值占比从1998年的3.1%上升到2010年的30.5%，占比扩大了10倍。自2009年起，私营规模以上工业企业的产值总额已经超过国有及国有控股企业。从企业产值比重看，不仅不是“国进民退”，反而是“国退民进”。

从企业利润上看，不存在所谓的“国进民退”：与企业产值的趋势类似，国有规模以上工业企业的利润总额占规模以上工业企业利润总额的比例在1978年后呈显著下降趋势，从1978年的85.0%，下降到1997年的26.0%，利用1998年后使用的新统计口径计算，除在1998—2000年间有小幅上升外，在2010年已下降到27.8%。但与此同时，私营规模以上工业企业的利润总额占比则从1998年的4.6%上升2010年的28.5%。从企业利润占比和产值占比的比较看，国有及国有控股企业与私营企业的效益水平大体相当，没有明显差别。其中2010年国有及国有控股企业平均利润率与私营企业之比为1∶0.89。从利润水平上看，“国进民退”的命题仍然不能成立。

从税收及公共财政资源的贡献上看，不存在所谓的“国进民退”（或称“国降民升”或“国少民多”）：按照“国进民退”的逻辑，国有企业享受了优惠待遇，而民营企业则面临相对苛刻的政策环境，表现在税收上，则是国有企业的低税负和民营企业的高税负。但从规模以上工业企业的税收贡献水平上看，这样的判断并不能成立。尽管国有及国有控股企业无论是在工业总产值，还是在利润总额上在近年都不及私营企业，但国有及国有控股企业占规模以上工业企业的主营业务税收总额和应交增值税要明显高于私营企业。在2010年，规模以上工业企业主营业务税金及附加总额中有71.7%由国有及国有控股企业贡献，私营企业的贡献仅为14.6%；全部应交增值税中，国有及国有控股企业的贡献为37.2%，私营企业的贡献为27.0%。2007年出台的新企业所得税制度和增值税改革试点，已大幅降低了私营企业的总体税负，可以看到，国有及国有控股企业主营业务税金及附加贡献率由2007年的61.8%上升到2008年的68.9%，并进一步上升，而私营企业则从2007年的17.9%下降到2008年的14.6%。从2012年1月开始实行的增值税扩围试点也将更加有利于改善私营企业的经营环境，进一步降低税收负担，提高综合利润水平。

此外，中央财政从2007年开始编制的国有资本经营预算，对国有企业的经营收益进行再分配，充分体现了国有资本由全体国民所有，国有资本经营收益全民受益的原则。2011年，中央国有资本经营收入预算数达到844.39亿元，由中央财政统筹使用，其中调出资金40亿元，纳入公共财政预算，用于支持社保等民生事业发展。地方政府也仿照中央模式，编制本地的国有资本经营预算，越来越多的国有企业经营收益被纳入到地方公共财政资源中，由地方财政通盘统筹、综合使用。国有企业对公共财政的贡献水平越来越高，充分体现了国有经济全民所有、全民所用的基本特征。从对公共财政的贡献上看，国有及国有控股企业仍是公共财政资源的贡献主体，与国有和非国有企业占产值或利润的比例相比，没有出现所谓的“国降民升”或“国少民多”的现象。

从国民经济角度看，农业主要是以农民个体和私人为主，服务业缺少详细分析的分类数据，只有在工业领域有相关的数据。为此，我们只能分析工业领域，即使如此也缺少规模以下企业的详细数据，这些企业基本上是私人企业或个体工商户。换言之，当考虑到这部分企业的话，国有工业企业的比重还会更低。

（3）“国进民也进”①

党的“十六大”报告明确提出，坚持和完善公有制为主体、多种所有制经济共同发展的基本经济制度。中国社会科学院学部委员、马克思主义研究院院长程恩富认为，中国经济的巨大变化离不开基本经济制度，“两个毫不动摇”夯实了中国经济发展的根基，为增强经济内在活力、动力提供了不竭源泉。“自党的十六大以来，我国国有经济逐步摆脱了经营困境，总体上形成了又好又快发展的新局面。中国现在国有企业的数量和比重虽然已经大幅度下降，但国有经

① 资料来源：《光明日报》，2012年7月12日。

济的整体素质和实力大大增强。”2002 年到 2011 年，国有企业上缴的税金总额由 2926.8 亿元增加到 16803.9 亿元，国资委管理的中央企业的营业收入由 3.36 万亿元提高到 20.2 万亿元，国有企业的利润总额由 2636 亿元上升到 14989 亿元。

中国民营经济总量已占到 GDP 的 50% 以上。2011 年 1—4 月，国有及国有控股企业投资占总投资的 35.1%，民间投资占 57.7%。与 2003 年到 2010 年平均值相比，政府投资占比下降了 8.3 个百分点，民间投资增加了 22.5 个百分点。国有经济参与市场竞争，是从战略性对其布局和结构进行不断调整的必然。“从国有经济的进退来看，我国国有经济并没有只进不退。相反，随着改革的推进，部分由国有经济经营的部门正在逐步向民营经济开放。与此同时，针对社会对国有企业普遍意见较大的领域，如央企参与土地竞价等方面，还出台了限制性措施，推动其从相关领域的退出，因此，并不存在所谓‘国进民退’的问题。”程恩富还指出，从我国国有经济改革发展的较长期的一般趋势来看，国有企业无论从数量还是从其占全部经济总量的比重看，基本上是处于一种下降趋势。程恩富认为，面对世界跨国公司和垄断资本的激烈竞争，国有企业、集体企业、民营企业除了互相竞争之外，还应采取各种联合、合作的态度。例如，在总量上，国有经济与私有经济不是此长彼消、此消彼长的关系，而应该是共同发展、“国进民也进”的关系，双方都应做大、做优、做强。在产业部门的布局结构和产业链分工协作上，在更适合国有企业的领域以国有企业为主体，在更适合私有企业的产业则以私营企业为主体，能够在竞争性领域生存和发展的国有企业，应该让其做大做强；合理放开对非国有企业的限制，让私有和混合所有制企业进入更多产业领域，对国有企业形成竞争压力，更好地发挥市场竞争优胜劣汰的作用。

（4）金融体制的影响

我国的金融体制环境，一直以来都是优待国有企业。在金融危机的背景下，这种优待更加明显。2008 年上半年，为了应对经济过热、流动性过剩的问题，监管部门对金融机构贷款规模加以限制，以民营企业为主体的中小企业受到金融收缩的影响最显著。而到了 2008 年下半年，政府为了应对金融危机、经济下滑，开始实行宽松信贷政策，2009 年一季度，贷款规模高达 4 万多亿元，但是大部分贷款都流向了“铁（路）、公（路）、机（场）”等大项目以及房地产开发，中小民营企业依然感受不到政策倾斜。

腾讯的网络调查显示，金融危机和 4 万亿元投资和“国进民退”以及民营经济陷入困境的主要原因上，86.25%的网友认为是“资源配置不公正、民企进入门槛高”。2012博鳌亚洲论坛1—3日在海南博鳌举行，中华民营企业联合会会长保育钧在民营企业家圆桌会议上表示，民间投资增加、民营企业增长不能说明不存在国进民退，是不是国进民退，看配置资源。

2011年11月11日，中国经济改革研究基金会理事长、国民经济研究所所长樊纲在4月2日的“就业与增长”分论坛上说，中小企业仍是创造就业岗位的重要力量和来源，要解决其一直存在的融资难“瓶颈”，温州金融试点是好兆头。在我国70%的劳动力未受过高等教育的背景下，中小型企业仍是创造就业岗位的重要力量和来源，但融资难却是中小企业发展的普遍“瓶颈”。据银监会测算，银行对大企业贷款覆盖率为100%，中型企业为90%，小型微型企业仅20%。同时，小型微型企业融资成本较高，个别获得贷款的利率也远高于银行基准利率。通过资本市场直接融资，小微企业基本无缘，发行中小企业集合债券条件更不成熟。

樊纲认为，随着近年一些非政府、非国有的小型的金融机构的逐步地发展，为中小型企业提供更多的融资机会。同时，银行业的贷款利率也更加灵活，中小企业可以通过支付更高的利息获得贷款，给中小企业创造了较好的融资机制。同时，国家也促使非正式的金融行业逐步走向正规，近期的温州金融试点，如制定民间融资管理办法，发展新型金融组织，开展个人境外直接投资试点等，是一个好兆头，将非正式金融机构慢慢纳入正式金融系统中，对中小企业的融资发展是个利好消息。

（二）如何实现经济目标和社会目标的平衡

中央企业的特殊地位决定中央企业社会责任问题不仅仅是中央企业自身的事情，更是关乎整个国家经济社会发展历史进程的重大战略问题。因此，唯有立足战略和全局的高度，才可能全面而深刻地理解中央企业社会责任的内涵与外延，才可能科学有效地引导中央企业的社会责任实践，才可能充分发挥中央企业履行社会责任的表率和示范作用。

1. 坚持科学、统一的社会责任判断标准是正确理解中央企业社会责任的首要问题

企业社会责任（Corporate Social Responsibility，简称CSR）是指企业在创造利润、对股东承担法律责任的同时，还要承担对员工、消费者、社区和环境的责任。西方社会早在20世纪20年代就已经提出“公司社会责任”的概念。

1975 年，Davis 和 Blomstrom 在《经济与社会：环境与责任》一书中认为：“社会责任是指决策制定者在促进自身利益的同时，采取措施保护和增进社会整体利益的义务”。之所以要提出企业的社会责任，是因为企业的经营活动总是处于一定的环境之中，企业的外部不经济，导致整个社会环境的恶化，短时间来看，企业无需为此付出成本，但从长远来看，终将受到这一结果的影响。举例来讲，中国提出“走出去”战略，许多企业必做的功课之一就是融入当地社会，其中就包括了对企业责任的理解和执行。不少企业还定期拨款，赞助当地的公益和文化事业，以求塑造公司良好形象，许多在华跨国公司也采取了类似做法。在中国提出转型的今天，倡导企业注重社会责任，对整个社会以及企业自身的可持续发展无疑有着重要意义。从这一点来讲，企业社会责任不仅仅是央企需要完成的任务。实际上，越来越多的企业开始提出并践行这一理念。但从央企已经发布的企业责任报告或可持续发展报告来看，专家认为大多数报告负面数据和信息披露不足。结合本届论坛的主题来看，中国企业社会责任只是刚刚起步。

2. 深刻认识国有企业的性质和目标是理性把握中央企业社会责任问题的基本前提

2008 年国资委颁布了《关于中央企业履行社会责任的指导意见》（以下简称《指导意见》）。《指导意见》顺应国际国内企业履行社会责任的发展趋势，广泛听取、吸收了专家学者和社会各个方面的意见和建议，体现了各利益相关方对中央企业履行社会责任的要求和期望。企业履行社会责任，是要自觉遵守法律法规、社会规范和商业道德，在追求经济效益的同时，对股东、职工、消费者、供应商、社区等利益相关者和自然环境负责，实现企业和社会、环境的全面协调可持续发展。中央企业是我国国民经济的骨干力量，在经济社会发展中具有重要地位和作用，中央企业积极履行社会责任具有十分重要的现实意义。

3. 多视角、全方位地确定社会责任内容边界是深入研究中央企业社会责任的关键问题

确定社会责任内容边界既是中央企业履行社会责任的基础和前提，也是中央企业社会责任问题研究取得突破的关键之点。当前，中央企业在界定社会责任内容边界时存在着“泛化”与“窄化”两种倾向。前者将企业社会责任看成一个“大箩筐”，所有社会期望和要求都筐入其中，造成责任内容极其模糊；后者将企业社会责任看做一种“利他”行为，狭隘地将责任内容界定为道德责任与慈善责任，造成履责实践的偏颇。显然，这两种倾向在现实中都是不可取的。我们认为，确定中央企业社会责任的具体内容，必须以促进社会资源的更优配置为标准，将国情、企业实际和社会的不同发展阶段紧密结合起来。

中央企业只有立足于企业与社会的关系，从社会分工大格局和企业发展的社会价值出发，着眼于发挥企业与利益相关方的优势，在市场分工、经济社会发展全局和经济全球化进程中定位企业的角色、使命和核心责任，才有可能最大限度地创造社会福利。理论上来说，中央企业对社会的首要贡献是确保企业的核心社会功能的实现，即企业所提供的产品或服务所产生的贡献，企业对社会的最直接影响也与产品或服务紧密相关。因此，中央企业的核心社会责任是更好地发挥核心社会功能。与此同时，中央企业要对每一利益相关方承担遵守法律法规的责任、遵守社会道德的责任、实现合作共赢的责任、激发社会价值创造潜能的责任。

当然，中央企业社会责任的具体内容在不同的发展阶段和不同的社会环境中各不相同。中央企业在实践中应以理论上的内容边界为基础，立足国情和社会发展阶段，充分考虑企业的自身特点，理性地、清晰地界定自身应当承担的社会责任具体内容，并依据社会发展环境的变化及时调整责任内容，防止企业资源投向的随意性和无效性，充分发挥企业发展的价值创造潜力，促进社会资源的优化配置。特别是，中央企业在确定社会责任具体内容时不仅要遵循一般企业社会责任的发展规律，更要重点分析其作为国有独资企业所承担的“特殊使命”，而且还要从“历史发展的视角”来审视社会责任内容的合理性和必然性。

4. 基于整体、个体及企业领导层三个视角是全面分析中央企业社会责任内容边界的有效范式

按照美国经济学家伍德的观点，理解企业社会责任要从概念上区分三个层次：社会对企业作为经济组织整体的行为预期；社会对企业作为特定个体的行为预期；社会对企业管理层的行为预期。这三方面既相互区别又相互联系，可分别划分为制度层次、组织层次和个人层次。根据这一范式，确定中央企业社会责任的具体内容需要划分为中央企业作为整体、特定个体以及中央企业领导层等三个层次予以研究。

对于中央企业整体而言，必须着眼于服务国家经济社会发展的全局，立足推动我国经济社会环境全面协调可持续发展的高度，来界定中央企业的社会角色、历史使命和具体责任。中央企业履行社会责任，必须立足于适应和促进社会资源的更优配置，来不断调整中央企业的整体布局和战略性结构，以充分发挥市场配置资源的基础性作用，促进国家宏观调控的有效实施，有效地弥补

“市场失灵”和“政府失灵”，推动人与人、人与自然的和谐发展，最大限度地创造社会福利。

对于单个中央企业而言，必须着眼于转变企业发展方式和管理模式，统筹考虑利益相关方期望，凝聚和发挥可持续发展合力，努力创造企业发展的经济、社会和环境的综合价值最大化的要求，来界定自身的社会角色、历史使命和社会责任。每一个中央企业都要努力转变单纯追求利润目标的传统管理模式，深刻认识企业的社会功能和核心业务的社会价值，统筹平衡不同相关方的利益诉求，统筹平衡短期利益和长期利益，统筹平衡经济、社会和环境价值。对于中央企业领导层来说，企业社会责任是对领导人转变思维方式和行为方式，提升推进可持续发展的能力与水平的重大挑战，必须着眼于转变理念，提升能力，促进创新，应对挑战的视角，系统定位自身的使命和责任。中央企业领导层，特别是主要负责人必须努力树立起社会价值创造标准、利益相关方视野、沟通合作思维等符合社会责任要求的思维方式，促进建设社会责任治理机制、组织领导体系和制度体系。

5. 中央企业逐年提升社会责任意识和水平

2012 年 7 月 21 日，北京遭受“7・21”特大自然灾害袭击，房山区受灾最为严重。得知此情况后，中粮集团第一时间采取行动，集团党组成员、直属党委书记、工会主席姜华立即召开由中粮置地、中国粮油、中国食品、党群工作部等单位负责人参加的赈灾紧急动员会，安排部署赈灾事宜。继中国食品五谷道场食品公司作为北京应急储备单位，先期运到灾区价值 36.9 万元的 8180 余箱共 4 车五谷道场方便面后，7 月 26 日，满载着中粮集团全体员工深情厚谊的福临门食用油、香雪挂面、金花优质东北大米、五谷道场方便面、冰露矿泉水和蒙牛牛奶等共 4 车赈灾物资，在中粮置地的组织下，在中国粮油、中国食品和蒙牛乳业等单位的大力配合下，送到了房山区琉璃河镇灾民手中。天灾无情人有情，中粮集团献爱心。本次赈灾行动，是中粮集团践行国有企业社会责任的又一次实际行动。无论在“5・12”汶川特大地震，还是在玉树地震等自然灾害面前，中粮集团始终不遗余力，发扬“一方受灾，八方支援”的精神，为尽快恢复灾区人民的正常生产生活，重建美好家园做出了积极贡献。

据不完全统计，自 2010 年胡锦涛总书记就学习、宣传郭明义同志先进事迹作出重要指示以来，中央电视台《新闻联播》、《焦点访谈》、《新闻 1+1》、《面对面》等著名栏目都在聚焦鞍钢，锁定郭明义。仅《新闻联播》一个栏目就已累计播出相关报道 50 余篇，平均每月两篇。2010 年刚过，身穿带有“鞍钢集团公司”标识工作服的郭明义登上了“感动中国”的舞台；2011 年央视春晚，郭明义还是身穿这身工作服，作为全国模范人物代表，向亿万观众发出了新春的问候。2011 年 2 月，在拍摄在美国纽约时代广场上播放的《中国国家形象宣传片》时，依然身着带有“鞍钢集团公司”字样工作服的郭明义说，在国内，大家知道我是鞍钢人。作为鞍钢文化的“有形载体”，郭明义出现在哪里，就把鞍钢的美名留在哪里。一些资深的媒体人得出这样的结论：是鞍钢这片英模辈出的沃土及其厚重的企业文化造就了郭明义，郭明义作为全民认知、彰显企业文化软实力的生动载体，对提升鞍钢品牌的影响力和美誉度发挥了极为重要的作用。在微博世界中，郭明义已然成为一名备受关注的明星。透过微博，更多的人走近郭明义，走进他成长的沃土；透过微博，郭明义唤起民众心底的善良，汇成爱的大潮；也是透过微博，郭明义引导大家对公众道德事件深入探讨，匡扶正气。

2012 年 7 月 18 日，中国联通与第十二届全运会组委会在沈阳举行合作伙伴签约仪式。中国联通将出资 9000 万元支持第十二届全运会的举办。辽宁省省长陈政高出席签字仪式，中国联通副总经理姜正新与辽宁省副省长滕卫平在协议上签字。全运会是我国规模最大的全国性大型综合性运动会，中国联通签约本届全运会，将承担重大的社会责任，同时也将通过与全运会主办方联手市场开发，开展系列商业性、公益性活动，全面展示中国联通的企业形象、产品和服务，从而获得巨大的发展机遇。辽宁联通将负责十二届全运会信息系统枢纽工程及各比赛场馆宽带接入网络建设。赛事期间将承担十二届全运会涉及辽宁省 14 个地市 60 个体育场馆的赛事通信保障和综合信息服务任务。将为全运会提供视频会议、竞赛信息传送、高速互联网接入、广电部门视频信号传送等综合通信业务，全面满足组委会和赛事期间的通信调度、赛事组织、应急演练、媒体传播、驻场服务等需要。

二、中央企业的产业发展展望

从目前情况来看，中央企业的产业发展呈现出如下基本趋势和特征：

第一，2011 年各级国资委和广大国有企业认真贯彻落实党中央、国务院一系列战略部署，积极应对复杂多变的经济形势，切实采取有力有效的措施，国有经济实现了平稳较快发展。1—11 月，全国国资委系统监管企业累计实现营业收入 30. 8 万亿元，同比增长 23. 9%；实现净利润 1. 4 万亿元，同比增长 10. 5%；上缴税金 2. 2 万亿元，同比增长 22. 6%。中央企业和地方国资委监管的国有企业主要经济指标均创历史新高。

第二，行业区别对待特征明显。根据国家对国有资本调整的思路，将在军工、电力、煤炭、航空、航运、电信、石油石化等七大行业保持国有经济的绝对控制力，这些行业中目前有 40 多家 A 级中央企业。目前这七大行业内的央企在本行业内都具有一定的集中度，特别是军工、航空、电信及石油石化四大行业的央企集中度估计都超过 70%，只有航运和煤炭行业的集中度较低。

（一）竞争性产业中央企业发展展望

一般竞争性产业是指同一产业有众多厂商基本可以自由进出，产品基本无差别、信息通畅、企业间激烈竞争，并且一般不会对经济和社会活动产生大的冲击的行业。这些行业包括传统意义上的第三产业和部分第二产业，如钢铁、煤炭、金融服务、零售、交通运输、房地产等行业。从竞争性产业的长远发展来看，对于中央企业的未来发展进行展望，可以得出如下两点基本结论：

第一，中央企业从本质上与竞争性产业具有不相容性，这种不相容性决定了中央企业不适宜过度参与竞争性产业。在国有企业改革之前，中央企业面临的最大问题有两个，一个是所有者虚无与竞争性行业中企业产权主体十分明确之间的矛盾，另一个是产权固定与竞争性行业中产权可自由交易和让渡之间的矛盾。随着国有企业改革的逐步推进，第一个问题得到了一定程度的解决，这种解决是与中央企业上市密不可分的，但第二个问题并没有解决，因此上述提到的不相容性并没有得到真正解决。在垄断产业上这两个问题并不十分突出，但在竞争性行业中，可替代产品和可替代企业数量十分庞大，加之并无严格的进入退出壁垒，这种不相容性就突出的体现出来。但并非意味中央企业完全不能涉足竞争性行业，因为竞争性行业中也存在一少部分涉及行政垄断的部分，例如金融服务等。只要中央企业不过度涉足竞争性产业的发展，则不会面临巨大的市场风险，国家资产就能得到较为妥善的保护和增值。

在钢铁行业，2011 年 10 月 24 日，工信部制定了《钢铁工业“十二五”发展规划》。其中的目标包括大幅度减少钢铁企业数量，国内排名前 10 位的钢铁企业集团钢产量占全国总量的比例由 48.6% 提高到 60% 左右；淘汰落后生产能力；营造公平竞争的市场环境，充分发挥市场配置资源的基础性作用，加强和改善宏观调控。规范钢铁行业生产经营秩序，完善钢铁工业市场进入和退出机制，营造各种所有制钢铁企业依法平等使用生产要素、公平参与市场竞争的市场环境；加快兼并重组，按照市场化运作、企业为主体、政府引导的原则，以符合国家钢铁产业政策和《钢铁行业生产经营规范条件》的企业为兼并重组主体，结合淘汰落后、技术改造和优化布局，加快钢铁企业兼并重组步伐。鼓励社会资本参与国有钢铁企业兼并重组。重点支持优势大型钢铁企业开展跨地区、跨所有制兼并重组。充分发挥宝钢、鞍钢、武钢、首钢等大型钢铁企业集团的带动作用，形成 3 ~5 家具有核心竞争力和较强国际影响的企业集团。重点推进完善鞍钢与攀钢、本钢、三钢等企业，宝钢与广东钢铁企业，武钢与云南、广西钢铁企业，首钢与吉林、贵州、山西等地钢铁企业兼并重组。积极支持区域优势钢铁企业兼并重组，大幅减少钢铁企业数量，促进区域钢铁企业加快产业升级，不断提升发展水平，形成 6 ~7 家具有较强市场竞争力的企业集团。巩固河北钢铁、山东钢铁重组成果，积极推进唐山渤海钢铁、太原钢铁开展兼并重组，引导河北、江苏、山东、山西、河南、云南等省内钢铁企业兼并重组。加强兼并重组协调管理，保持各钢铁企业间的和谐健康发展，避免形成恶性竞争。重组企业要发挥协同效应，注重体制和机制创新，在战略管理、规划发展、技术创新、人财物、产供销等方面进行实质性整合，再造业务流程。重组企业要加大淘汰落后和节能减排力度，切实保障职工合法权益。①

在商贸领域，目前，民营企业已占我国商贸流通经营单位总数的 93%，在繁荣城乡市场、促进生产、扩大消费中起着举足轻重的作用。2012 年 6 月 18 日，商务部出台《关于鼓励和引导民间资本进入商贸流通领域的实施意见》（以下简称《意见》），《意见》提出，将鼓励和引导民间投资进入工业消费品流通领域、生产资料流通领域、农产品流通领域、餐饮住宿行业以及其他生活服务和商务服务领域。其中，支持民营流通企业与拥有品牌优势的生产企业紧密合

① 资料来源：中国钢铁工业协会。

作，努力发展成为工业消费品总代理商、总经销商。支持民营生产资料流通企业强化供应链管理功能，向上下游产业延伸，发展集原料采购、流通加工、物流配送、产品销售和再生资源回收于一体的集成服务。支持大型民营农产品流通企业向生产领域和零售环节延伸经营链条，提高产业集中度和产销一体化水平。支持民间资本参与餐厨垃圾回收利用体系建设，发展经济型酒店，创建绿色饭店，全面提升餐饮、住宿卫生安全水平。支持经营规范、运作良好的民营生活服务企业开展兼并重组，实现跨区域连锁经营。商务部提出“我们将建立民营中小商贸流通企业服务体系。以组织中小企业参展和开展特许经营为重点，帮助中小企业开拓市场，健全营销渠道”。

在交通和物流领域，2012 年 7 月 16 日，交通运输部有关负责人表示，目前，公路水路交通运输领域对民间投资是完全开放的，没有任何的禁止和限制措施。根据最近发布的《关于鼓励和引导民间资本投资公路水路交通运输领域的实施意见》（以下简称《实施意见》），交通部门将进一步开放投资领域。《实施意见》不仅强调鼓励民间资本参与交通运输基础设施建设，而且还进一步强调了鼓励民间资本进入交通运输服务领域和交通运输新兴业务领域，进一步扩宽了民间资本进入交通运输领域的范围。在交通运输新兴业务领域，充分重视科技创新、交通信息化、智能交通、节能减排和绿色交通等发展对转变交通运输发展方式，充分考虑这些交通运输新兴业务领域所需资金少、门槛不高、对历史积累依赖不强，非常适合民间资本进入和发挥民间资本投资优势的特点，积极鼓励民间资本进入这些领域。明确鼓励民间资本参与公路、港口码头、航道等建设、养护、运营和管理，参与综合运输枢纽、物流园区、运输站场等建设、运营和管理；鼓励民间资本投资从事道路运输、水路运输业务，引导民间资本投资经营公路货运中介服务、机动车维修、驾驶员培训以及无船承运、船舶代理等运输辅助业务，支持民间资本以适当方式进入城市公交和农村客运等公共事业领域并建立相应的财政奖励补贴制度。同时，2012 年，国家发改委、交通运输部、国家工商总局等 12 个部门近日联合出台了《关于鼓励和引导民间投资进入物流领域的实施意见》（以下简称《实施意见》）。《实施意见》提出，鼓励民间资本进入快递、城市配送（含冷链）、医药物流、再生资源物流、汽车及家电物流、特种货物运输、多式联运、供应链管理等重点物流领域。鼓励现有单一从事运输、仓储、联运、快递等服务的民营企业整合功能、延伸服务，加快向具有较强资源整合和综合服务能力的现代物流企业转型。

在房地产领域，目前涉足地产的央企包括中国建筑工程总公司、中国房地产开发集团公司、保利集团、中国铁路工程总公司、中国铁道建筑总公司、中化集团、中粮集团、华侨城集团、中国冶金科工集团、五矿集团、中国水利水电建设、中国葛洲坝集团、招商局集团、华润集团等16家。2010年时国资委表示，除16家以房地产为主业的中央企业外，还有78户不以房地产为主业正在加快进行调整重组，在完成企业自有土地开发和已实施项目等阶段性工作后要退出房地产业务。2003年国资委成立以来，中央企业房地产业务进行了大幅度调整重组，先后确认和公布了16家以房地产作为主业的中央企业，三级以上房地产子企业户数由原来的728户减少到目前的373户，集中度明显提高。据初步统计，2009年，这16家中央企业房地产板块的资产总额为5616亿元，占全部中央企业房地产板块资产总额的85%；销售收入为1899亿元，占全部中央企业房地产业务销售收入的86%；净利润为188亿元，占全部中央企业房地产业务净利润的94%。这些数据表明，中央企业的房地产业务主要集中在16家以房地产为主业的企业。除16家以房地产为主业的中央企业外，还有78户不以房地产为主业的中央企业开展了房地产业务，按照国资委要求，这些企业正在加快进行调整重组，在完成企业自有土地开发和已实施项目等阶段性工作后要退出房地产业务。2008年，这些企业所属三级以上房地产子企业共227户，约占中央企业全部三级以上房地产企业数量的60%，但销售收入只占到15%，利润只占7%。[①] 2012年上半年，北京产权交易所集团相关负责人介绍说，11家主业中不包括房地产的中央企业，通过北京产权交易所退出13宗房地产项目，成交额为7.37亿元。在北京产权交易所挂牌成交的15宗酒店及购物中心等商业地产类项目中，属于央企退出酒店业的有12宗，成交额为9.10亿元。目前，房地产业正处于调控的关键期，财力雄厚的央企在房地产业的一举一动颇受关注，拥有地产业务的央企拿地，也受到了限制。[②] 但总体来说，在国资委发布78家央企“清退令”的一年半时间内，外界普遍的反应是：态度坚决、动作迟缓。

第二，中央企业需要发挥自身影响力，促进竞争性行业积极稳妥的健康发展。竞争性行业中也会存在过度竞争等市场失灵问题，这些问题的解决一方面需要政府的引导和规范，另一方面也需要国家资本的及时有序的进入，通过借力国家权威和信用来积极稳妥的引导竞争性行业健康发展。例如房地产行业，中央企业自由进入和退出房地产行业，可以平抑投资波动，在房市低迷期，经

① 资料来源：人民网。

② 资料来源：中国建设报。

济往往萧条，资金不愿进入房地产行业，此时中央企业可以大举进入。在房市过热期，应有序退出，撤出投资，以免进一步加剧投资过热，同时向市场释放足够的信号。

中央企业和民企公平竞争、共同发展的格局，是社会分工合作、产业结构调整的结果。经过国有企业改革和发展，国有经济的布局结构已经发生了根本性变化。中央企业在高投入、高技术、高风险等行业有先天优势，民营企业在国有企业改制中参与到这些行业的社会分工。民营企业通过专业化、特色化的经营，成为大型国有企业的有益补充。双方通过发挥比较优势，分工合作，提高了效率，促进了经济的发展。中央企业在国民经济中的主导作用，不仅体现在控制力上，而且体现在对整个社会经济包括民营企业发展的支撑、引导和带动上。中国海油在惠州大型石化项目建设、中国南车在轨道交通装备和新能源产业基地建设，都与当地民企合作，缩小配套半径，就近建设产业集群，促进所在地区经济的发展。中国建材、中船重工、中国海油等所属的科技型子公司搭建共性技术平台，促进所在行业民营企业的产品和工艺创新。中国建筑阿尔及利亚分公司带动9省市的24家地方工程承包民企“走出去”，同步提升国际竞争力。中央企业寻求合作伙伴时，并没有歧视民企，反而为民企提供了发展机会和空间。中央企业、民营企业在当前市场经济的大环境下，都是市场公平竞争的主体。央企在价值链合作中选择合作方时，与民营企业的关系是独立的、自主的市场交换关系，并不会因所有制形式而有偏好和厌恶，更多考虑的是企业的总体竞争力和业务水平，甚至民营企业会有优先权。[①]

实践不断证明，中央企业不宜完全退出竞争行业，中央企业也不能成为竞争性行业的支撑型企业。竞争性产业的发展，需要依靠市场机制的强大作用，同时也要借助于中央企业在其中的稳定作用。唯有如此，竞争性产业才能始终充满活力、平稳有序地发展。

（二）战略性高新技术产业中央企业发展展望

战略性高新技术产业是国家根据世界发展趋势和中国实际国情，在科学发展观指导下确定的产业发展方向，是我国今后一段时间实现产业结构优化升级和产业结构调整的重要抓手，因此中央企业完全有必要及时投身参与战略性高新技术产业的发展。美国、欧盟、日本、俄罗斯等国家较早的根据国家自身情

① 资料来源：《国企》。

况，选择信息产业、新能源、生物技术、航空航天等领域作为战略性高技术产业，目前这些产业已经对这些经济体的经济发展产生了巨大的推动作用。实践不断证明，发展战略性高新技术产业，需要政府的积极引导、大力扶持、科学规划与机制建设。通过以小做大、以小带大，形成从企业孵化器到高新技术产业集群为基本发展路径的战略型高新技术产业。

基于这种考虑，中央企业在参与战略性高新技术产业中努力实现如下两个目标：

第一，中央企业在具备一定基础的条件下应大力投入资金和人力进行战略性新兴产业发展。战略性高新技术行业的若干特点决定了其较少的自由竞争市场来自我运行。首先，这些产业的发展不仅与国家经济发展关系密切，而且往往与国家在国际上的地位、威望、利益密切相关；与国家安全密切相关，为国家提供维护国家利益和安全的战略工具。其次，这些产业的主要产品，在相当大程度上具有公共产品的性质，购买者主要是政府。

第二，选择那些基础性强、攻关难度大、见效慢、收益较少、技术溢出明显的项目大力发展。中央企业与一般企业的重要区别是中央企业承担着更多的社会责任，同时在经济层面体现着国家意志。赢利是中央企业的重要目标，但并非是唯一目标，中央企业还应考虑整体的社会福利，因此完全有必要去弥补市场机制不完善的地方。

统计显示，目前117家中央企业中，已有70多家涉足节能环保、新材料、新能源、高端装备制造、生物医药等新兴产业，并且在节能建材、核能建设等细分领域获得了一定突破，产业范围基本涵盖了七大战略性新兴产业。2012年7月9日，国务院印发了《“十二五”国家战略性新兴产业发展规划》，其中涉足节能环保、新一代信息技术、生物、高端装备制造、新能源、新材料、新能源汽车等战略性新兴产业。其指导思想包括市场主导、政府调控。充分发挥市场配置资源的基础性作用，以市场需求为导向，着力营造良好的市场竞争环境，激发各类市场主体的积极性。针对产业发展的薄弱环节和“瓶颈”制约，有效发挥政府的规划引导、政策激励和组织协调作用。在金融支持上，明确提出引导民营企业和民间资本投资战略性新兴产业。有效统筹协调中央、地方和其他社会资源，促进军民融合，突出重点，集中支持本规划明确的重大产业创新发展工程、重大关键技术研发与创新成果产业化、重大应用示范工程、创新能力建设等。2012年初，国资委发布了关于认真做好中央企业2012—2014年滚动规划编制工作的通知。通知称，各中央企业要认真贯彻落实国资委关于“十二五”

时期中央企业改革发展“一大目标、五大战略、三大保障”的总体思路，对企业所处的发展环境、产业发展趋势和发展重点等重大问题进行深入研究，科学编制企业2012—2014年滚动规划。通知提出，主业与节能环保、新能源、新一代信息技术、生物、高端装备制造、新材料、新能源汽车等产业相关的中央企业，要调整完善专项规划，编制好企业新一轮滚动规划。2012年1月12日，国资委提出明确要求：主业与节能环保、新能源、新一代信息技术、生物、高端装备制造、新材料、新能源汽车等产业相关的中央企业，要调整完善专项规划，编制好企业新一轮滚动规划。

总之，战略性高新技术产业与中央企业具有密不可分的关联，无论是从经济上、还是从政治要求上，中央企业都应努力成为发展战略性高新技术产业的排头兵，为我国经济成功转型和产业优化升级做出应有的贡献。